山东省社科普及与应用重点项目

今天，
我们如何做父母

魏晨明 曲振国 ◎ 著

中国社会科学出版社

图书在版编目（CIP）数据

今天，我们如何做父母/魏晨明，曲振国著.—北京：
中国社会科学出版社，2016.6
ISBN 978 - 7 - 5161 - 8306 - 9

Ⅰ.①今…　Ⅱ.①魏…②曲…　Ⅲ.①家庭教育　Ⅳ.①G78

中国版本图书馆 CIP 数据核字（2016）第 124033 号

出 版 人　赵剑英
责任编辑　孔继萍
责任校对　刘　娟
责任印制　何　艳

出　　　版　中国社会科学出版社
社　　　址　北京鼓楼西大街甲 158 号
邮　　　编　100720
网　　　址　http://www.csspw.cn
发 行 部　010 - 84083685
门 市 部　010 - 84029450
经　　　销　新华书店及其他书店

印刷装订　北京市兴怀印刷厂
版　　　次　2016 年 6 月第 1 版
印　　　次　2016 年 6 月第 1 次印刷

开　　　本　710 × 1000　1/16
印　　　张　18
插　　　页　2
字　　　数　250 千字
定　　　价　68.00 元

目 录

第一编 总论

经过别错过，错过当补过

逄春阶

与瑰丽的山东师范大学校园为邻，是惬意的，幸运的。那日，感觉山师校园南北向的两条直路忽然变窄了，原是两排怒放的樱花挤占了空间。我连看了三日，又有四日出差，归来放下行李，疾步走到校园时，那南北的道路竟恢复了原来的宽度，樱花树除了叶子，就是树下的零星花瓣。真可谓"花已全落，叶稠阴翠"。那一刻，我有点儿伤感，半百小老头怎么辜负了一年的樱花季呢？忽然就想起晨明、振国两位山师学子的书稿《今天，我们如何做父母》来。

面对樱花树，我感悟到做父母的"有效期"其实很短，像花期一样短。我们看樱花从含苞、到开放、到凋谢，不过一周左右。我们做父母的，看着孩子从出生、到童年、少年、青年，不过十七八年。进入成年，就是孩子气花儿一样的"凋谢"。我们经常把孩子比喻为祖国的花朵，称少年为花季少年，称少女为豆蔻少女，等等。我理解，这样的比喻就是在强调"孩子气"、"青春气"，强调他们的顽皮和烂漫。而这个时期，恰恰是父母与子女之间相处的关键期，或曰"有效期"。

我们面对樱花，是取欣赏的态度，而我们面对孩子的"花季"是取什么态度呢？打开两位学子的书，翻了几页，就出了一身冷汗，书中是这样说的："一段时间以来，我们的好多父母并没有把养育子女的责任作为自己的第一要务，有的甚至将责任推及他人、学校和社会。丧失了作为家长教育子女的优先权和优势权，给孩子的成长将带来无法弥补的损失。"我错过了当父母的"有效期"，我拱手出让了优先权和优势权。悔之晚也！

父母难做。因为有不可逆性，无法彩排和预演，一不小心，就留下终生遗憾。咋办呢？通读书稿，我觉得有醍醐灌顶之感，脑子里有了几个关键词：欣赏、耐烦、尊重、克己、身教。

欣赏，就是满含深情地领略孩子的情趣，分享孩子在成长过程中的点点滴滴。"有一类父母对孩子期望特别高，求全责备，眼里容不得半点沙子，孩子不能出半点差错。不少家长成了挑错专家，只盯住孩子的缺点，而对优点视而不见。有一点小问题小错误都要指责，不给孩子犯错的机会。究其原因，是家长本身的完美主义思想在起作用。"完美主义思想作祟，刨到根儿了。在两位学子看来，孩子的一点儿优点，家长都该放大它，让这一点儿优点发出光泽来，这个光泽，说得文艺一点，就是能穿越时空，照亮孩子前行的路。欣赏，必须是不求全责备，有宽容之心，父母不能是挑错专家，而应是"挑优专家"。当然，错也不能忽视，对孩子的错，应该在充分欣赏其"对"的基础上，纠正之。作家汪曾祺先生有篇文章叫《多年父子成兄弟》，其中有这样的话："儿女是属于他们自己的。他们的现在，和他们的未来，都应由他们自己来设计。一个想用自己理想的模式塑造自己的孩子的父亲是愚蠢的，而且，可恶！"子女自己的设计，无论多么不符合你的心愿，你都该抱着理解的态度。怎样才能做到呢？保持一颗童心。儿女就是一棵幼苗，做父母的对他们的一点点成长，充满好奇，仔细端详，端详不就是欣赏吗？不就是享受吗？欣赏，面对的是客体。面对客体，就得客气。客客气气，何忧之有？

也有父母会说了，我眼里的儿女就没一点可欣赏之处，全是让人讨厌的臭毛病。老看别人的毛病，本身就是毛病。还说孩子身上的"臭毛病"，我看孩子没有"臭"的，只有"臭"父母。改掉父母的"臭毛病"，需要"能耐"，"能耐"，意思是技能，本事，本领。说一个人有能耐，就是很高的评价。有能耐的人，是什么样的人呢？我以为就是能耐烦的人，"能耐"就是能耐烦。我们做父母不称职，不合格，主要是耐烦不够，具体说就是，耐心倾听不够，耐心等待不够，耐心交流不够，耐心学习不够。手中的书稿告诉我，教育家陶行知先生提出的解放大脑、眼睛、嘴巴、双手、空间、时间的这"六个解放"，每一个解放，都需家长耐烦这个条件。也就是必须有"御烦"①的能力，抵御或驾御烦恼、繁琐、烦闷。几年前我到日本山口县采访，在一家酿造厂参观日本的白酒酿酒工艺。酿酒师永山先生的办公室里的一幅字，给我留下了深刻印象："桃栗三年柿八年，达摩九年我一生。"永山先生说，这幅字是在提醒自己，桃、栗须三年才能开花，而柿则待八年才结果，达摩以长达九年的时间来面壁，相对于达摩面壁九年，我则须穷尽一生。也就是说凡事都必须花上时间，耐心等待。酿酒如此，醇香四溢是一日一日耐烦所成。为人父母，子女快乐阳光不也是一日一日耐烦所成吗？

　　两位学子提出："没有'秘密'的孩子长不大。真正的教育是自我教育，真正的控制是自我控制。我们要特别小心翼翼地对待孩子的'秘密'，'秘密'是孩子长大的营养品。'秘密'意味着孩子要独立地面对，它并不都是危险、可怕的，或者不好的事情，所以父母要给予理解。"保守孩子的秘密，就是尊重孩子。孩子是独立的个体，当他们不想告诉父母的时候，只能等待，如果一直不想说，那就一直等待。尊重孩子，其实是相信孩子，相信孩子的能力，相信孩子能依靠自身的能量走出迷茫。我们要有"守密的美德"②。如果孩子愿意跟你分享秘密，那简直是上帝给父母的礼物，是父母尊重孩子得来的礼物。我们当心有枨触，欣然受之。

---

① （宋）朱熹：《四书章句集注》，中华书局2012年版，第35页。
② 李敖：《话中外古今》，人民文学出版社1992年版，第16页。

在两位学子的书稿里，几乎每页纸都在强调尊重。尊重孩子，克制自己。克制自己，亦即克己。克制自己的望子成龙、望女成凤的欲望，克制自己的统治欲、占有欲、发泄欲，克制自己的其他人性弱点；其实，良好家风的形成，无一不是克己的结果。克己日久，则家风成矣。有克己之心，才有爱子之举。而再进一步思考，克己，就能尊重；尊重，必须克己。欣赏、耐烦、尊重、克己，一言以蔽之，言传身教也。关于身教，书稿中有大量篇幅。比如，你的胸襟有多宽广，子女的胸襟就多宽广；你多珍惜时间，你的子女就多珍惜时间；你多邋遢，子女就多邋遢……这是遗传吗？应该不全是，是影响日久所致。对这些教育思想，我读来感到特别温暖。

面对浩瀚宇宙，我们都是匆匆过客，两代人因为血脉而同呼吸共命运，岂一个"缘"字了得！做父母是一种"经过"，经过别错过。经过，就得欣赏、耐烦、尊重、克己、身教，但真错过了，也别难过，难过没用。我就错过了，在我年轻的时候，行色匆匆，光知道赶路了，儿子都二十多岁了，才明白该怎样做。怎么办呢？想尽办法"补过"吧，自觉地延长家长育子"有效期"，把姿态放得更低，小心翼翼地，与儿子保持汪曾祺所说的"兄弟"般的父子关系。行有余力，将来补偿给我孩子的孩子，比如孙子或孙女。还有，幼吾幼以及人之幼，把自己当成在家教方面的反面教材，影响年轻父母的言行。

晨明、振国的书，没有纠缠于理论上的思辨，而是以历史上成功或失败的教育案例为研究对象，在回顾个案研究的精微之处时，又有自己的理性思考和感性生发，尤其是紧扣当下不容乐观的教育现实，因而就有了现实针对性和实践指导性。说直白一点，两位既传了"道"，又授了"术"。比如说，"有关研究表明，一天与父亲接触不少于2小时的男孩比起那些一星期内接触不到6小时者，人际关系更融洽，能从事的活动风格更开放，并具有进取精神甚至冒险精神，更富于男子汉气概"。这样的提醒，如果早十年看到，也许我就不会天天埋头于办公室，或者将大把的时间跟一帮所谓的文朋诗友大醉在小酒馆里，而是耐心地与儿子相处。又比如："传统的'慈母严父'的家庭角色，并不利于孩子的教育和成长。在孩子的教育和发展上，父母应该同进退，要么'慈母慈父'，要么'严母严父'，保证父母在教育孩子观点和行动上的一致性，让孩子'无机可乘'。"这些教育方法，都引起我的反思，自己在做父亲这个角色上，我没有精准地找到位置。又比如书中提到的民国年间广东的朱庆澜提到的家教"三道染缸"理论，也发人深省，等等。

我身边有好多的父母，在家教方面，有成功者，有失败者。成功者多，他们的喜悦，我分享过。但我不愿意看到失败者的眼泪，失败父母的眼泪曾经像锥子一样扎我的心，看着他们头上的白发和脸上的皱纹，听着他们的叹息，我很无奈，也很无助。

我愿意推荐这本书，它能让你体会"做"父母的滋味，然后去耐心做。做家长确实是需要学的，只有学，才能从不自觉，走向自觉；才能从不合格，走向合格；才能从无所适从，走向得心应手。与孩子一起成长，该是人间多么美好的事情！我想，这也是晨明、振国两位山师学子的初衷。

2016 年 4 月 1 日于济南

（作者现供职于大众日报社，高级记者，中国作家协会会员，山东省首批签约文艺评论家，享受国务院政府特殊津贴专家）

序　二

为人父母:伴随遗憾的温暖旅程

曲振国

当我女儿出生的时候，我曾经下决心每天写一篇孩子成长的日记，但坚持没多久就停下了；当我女儿上学的时候，我曾经陪着女儿一起写过日记，但也是坚持了一段时间就停了；当女儿渐渐长大，我曾想每年过生日的时候都与孩子照一张家庭合影，但后来似乎也没有刻意坚持……

直到 2013 年底，我们一家人去看冯小刚的《私人定制》，电影并没有给我留下多深的感受，但当那首《时间都去哪儿了》一唱出，就被戳中泪点，忍不住潸然泪下……

时间都去哪儿了？自从有了孩子，我们的青春似乎就在陪伴孩子中悄悄流逝了。而今，我已年过半百，内心虽然并不觉得老，可是已经不知不觉地开始喜欢回忆，而回忆最多的依然是与孩子相处的点点滴滴，一边幸福着，一边又后悔着——后悔在孩子身上没有坚持去做那些该做的事情……这种经历，也许正是为人父母者本就该有的人生历程——一趟伴随着遗憾的温暖旅程。

讨论人生，人们更倾向于关注那些遗憾。我曾经问过许多过来人"你最遗憾的是什么？"多数人回答的，是没有好好陪伴孩子，或者是没有为孩子履行那些本该可以实现的承诺。令父母们更遗憾的，不是不知道，而是没有做到。

为什么我们该做到的却做不到，能做的也没有做到？这不仅仅因为我们自身，更因为这个已经变化了的社会。原先父母在我们身上一用就灵的办法，今天我们搬来使用，却行不通了；原先我们信奉的价值，今天已经不合时宜了。当下进入互联网时代，我们几乎可以拥有想要的所有知识，但是在冗杂的海量信息和碎片化的阅读体验中，我们似乎又迷失了，不知道该相信谁，更不知该如何抉择……

今天，我们如何做父母？

从 2006 年开始，我和魏晨明教授就参与了当地家庭教育推进工作，曾深入到各县市区中小学，与中小学心理健康老师、班主任老师等一起学习和研究学校家庭教育，并在中小学开展家长学校课程实验。近两年来，我们又着手从家庭教育的源头开始梳理，试图澄清那些过去我们曾经确信不疑的信念，比如"子不教，父之过""知子莫若父""将门出虎子""树大自然直""老子英雄儿好汉""家贫出孝子""只生一个好"等等习以为常的观点，试图理清随着世事变迁，哪些才是值得我们永远遵奉的价值？哪些做法需要重新解读和变通使用？

今天，我们要做好父母角色，不仅需要系统地理解什么是家庭教育，家庭教育的地位、作用、优势及其局限性，明白影响家庭教育的内容、方法及其影响因素，遵循儿童成长的基本规律，坚守为人父母的爱的规则……更需要明了已经变化了的社会环境及其价值追求，认真对待在物质相对丰富的家庭生活中，如何进行思想道德教育；充分认识全球化经济和信息科技快速发展的今天，该如何应对网络无处不在的互联互通的环境；还要懂得家庭结构日益小型化背景下，该怎样养育孩子等等。

当你真正理解这些的时候，也许你会觉得做个好父母似乎并不复杂。这就对了，家庭教育本就是一个循序渐进的实践过程，只要我们掌握相应的家庭教育知识，并能够遵循规律去实践，就可以当好父母。因为任何道理，只要理解了，都是窗户纸，一戳就透。

但是知道某事与做到某事是完全不一样的。如果你不能将获得的知识很好地应用于实践中，那知识就没有任何意义。

不需要再为过去而遗憾和后悔了，从现在开始做起吧。只要开始，永远不晚。

祝愿所有的家庭都充满温暖并幸福美满，当然，我们也宽容缺憾……因为幸福从来就不是圆满的。

曲振国

2016 年 4 月

第一编

总论

第 一 章

"养不教,父之过?"
——什么是家庭、家庭教育、家庭教育学

摘要:家庭的概念及特点;家庭教育概念及性质;家庭教育学研究对象及历史发展;概括和解读我国当前家庭教育存在的主要误区。

故事与资料:

养不教,父之过

从前,有个无恶不作的强盗,在他做尽坏事后,终于被衙门的捕快捉了起来。由于他犯了许多不可饶恕的罪,所以县太爷判了他死罪。

临刑前,县太爷问他有什么要求,强盗说:"我想见我母亲最后一面。"

县太爷命人把他母亲请来,当他们母子一见面,母亲很悲痛地抱着儿子大哭。谁知道,那个强盗竟然狠狠地将母亲的耳朵咬了下来,并且伤心地说:"我好恨娘在我犯错时,从来不教训我,现在我后悔也来不及了。"

这强盗的母亲，要对强盗的下场负一半的责任啊！

解析：

"养不教，父之过"，出自《三字经》。直译的意思是说做父亲的生了子女后，只顾着去养活他们，而不去教育他们，是父亲的过错。之所以有这样的说法，是因为在中国长期的传统社会中，由于世俗观念及男女生理和心理的不同，人们一直把父亲作为孩子成长和教育的主要责任者。其实不然，在孩子成长和教育的过程中，父母起着"相当"的互相不可替代的作用。前面的故事中，强盗对自己母亲教育的失职懊恼、愤恨和后悔，深刻说明了父母在孩子成长过程中互相不可替代的作用。所以，本章将从介绍家庭概念及特点入手，分析家庭教育内涵及性质，使读者较清晰地把握家庭和家庭教育的本质及规律；从介绍我国家庭教育学发展的基本历史入手，使读者大概了解我国家庭教育的历史发展及概况，对于吸收我国家庭教育优秀传统文化成果为我所用提供帮助；本章最后概括并解读了当今社会我国家庭教育存在的主要误区。

一　什么是家庭

家庭是以婚姻为基础、以血缘为纽带而形成的社会生活基本单位，是社会最微小的细胞。它是一种特殊的社会生活组织形式，是一种社会群体。但和其他社会群体不同，它不是社会中人们的任意结合，不是由于单纯的政治目的、经济目的、学术研究目的或文化娱乐目的的结合，而是婚姻关系、血缘关系的结合。

与其他社会群体相比，家庭具有以下特点：[①]

1. 存在的普遍性

家庭是社会上所有群体中最普遍的团体，每一个人都不能和家庭无关。即使"孤儿"或"单身者"也是由家庭派生或游离出来的。任何一个人一生的发展趋势，都是要组织家庭的。所以，作为子女来讲没有选择自己父母的权利，既然父母把我们带到了这个世界上，我们首先要感谢父母的养育之恩。

2. 需要满足的多样性

家庭能满足人们多方面的需要，从物质到精神，从生产到消费，几乎无所不包，而其他社会群体一般只能满足人们某一方面的需要。这正是家庭教育看似简单，实则十分复杂和艰巨的原因之一。一般群体如学校、企业、机关、社会组织等群体对主要管理和实施者的专业要求相对是单一的，但是由于家庭功能的多样性，家庭群体对主要管理和实施者（家长）各方面专业素质要求是多方面的。

3. 影响的深远性

家庭是人类生存过程中最早的一种生活环境，对一个人的影响最大、最深，在一个人的成长过程中起着基础的奠基作用，而且贯穿于人的一生。世界上没有一个人不受家庭的影响，身心无不打上家庭的烙印。正像人们所说"孩子是父母的缩影"、"每一位成功者的背后，都有一位伟大的父亲或母亲"。

4. 规模的微小性

在社会组织的所有群体中，家庭群体规模是最小的。正常情况下只要是男女两人就可以组成家庭。家庭规模虽小，但意义却很大。对个人来讲，"修身、齐家"后才能"治国、平天下"，一家不治何以治天下？对社会来讲，家庭是社会最基础的细胞，"家和"才能"万

① 赵忠心：《家庭教育学》，人民教育出版社 2001 年版，第 2—3 页。

事兴"。

5. 联系的亲密性

家庭是社会团体组织中联系最亲密的团体。夫妻间有爱情关系，父母和子女、兄弟姐妹之间有天然的血缘关系，还有经济上的利害关系，真可以说是"千丝万缕""血肉相连"。正是因为存在这种"血肉"联系，才使家庭教育与学校教育、社会教育相比，具有本质上的不同；同时，也成为家庭教育复杂、艰巨的又一重要原因。

6. 功能的不可替代性

家庭在两种生产（物质资料生产和人口生产）中起着极其重要的作用，特别是承担起了使人类得以延续的任务。人口的生产（人类自身的生产）只有家庭才能承担，其他任何社会群体都不能承担。从这方面来看，家庭和家庭教育直接关系到人类延续和人口素质的根本问题，是提高人类素质的"第一关口"。

7. 组织的核心性

家庭是整个社会组织的基础和核心。家庭为其他各个社会组织供给各种各样的"准劳动者"，并对其施加教育和影响，使其有健康的身体、愉快的情绪、充沛的精力以及精湛的专业知识，以参与各项社会活动。家庭往往是人们思想和一切行动的出发点和归宿。如：人们在年轻时努力学习，是为父母争光；工作后，勤奋敬业是为父母分忧解愁；即便工作调整时，也要考虑到家庭成员各个方面的诉求和需要等等。

8. 要求的迫切性

家庭对其成员的要求比其他任何团体都要迫切。如"望子成龙"、"望女成凤"、"母以子贵"、"父以子荣"等，这些说法都说明了家庭对家庭成员的要求之迫切程度。正是这种要求的迫切性，往往使得家长对孩子的期望过高，"以出发点都是好的"为借口，采取许多不当的教育方式和方法，导致教育的不当，出现低效、无效甚至负效的教育结果。这成为导致家庭教育复杂、艰巨的又一原因。

9. 影响因素多样性

社会意识形态往往落后于社会存在，社会在不断地发展，旧的社会意识形态往往仍然存在着，这在家庭表现得更为明显、突出和顽固。家庭受社会风俗、习惯、法律、道德的影响比其他团体多得多，而且不同的家庭受影响的程度也不平衡。

10. 长久性和暂时性

家庭是长久的，但从各个家庭的结合讲又是暂时的。男女青年双方，从二十多岁结婚，到七八十岁死亡，这个家庭只不过维持五六十年。当然子孙还在延续，但是子孙辈的家庭毕竟是另一种家庭了。子女从小到大，往往在家庭中由从属的地位，上升到主导地位。家庭还是这个家庭，只不过代际关心变化了。

家庭是社会发展到一定历史阶段而产生的，家庭随着社会的发展而发展。家庭作为一种独立的社会组织形式，承担着诸多的社会职能。教育是家庭的重要职能之一。

启迪与交流：

1. 家庭是以婚姻为基础、以血缘为纽带而形成的社会最微小组织，夫妻双方具有共同且不可替代的教育子女的责任和义务。

2. 世界上没有一个人不受家庭的影响；家庭是人类生存过程中最早的一种生活环境，对一个人一生的成长影响最大、最深、最持久。

3. 家庭成员的亲密性和要求的迫切性，更增加了家庭教育的难度，易出现"贪亲忘了丑"、"望子（女）成龙（凤）"等不当教育方式和方法。

4. 家庭是提高人类素质的"第一关口"和根本途径。

5. 影响家庭因素的多样性，导致家庭教育的复杂性、艰巨性、封闭性和不平衡性。

二　什么是家庭教育

家庭教育和学校教育、社会教育一样，也是一种基本的教育形态，是一个国家整个教育体系的重要组成部分，是儿童、青少年接受影响、教育和训练的基本途径之一。家庭教育在人的成长和发展中起着基础的奠基作用，并且贯穿于人的一生。

关于家庭教育，通常有狭义（传统）和广义两种说法。

广义的家庭教育是指家庭成员之间相互实施的一种教育，不论是父母对子女、子女对父母、长者对幼者、幼者对长者，同辈人对同辈人一切有目的有意识地施加影响都是家庭教育。① 如现在提出的"孩子是父母的老师"，主要基于两个方面的原因：一是大部分成年人对其在 5 岁之前的生活几乎是很少的，对自己婴幼儿期间的生活经历只能从自己的孩子那里去学习；二是为了要教育孩子而加强自身的修养，给孩子做出榜样，平时的一些生活习惯、卫生习惯、社会交往等方面，都要受到约束和限制，对父母自己来说，也是一个再成长、再教育的过程。狭义的家庭教育是指在家庭生活中，由家长即家里的长者（其中主要是父母）对其子女极其年幼者实施的教育和影响。本书研究和探讨的主要是指狭义的家庭教育。

关于家庭教育的性质，是指家庭教育区别于其他教育的根本属性。人们一般从以下三个方面进行描述和分析。

1. 家庭教育是一种私人教育

从教育者和受教育者之间的关系来看，教育大体上可以分为两大类，一是公共教育，二是私人教育。教育者和受教育者之间，仅仅是教

---

① 赵忠心：《家庭教育学》，人民教育出版社 2001 年版，第 4 页。

育和受教育、教与学的关系，不存在血缘和隶属关系；进行这种教育不是为了满足教育者个人的切身利益，也不是按照教育者个人的主观意愿去实施，这种教育就是公共教育。例如当代的学校教育和社会教育。而家庭教育则首先表现为血缘关系和隶属关系，进行这种教育是为了满足教育者个人的愿望和利益，如何进行教育、进行什么内容的教育和最终把受教育者培养成什么样的人，主要是取决于教育者个人的意志。所以说，家庭教育是一种私人教育。

我们说，家庭教育是私人教育，并不是说家庭教育孤立于社会之外，跟其他教育形式隔绝。相反，家庭是社会的细胞，是社会的缩影，社会的政治、经济、文化等的变革肯定要通过种种渠道渗透到家庭生活中，影响家庭教育的实施。我们之所以强调家庭教育是私人教育，主要是指社会和他人不能直接对家庭教育进行干预，只能采取不同的方式进行宣讲、引导，力所能及地施加影响。

2. 家庭教育是一种非正规的教育

从教育过程实施的组织形式看，教育大体上可以分为正规教育和非正规教育两大类。所谓正规教育，是有组织、有领导、有计划、有目的、有系统地实施的教育。正规教育一般有受过专门训练、具有一定专业知识和职业能力，由国家或教育行政部门任命或聘任的专职教育工作者；有相对稳定的、按一定年龄和知识水平组织起来的教育对象；有国家统一制定的教学大纲、教学计划和教材；通过一定的组织形式进行教育教学工作等等。例如，各级各类学校教育。

家庭教育是一种非正规教育。它虽然有一定的目的，但不是有组织、有领导的，也没有严密的计划；家庭教育的实施者，一般都是父母或家中的长者，无须聘任和考核；教育内容没有统一的要求；教育和训练没有固定的模式、固定的时间和地点等等。从以上特点可以看出，家庭教育与日常生活关系密切，寓教育于家庭生活之中，具有独特的优势：内容丰富多样，方式方法灵活机动，教育训练和实践活动密切结合，教育活动形象生动。作为家长应注意发挥这些优势。

3. 家庭教育是终身教育

从教育过程连续实施的时间长短来说，可以分为阶段教育和终身教育。系统的学校教育虽然要连续实施较长的时间，但人们接受学校教育还只是人生整个历史的一个阶段。家庭教育则不同，从人们胎教开始，一直到离开人世，都离不开父母家庭教育的影响，是典型的终身教育。在出生到入学之前，儿童主要的生活场所是家庭，父母承担着教养和教育的责任。进入学校以后，每天仍有近三分之二的时间在家里度过，家长的教育仍在进行。当子女年满18周岁以后，从法律上，家长不再承担抚养的责任（我国的现状是仍有不少家庭继续承担着抚养责任），但教育的责任并没有完全放弃。只是不同阶段教育的侧重点和方式方法有所变化而已。如在学前期和学龄期，教育的侧重点是行为规范养成、智力开发、文化学习、思想品德和身体锻炼等方面；到成年以后，侧重点更多的是为人处世、就业指导、工作态度、婚姻恋爱、家庭经营、子女教育等内容。所以说，家庭教育贯穿于一个人的一生，是一种终身教育。

启迪与交流：

1. 一个人的成长离不开家庭教育、学校教育、社会教育三种形态，其中家庭教育在人的成长和发展中起着基础的奠基作用，并且贯穿于人的一生。

2. 家庭教育从教育者和受教育者关系上讲属于私人教育，具有封闭性特点，作为家长应主动与学校和其他家长进行沟通，不断反思自己的家教理念和方式方法，并及时做出修正和改变。

3. 从教育过程实施的组织形式看，家庭教育属于非正规教育，作为家长应主动发现孩子的潜能和优势，采取灵活多样的方式、选取有针

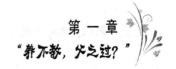
对性的内容，不失时机地对孩子进行教育和引导。

4. 家庭教育是终身教育，家长应主动和孩子沟通，在不同的阶段对其成长和发展提出具有针对性和建设性的意见和建议。

三　家庭教育学的研究对象及历史发展

正像所有的学科一样，家庭教育学也有自己特定的研究对象和任务。

家庭教育学的研究对象是在家庭范围内实施的教育活动，包括家庭成员之间相互实施的一种教育。由于家庭成员年龄、经历、经验、知识、能力以及所处的地位和责任不同，家庭里的主要教育活动是父母对子女或年长者对年幼者实施的教育。因此，家庭教育的主要对象是由家长（其中主要是父母）对子女及年幼者实施的教育活动。

由于家庭的特点和功能，决定了家庭教育内容的广泛性。比如说，家长要负责子女的身体保健、智力发展、文化学习、行为习惯养成和品德训练，以及独立生活能力、社会适应能力的培养训练等等。家庭教育内容的广泛性决定了家庭教育任务的艰巨性和复杂性。作为家长，要较好地完成家庭教育内容中的任何一项已是不易，更何况要在大致相同的时间段完成好诸项内容，还要处理好各项内容和任务之间的关系。所以，成为一名合格、继而优秀的家长更是不易，必须下大气力，花大功夫。

家庭教育内容的广泛性决定了家庭教育是一门具有社会性质的交叉科学。对于教育学来讲，家庭教育学是教育学的一个分支；对于家庭社会学来说，家庭教育学又是家庭功能学的一个分支。具体可以从以下几个方面分类：

从教育对象的年龄阶段来划分，可以分为学龄前儿童家庭教育学、小学生家庭教育学、中学生家庭教育学和成年人家庭教育学。从家庭教育的任务和内容划分，可以分为家庭体育、家庭智育、家庭德育、家庭劳动教育和家庭美育等。从教育对象不同的情况来看，可以分为普通儿童家庭教育学和特殊儿童家庭教育学（独生子女家庭教育、超常儿童家庭教育、低常或智障儿童家庭教育、品德不良或问题儿童家庭教育、残疾儿童家庭教育、外来务工人员子女的教育、个体工商业者子女的家庭教育等）。从家庭结构来分，可以分为完全儿童家庭教育、单亲儿童家庭教育、再建家庭的家庭教育以及空巢家庭的家庭教育。从家庭教育和政治经济的关系，从纵的方面看有家庭教育发展史、家庭教育思想发展史等；从横的方面看，中外家庭教育的研究，如《让你的孩子超过美国人》和《让你的孩子超过日本人》等。

教育是培养人的社会活动，其具体表现形式是家庭教育、学校教育和社会教育。如何看待三种教育形式在人的成长和发展中的关系呢？

我们的观点是，家庭教育在人的发展当中起着基础的奠基作用，而且贯穿于人的一生；学校教育在人的发展中起着主导作用；人只有在社会这个大课堂中学习知识、增长才干，经风雨、见世面，才能锻炼成为有胆识、有胆略、有能力，能经得起考验的优秀人才，所以社会教育是人发展的基本途径。三者在人的发展中需要互相补充、互相协调、互相配合，其中学校教育起着领导作用，因为教师可以代表国家意志对学生实施教育，应该引导孩子趋利避害，接受正面的家庭、社会教育，抵制负面的家庭、社会教育。

但是，现状不是很令人乐观。学校教育应该理直气壮地承担起自己的领导责任，而家庭教育要尽可能地配合好学校的教育。例如，对学生偏科的看法、特长的培养、早恋问题的处理、学习方法的指导等方面都应该提出自己的正确的建议和意见。

民国年间，原广东省的省长朱庆澜在自己的《家庭教育》一书中论述了家庭教育、学校教育和社会教育的关系，很有启发意义。他把一个人入学前（6 岁前）、入学读书、离开学校走向社会三个阶段比喻为人生的"三道染缸"，他说："小孩生下来，好似雪白的丝。在家生活 6 年，好似第一道染缸。家里 6 年教得好，养得好，好似白丝染成了红底子。到了学堂，再得好先生，就将红红的底子好好加上一层，自然变成了大红。到了社会上，哪怕遇着坏朋友，坏染缸，想把他变成黑色，他那大红的底子，一时总也不得变了。如果再遇上好朋友，好染缸，不用说，就自然变成了真正的朱红，头等的好人了。万一在家 6 年，教的法子，养的法子不好，比如白丝一下缸就染成了黑底子，进了学堂，就有好先生，想把他变成红色，那黑底子也总难退得去，就是勉强替他加上一层红色，仍然是半红、半黑的。如果学生再遇不着热心的先生，到了世界上再遇到坏朋友，坏染缸，将黑底子一层一层加上黑色，自然变成了永不褪色的黑青，永不回头的坏蛋了。"①

对于家庭教育学的产生和发展，有种说法是"具有悠久的过去、短暂的历史"，也有的说是"一门既古老又崭新的学科"。说他古老是因为家庭是一种具有悠久历史的社会组织形式，从它产生以来，人们就从事家庭教育的实践，在实践中积累了丰富的历史经验，并不断有所变化和创新。说它崭新是因为人们利用科学的立场、观点、方法（实验）探索家庭教育的规律，为时不长。

在我国，家庭教育学的研究起步较晚，可以说正处于起始阶段。目前，从理论方面研究家庭教育学的著作寥寥无几。仅有的几部如：

《家庭教育学》——教育子女的科学艺术，赵忠心（1992 年成为中国第一位家庭教育研究生导师）著，人民教育出版社，1994 年 7 月第 1 版，2001 年 6 月第 2 版，第 6 次印刷，被称为我国第一部家庭教育的学术专著，也是唯一一部被指定为中小学教师继续教育的学习参考书。

《家庭教育学》，彭立荣（山东社会科学院）著，江苏教育出版社，

---

① 转引自赵忠心《家庭教育学》，人民教育出版社 2001 年版，第 37 页。

1993 年第 1 版，2000 年第 4 次印刷。

《家庭教育学》，邓佑群主编，福建教育出版社，1995 年 10 月第 1 版，2000 年 4 月第 3 次印刷。

《家庭教育学》，黄河清主编，华东师范大学出版社，2014 年 5 月第 1 版。

下面简单介绍家庭教育学在中国的发展：

1. 古代

春秋时期思想家管仲在《管子》一书中，最早专门论述了奴隶社会平民阶层家庭教育的状况。魏晋南北朝时开始出现了一系列家教专著。据《中国丛书综录》所列的书目，此类书籍历朝历代都有：南北朝 1 部，唐朝 2 部，宋朝 16 部，元朝 5 部，明朝 28 部，清朝 61 部，民国初年 4 部。其中比较著名的有两部，一是北齐的思想家、文学家颜之推的（530—约 591 年）《颜氏家训》，是中国也是世界第一部具有独立体系的家庭教育学，开辟了家庭教育理论之先河，对家庭教育的重要性、原则、内容以及家长修养作了系统的论述。二是与前者齐名的北宋司马光《温公家范》，同样具有一定的理论深度，论证了治国之本在于齐家的道理，然后分议了治家的方法和封建家庭中父子、夫妇、兄弟、姊妹、祖孙、妻妾、姑舅等之间的伦理关系，并采集了历代名人进行家庭教育的史实，分别论证了祖辈、父亲、母亲、兄姊、姑舅对儿童、青少年如何进行教育，是一部很有特色的家庭教育专著。二者的出现表明我国古代家庭教育科学理论研究开始从描述性逐步转向规律性的探索，可以说是家庭教育理论的转折点，这一转折比西方早了几百年。

2. 近现代

爱国将领、民国初年间原广东省的省长朱庆澜先生于 1916 年写了《家庭教育》一书，1917 年自费出版，发给省内各户，这是民国年间最早的一部白话文家庭教育专著，对于家庭教育的重要性、原则、内容以及特别需要注意的问题，进行了系统的论述，行政长官亲自撰写家庭教

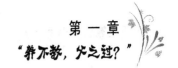

育专著，是古今中外罕见的事情。

文学家鲁迅也十分关心和重视家庭教育的理论研究。在《我们怎样教育儿童》一文中说："中国要作家，要'文豪'，但也要真正的学究。倘有人作一部历史，将中国历来教育儿童的方法，用书作一个明确的记录，给人明白古人以至于我们是怎样被熏陶下来的，则其功德，当不在禹下。"而且还身体力行，亲自研究中国家庭教育的历史和现状，许多著作中《随感录二十五》《二十四孝图》《上海的儿童》《我们怎样作父亲》《我们怎样教育儿童》《从孩子照相说起》等，甚至可以说是家庭教育的专著。鲁迅先生是我国最早运用马克思主义观点论述家庭教育的理论家。

现代著名的幼儿教育家陈鹤琴于 1925 年出版了《家庭教育》一书，全书共分 13 章，总结论述了 101 条家庭教育原则，陶行知给予了很高的评价，是一部很有影响的儿童家庭教育学，奠定了我国现代家庭教育学的基础。本书介绍两个方面的主要观点：一是解释了为什么感到家庭教育难，这个看似深奥但却浅显的问题；二是提出了儿童心理发展的八大特点理论："四好"——好奇的、好动的、好模仿的、好游戏的；"四喜欢"——喜欢成功的、喜欢野外活动的、喜欢合群的、喜欢称赞的。

中国共产党早期运动领导人之一恽代英在《家庭教育论》（论文）中系统论述了家庭教育的基本理论，深刻阐述了家庭教育的地位、作用、内容和方法，明确提出了德智体为主的主要内容，并且提出了三者成"鼎立"的关系，揭示了家庭教育的内部规律。

家庭教育学在国外的发展：

最早出现的家教专著是文艺复兴时期，比中国晚了几百年。1450 年，意大利人威尼斯撰写了《儿童教育论》，北欧人文主义者伊拉斯谟，在 1529 年撰写了《幼儿教育论》，西班牙人文主义者比维斯在 1523 年撰写了《基督教女子教育论》。

资本主义上升时期，现代教育学和心理学体系的建立，有力地促进了世界各国家庭教育理论的研究。捷克教育家夸美纽斯，在17世纪30年代出版了家庭专著《母育学校》一书，系统论述了幼儿家庭教育，英国著名哲学家洛克于17世纪末出版了《教育漫话》一书，法国启蒙思想家卢梭于18世纪中期出版了《爱弥儿》，瑞士的裴斯泰洛齐于19世纪初发表了《葛笃德怎样教育她的子女》一书，德国的福禄培尔于19世纪初发表了《人的教育》，英国教育家斯宾塞1861年出版了《教育论》等等。

第一个社会主义国家苏联也非常重视家庭教育。20世纪30年代，马卡连柯写了《父母必读》一书，是一部伟大的马克思主义家庭教育学著作，20世纪70年代苏霍姆林斯基的《家庭教育学》在我国广为流传。

启迪与建议：

1. 家庭教育是人生的"第一道染缸"。如果在家教得好，养得好，好似白丝染成了红底子。到了学校遇上好老师，走向社会遇到好朋友，那就"好上加好"，成为头等的好人；即便遇上不好的老师和坏朋友，那大红的底子，一时也很难改变。如果在家教的法子，养的法子不好，比如白丝一下缸就染成了黑底子，即便遇见好老师、好朋友，想把它变成红色，那黑底子也总难退得去；如果再遇上不好的老师和坏朋友，那就会将黑底子一层一层加上黑色，自然变成永不褪色的黑青，成为永不回头的坏蛋。

2. 家庭教育在我国有悠久的历史和优秀的传统，作为家长应汲取我国家庭教育中的优秀成果。如《礼记·大学》中就提到，人要格其物，致其知，诚其意，正其心，修其身，齐其家，治其国，才能明明德于天下。在中国传统道德教育中，"孝"的教育是最重要的，所谓"百善孝为先"。作为家长应该教导孩子了解"孝"的内涵及如何"行孝"，并将现代家庭教育的新理念有机融入"孝"的教育中，而不是一味地"愚孝"。特别需要家长仔细学习，认真思考，将中国传统文化取其精华，去其糟粕，将优秀成果发扬光大。

四 中国当代家庭教育现状及存在的主要问题

这里提到的"当代"，此处指我国从 1978 年改革开放至今。这一时期内，从对教育和家庭教育的影响来讲，有两件标志性事件：一是 1978 年党的十一届三中全会的召开，标志着我国从此进入了改革开放和社会主义现代化建设的历史新时期；二是 1982 年 9 月党的十二大确定"实行计划生育，是我国的一项基本国策"，同年 12 月全国人大通过的《中华人民共和国宪法》明确规定："国家推行计划生育，使人口的增长同经济和社会发展计划相适应。"

实践已经证明，改革开放是我国建设社会主义现代化和实现强国之梦的根本途径。我们在引进国外的先进技术、资金以及管理经验的同时，外国的意识形态领域的各种思潮也鱼龙混杂地涌入国内，一段时间内，国人的理想、信念和价值观受到极大冲击，出现严重"危机"。这种信仰危机直接影响到我国教育和家庭教育领域，在培养什么样的人、怎样培养人等一系列教育基本问题上出现极大的分歧和争论。社会的改革开放与发展给教育和家庭教育提出了严峻、现实的问题。历史也已经证明，我国计划生育国策在控制人口数量、提高人口素质，增强国力方面起到举足轻重的作用。但是，我们也应该看到，独生子女政策给我国教育和家庭教育带来极大的问题和严峻的考验。如何对待"小皇帝""小公主"的问题，以及"小皇帝""小公主"个人成长问题，仍成为我国教育和家庭教育一段时间内的重要课题。

从以上分析可以看出，改革开放和我国实施的计划生育国策给我国的家庭教育带来极大的挑战，面临严峻考验，也出现了令人担忧的问题。主要表现在以下五个方面：

1. 家庭物质生活水平普遍提高，人们思想道德素质令人担忧

改革开放的巨大成果之一就是使我们国家的物质财富极大丰富，每一个家庭的物质生活水平极大地提高。目前，我国已经成为世界第二大经济体。但是，我们在集中精力加强经济建设、建设物质文明的同时，一定程度上忽视了精神文明建设，直接影响到了学校教育和家庭教育。这一问题也引起了国家和政府的高度重视。国家从各个层面不断加强和改善我们的思想道德教育。比如：

2004年3月和10月，中共中央国务院分别发布了《关于进一步加强和改进未成年人思想道德建设的若干意见》和《关于进一步加强和改进大学生思想政治教育的意见》，对未成年人和当代大学生思想道德建设提出了指导性意见。

2006年3月，中国共产党中央委员会总书记胡锦涛在第十届中国人民政治协商会议第四次会议上发表的"关于树立社会主义荣辱观"的讲话中提出"八荣八耻"荣辱观（以热爱祖国为荣、以危害祖国为耻，以服务人民为荣、以背离人民为耻，以崇尚科学为荣、以愚昧无知为耻，以辛勤劳动为荣、以好逸恶劳为耻，以团结互助为荣、以损人利己为耻，以诚实守信为荣、以见利忘义为耻，以遵纪守法为荣、以违法乱纪为耻，以艰苦奋斗为荣、以骄奢淫逸为耻），目的在于引导中国广大干部群众特别是青少年树立社会主义荣辱观。

从2002年开始，在全国范围内开展了"感动中国"人物评选，已连续13年；从2007年开始开展全国道德模范评选，已持续8年。通过一系列活动的开展，在全国范围内形成讲正气、树新风、传递正能量等良好的社会道德风气。目前已取得了显著效果。

2012年党的十八大提出了社会主义核心价值观，在国家层面的价

值目标是富强、民主、文明、和谐，社会层面的价值取向是自由、平等、公正、法治，在公民个人层面的价值准则是爱国、敬业、诚信、友善。以 24 个字为基本内容的社会主义核心价值观的提出，对于促进人的全面发展、引领社会全面进步，对于聚集全面建成小康社会、实现中华民族伟大复兴中国梦的强大正能量，具有重要的现实意义和深远的历史意义。

但是，人们意识形态领域思想道德的形成和发展具有一定的规律性，人们从认知、到认同、到践行毕竟有一个较长的过程。在这个过程中，社会思想道德领域的问题也同样影响到家庭和家庭教育领域，在青少年身上的问题突出表现为：缺乏远大的理想和志向，基础道德滑坡（关心他人、尊老爱幼、诚实守信、热爱劳动等），缺乏艰苦奋斗的精神，法制、纪律观念淡薄等等。历史告诉我们，一个民族缺乏精神和信念是没有前途和希望的，同样一个人缺乏精神和信念是很难成就大事的。所以，作为家长应分析和了解我国思想道德领域的现状，有针对性地对孩子的思想道德的养成进行引导和教育，为孩子的健康成长打下坚实的思想基础。

2. 家庭生活日益信息化对家庭教育的影响

经济的飞速发展以及科技的不断进步与更新，使得信息的传播工具迅速涌入家庭。家庭生活信息化水平的提高，让家庭和家庭教育面临新的境况。新的信息化技术通过电影、广播、报纸、杂志、网络、电视等手段使家庭教育信息更加的生动、直观、形象，也使得家庭教育的方式和方法发生了根本的改变。但是，家庭生活的日益信息化也给家庭教育带来了诸多负面的影响。尤其是网络、电视、手机等对儿童的吸引力特别大，儿童缺乏自我控制能力，很容易迷恋，一旦入迷，难以自拔，造成在儿童中出现的"网络成瘾""电视综合征""手机低头族"等现象。以电视为例，过多的迷恋不但影响儿童身体的发展，而且影响儿童心理的发展。主要表现在：（1）看电视过多，容易消磨孩子的意志，影响儿童追求精神的发展。因为电视节目形象、生动、具体、有趣，很容易吸引儿童。如果他们习惯于这种有趣的活动，而对于没有趣味的枯燥的学习活动（作业、外语、计算等）则很难精力集中，持之以恒，易产生烦躁的情绪。（2）看电视过多，时间长了也会大大减少儿童和他人交谈、交往的机会，影响社会交往和语言的表达等，形成心理疾病。（3）对儿童身体，尤其是视力损害比较大，直接影响孩子的身体健康等等。

3. 家庭结构日益简单，对家庭教育造成的影响

家庭结构是指家庭成员不同层次和序列的结合，具体包括家庭有哪些成员、成员有多少、成员的辈分、成员是否齐全和家庭的规模大小等。家庭结构的一般形式包括联合家庭、主干家庭、核心家庭、单亲家庭、再建家庭和空巢家庭等。目前我国传统的联合家庭已经比较少见，占主导地位的家庭结构是主干家庭和核心家庭，单亲、再建和空巢家庭的数量呈上升的趋势。每一种家庭结构都有其教育的优势和不足，作为家长应该根据实际最大限度地扬长避短。如主干家庭，主要是隔代抚养的家庭，其优势是（外）祖父母辈有丰富的教子经验和实践，他们一般都已离退休，有充裕的时间和精力，而且老来得（外）孙（女），"隔代亲"更是人之常情；但也容易造成对孩子的溺爱，同时也存在教育观念和教育方式方法相对陈旧和不合时宜。目前，核心家庭（也称"川"字型家庭）居多，其优势是父母直接参与对孩子的教育，教育观念及方式方法更加贴近现实和未来，但缺乏教子经验，在方式方法上易出现偏激、期望值过高等等，加上孩子缺乏伙伴，一定程度上影响其交往能力，易出现"娇""骄"二气。单亲、再建和空巢家庭等在子女教育上主要问题是孩子情感的缺乏及自信能力和交往能力的培养。

4. 家庭稳定程度降低，影响儿童心理的发展

离婚制度是婚姻家庭制度的重要组成部分，而离婚作为社会最小细胞的阴阳裂变，其社会效应正为各界所关注。自改革开放以来，中国的

婚姻基本仍处于高稳定状态，但是，离婚率及离婚绝对数字均呈逐年平缓上升趋势。从 1978 年至 2003 年，中国的离婚率除了 1980 年、1981 年和 2002 年略有下滑外，基本呈上升趋势：从 1978 年 4.8% 的离婚率逐年上升到 2003 年的 16.4%，25 年间离婚率上升了 11.6%。离婚既与一个国家、民族的政治法律制度、文化传统、社会习俗有关，又与该社会的经济状况、生产力发展水平及男女心理独立程度、生理特征有关。

但从青少年成长和发展的角度来讲，离婚对孩子的成长总体来说是弊大于利。为此，我们提出了在"不得已"情况下，离婚的"最佳"三个时期：一是结婚后无生育子女（也有人称之为"试婚"）阶段，该阶段通过两个人的磨合和深入了解，发现各自都不是自己曾经恋爱中的"白马王子"和"白雪公主"，那么好合好散。第二阶段是婚后有了子女，发现性格不合，感觉两人不可能携手一生成为终生的伴侣，这种情况下建议孩子越小的时候尽早分手越好，这样离异的家庭很快再建，在孩子幼小的记忆中很快有了替代的新的"爸爸"或"妈妈"，对孩子成长时期的影响相对较小。第三阶段，孩子高中毕业或已上大学，基本成人，父母跟孩子恳谈，父母本身性格不合，但为了孩子的成长不受影响，为了孩子有个完整温暖的家庭，牺牲了自己的将近半生的幸福，如果孩子能够理解，我们将分手各自再去寻找自己人生下半生的幸福，这样不仅可以得到孩子的理解，对孩子未来的成长和发展的影响相对也是较小的。当然，以上三个阶段的划分都不是绝对的。

离异家庭对孩子的影响主要表现在非智力因素方面，如情感状态、自我意识、意志水平、性格特点、人际交往等。实践已经证明，这些因素无疑是一个人成长发展的关键因素。以上提到的"不得已"情况下所谓离异的三个"最佳"时期，其实从青少年的成长和发展来看，笔者是不同意随意离异的。原因有二：一是作为父母（已是成年人）不能把自己成长中的错误，让无辜的孩子来承担，这是不公平的；另一方面，如果父母以牺牲自己"至亲"的幸福，换得自己所谓的"幸福"，那么这样的父母绝对不是负责任的父母，如果连自己的亲生孩子都不能负责的人，能对谁负责呢？实践已经证明，离异家庭的父母多数也是不幸福的。当然，作为父母如果确实不能一生相伴，那么凭自己的智慧，处理好孩子成长中的问题，变不利因素为有利因素，这样的离异也是能够让人理解，并会受到孩子及他人的敬重。如哈佛女孩刘亦婷就是生活在离异家庭当中，其妈妈刘卫华凭自己的家教智慧，将孩子培养成人的同时，也成就了自己作为"母亲"的事业，成为国内外家庭教育的佳话。

5. 家长期望值过高，导致过度重视孩子智力开发和文化学习

目前，随着社会的发展，我国家庭教育普遍存在的问题是家长期望水平过高，造成了对青少年儿童学习与身心发展的严重不利。期望过高，就是家长不管子女的能力、兴趣和原有水平，都希望其考上重点高中、名牌大学。抱着这种态度的家长，往往误认为期望越高，孩子学习的动力就越大。杭州市一教育中心老师曾对 500 位家长做问卷调查，发现有 82% 的家长对子女的期望值过高，有 66% 的孩子有中度精神压力，更为严重的是，几乎所有家长对此都不以为然。可见，目前我国多数家长还没有意识到过高期望对学生的学习和发展有着极大危害。这些影响和危害主要表现在以下三个方面：

一是由于缺乏体验式学习，易造成学生厌学。青少年儿童身心发展既有连续性，又有阶段性。在某个年龄阶段，思维只能处于某种水平，接受某种教育内容。如果用下一阶段的教育超前灌输，孩子连囫囵接受都困难，更不用说理解了。现在很多家长违背儿童的认知发展规律，强行灌输给他们许多当前年龄无法接受的外部知识，其结果必定是令孩子困惑，家长失望。还有的家长往往一厢情愿，信奉"全面＋特长"的教育理念，要求孩子在全面发展的基础上，要掌握一至两个方面的特长。这样，家长的高期望涉及面反而更宽了，学生不仅没能"减负"，反而更增加了负担。各种沉重的学习负担压在学生肩上，令学生无法真

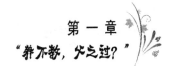

正地体会到学习的乐趣，也无法理解学习的真正意义，很容易滋生厌学情绪，极大地挫伤学习积极性。

二是由于过分关注学习结果，易导致考试焦虑。期望值过高的家长往往很重视学生的学习成绩，对其考试结果十分关心。考得好则十分高兴，给孩子以物质奖励。考不好则忧心忡忡，甚至对孩子施以责罚。而家长的期望高于孩子的实际能力，造成孩子的考试成绩很少能令他们满意。学生自身也常因不能实现家长所希望的学习成绩目标而失去信心，同时也会使学生在考试期间过分忧虑而分散注意力，进而影响正常发挥。久而久之，造成恶性循环，形成考试焦虑。

三是由于生活上对孩子过度关心，往往不利于心理的正常发展。对子女生活的过度关心，会使子女过分依赖父母，导致自己分析问题能力和动手能力的减退，一旦当他们无法依赖父母的时候则无所适从，甚至产生愤怒情绪；同时造成青少年儿童情绪上的抵触性，滋生叛逆心理。尤其是那些自身智力开发状况、身心发展条件相对较差的学生，在父母过高期望的压力下，会产生消极、抑郁等情绪问题以及悲观、偏执、自卑等性格问题，这将严重影响他们的身心发展，进而更加导致学业上的失败。因此，家长应该理性地看待这一问题，避免产生过高期望，给孩子一个宽松的成长环境，使其身心能够得到健康的发展。

6. 独生子女的教育问题

独生子女是指只有一个孩子的家庭现象。在中国实施计划生育政策以后，独生子女问题成为社会的普遍性问题。据统计，中国 3.2 亿个家庭中，独生子女家庭占 20.72%，独生子女已达 6600 多万人。当代的独生子女既是"皇帝"，又是"奴隶"，优越的物质生活使他们像"皇帝"，而在精神、创造力发展方面，他们更像"奴隶"。

其实，独生子女与非独生子女的本质区别在于孩子在家庭中的地位发生了根本变化。如果这一根本变化处理不好，就会出现所谓独生子女"特有"的问题行为，主要表现在：过分自我，不懂感恩；孤僻胆小，缺乏热情；依赖成性，抗挫力差；营养过剩，品德低分，等等。

独生子女正在成长，他们希望独立于父母、教师，对自己的事情有自主权，在任何时候都受到尊重，他们希望有更多的时间与朋友交往。而现实生活中，父母的"溺爱"和"望子成龙、望女成凤"心理，学校表面上推行素质教育，实际上仍搞应试教育的做法，部分教师推崇的"师道尊严"的认识，导致了独生子女处于一种思想、行动受束缚，个性得不到充分发展的境界中。独生子女的家庭教育问题是每一个独生子女家庭父母的一个新的课题。

7. 其他各类职业或人员子女的家庭教育问题

本书提到的"其他各类职业或人员子女"的家庭，主要包括改革开放之后我国新出现的大量个体工商业者和外来务工人员家庭，传统的高干子女和部队子女家庭以及越来越受到人们关注的教师子女家庭等等。以上不同的家庭，都有其各自的优势和不足，需要家长们认真学习，仔细研究，扬长避短，以取得家庭教育的最大成效。

改革开放之后，我国一段时间内出现了大量的个体工商业者，人们俗称为"个体户"。这类家庭的优势是：家庭的经济条件较好，对子女的期望值较大。存在的主要问题是：家长忙于自己的"事业"，无暇顾及孩子，更谈不到认真学习和研究家教理念和科学的教子方法，家教中常出现或"放手不管"或"要求过度"或"粗暴简单"的现象。孩子由于得不到及时的、耐心的引导和教育，往往放纵自己，加上家庭条件优越，很容易成为问题儿童。

随着我国城市建设和城镇化的不断推进和发展，外来务工人员子女的家庭教育引起了人们的关注。这类家庭的优势主要表现在，由于远离父母，孩子对父母的感情上的思念，学习、生活等对父母教育和引导的渴望，可能成为对孩子励志教育、感恩教育极好的素材。但是，如果利用不好，也可能造成孩子情感冷淡、自卑等不良心理特性，同时也有可能成为孩子放纵自己、成为问题学生的一个理由。

对于我国传统的高干和部队家庭子女的教育问题，也一直是人们关注的家教热点之一。高干子女家庭的主要特点是孩子的成长极易出现两极分化：优秀者前途不可限量，往往成为栋梁之材；另一极端成长发展的则十分糟糕，一旦出现问题，往往是性质恶劣、危害极大、影响极坏的问题。特别需要这样的家庭父母头脑冷静、用心用力、严格要求、赏罚分明，让孩子健康成长，成为有用之才。部队子女的家庭教育存在的主要问题是，父爱或母爱的缺失导致的人格问题，以及父母教育不当造成的溺爱等。作为家长应该趋利避害，化不利因素为有利因素，以促使孩子健康成长。

最后，谈一下近几年来越来越引起广大教师关注的教师子女的家庭教育问题。这类家庭存在的比较普遍的问题是，教师家庭子女特别优秀和存在突出问题的都不是很多，而且相对来讲在冒险精神和创造力方面有些欠缺。这类家庭的教育优势是家长懂得教育规律和孩子成长规律，有教育经验，孩子往往都能身心健康成长和发展。存在的主要问题是，由于教师教过和见过的优秀学生太多，有时往往自觉或不自觉地把自己的孩子和自己教过的优秀学生进行比较，对孩子要求过于严厉，批评过多，往往容易造成孩子自信心不足、冒险精神缺乏、创新能力受限等心理个性。所以，作为教师家庭父母更应该以一颗平常心看待自己的孩子，发挥自己的教育优势，克服不足，相信"心有多大，舞台就有多大"、"给孩子空间越大，孩子发展的空间就越大"。

下面归纳总结一下我国当代家庭教育的六个方面的误区：

1. 重智力培养，轻非智力因素的培养

现在大多数家长关心的是子女的成绩，成绩好可以掩盖和忽视其他一切缺点，可谓"一俊遮百丑"。现代家庭大多是独生子女，生活水平提高了，他们的智商水平一般都很高（平均达到108）。成功学认为，决定人将来发展的决定因素是其非智力因素。所以，建议家长大力加强对子女公德意识、责任意识、创新意识、意志品质、能力素质等非智力因素的培养和训练。

2. 重结果，轻过程

结果的好坏固然重要，但我们要辩证地看结果。"十年树木，百年树人"，人的培养是一项复杂的长期的工程，把一个呱呱坠地的小生命培养成人，需要在各方面付出辛勤的汗水。如，家长是不是尽了义务、学校是不是尽到了职责、子女是否付出了自己的努力等等。一名品学兼优的学生如果出现了各方面下滑的趋势，我们要分析是学校的原因，家庭的原因，还是自身的原因。一名"双差生"经过各方面的教育有了进步，虽然结果不是很理想，但我们要肯定，无论结果怎样，只要各方面（包括子女自己）经过了努力，家长应无怨无悔。

3. 重言教，轻身教

父母是子女的启蒙老师，家长是子女的一面镜子。青少年的可塑性强、模仿力强，在他们心中父母的形象是高大的，处事方法都是正确的。"有其父，必有其子"，虽言过其实，但它说明了父母的行为观念会通过各种渠道有意或无意、直接或间接地影响着子女。和睦家庭的子女大多性格开朗，勤劳家庭的子女大多很节俭，善良家庭的子女大多富有同情心……在家长对子女的潜移默化的教育中，许多家长没有做到言传身教，以身示范。为人父母，要在子女面前以身示范，切记身教胜于言传。

4. 重学校教育，轻家庭教育

"家长把子女交给学校，一切应由学校负责"。这一观念和认识在不少家长中很有市场。学校是实施教育的主阵地，对孩子的教育有不可推卸的职责。俗话说"一日为师，终身为父"；同时，要注意"一为人父，终身为师"，这是一个不可回避的事实。父母的水平无论高低，他们都是子女终身的教师，这是父母应尽的义务。爱迪生就是在他母亲南希教育下走上科学道路的。爱迪生很喜欢提问，被老师驱出了校门，南希认为提问是儿童的天性，于是决定自己在家承担全部教育责任。我们

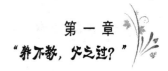

大多数家长没有南希那么渊博的学识，但我们可以做力所能及的教育。要知道家庭教育和学校教育对受教育者来说都很重要。

5. 重金钱投入，轻情感付出

有人统计过，按照现在的消费标准，把孩子从幼儿园培养成一名大学生，家长支出至少需要 20 万元。智力投资成了一般家庭消费的重要组成部分，这是社会进步的一个标志。于是，很多家长认为只要孩子要钱给钱，什么要求都满足了，就是尽了教育义务。孰不知这样会导致子女乱花钱，不珍惜劳动成果等坏习惯的形成。事实上情感投入更重要。人与人之间的情感交流是微妙的、复杂的，我们要善于和子女之间进行交流，和子女散步时，交流对孩子们关心话题的看法，让代沟在轻松的交谈中填平；同学生病了，提醒子女去问一声好，让爱心在平凡小事中生根；子女犯错时，家长严慈有度地去教育，让坏习惯在心平气和中除掉……这些都需要家长细心地去观察，耐心地去引导，需要家长付出心血，投入情感。

6. 重生理健康，轻心理健康

据有关部门统计，目前中小学生心理健康状况令人担忧。有 24% 左右的中学生会处于心理疾病或心理不健康状态。主要表现在性格孤僻，人际交往存在障碍，情绪忧郁，思维方式怪异，行为荒诞等等。作为家长要充分利用血肉亲情的关系，在注意子女生理健康的同时，要仔细观察他们，适时引导他们，给孩子以愉快的生活环境，有意训练他们应对受挫的能力，在提高自信心等方面下功夫。

家庭教育是一个永恒的话题，如何充分挖掘家庭教育的潜力，使学校教育、家庭教育、社会教育有机结合，形成合力，让我们的子女在家做一名好孩子，在学校做一名好学生，在社会上做一名好少年，我们任重而道远。

启迪与建议：

1. 有德无才会误事，有才无德会坏事；智育不合格是次品，德育不合格是危险品。家庭教育应从孩子的做人教育开始，如《弟子规》中所说"有余力，则学文"。

2. 现代信息和网络技术是一把"双刃剑"。要教会孩子使用它，成为学习、生活、交往的工具，而不要成为它的"奴隶"。

3. 家庭结构过于简单不利于孩子的成长和发展，可以组织几个合得来的家庭定期轮流过周末、过生日等，开展一系列活动以弥补其不足，"四世同堂"家庭环境的耳濡目染和潜移默化，胜过无数的说教。

4. 离婚不仅仅是大人的事，对未成年人心理发展的影响是深远的。作为成年人，准备好了再结婚，不要让无辜的孩子承担父母的过错。因为对孩子来说，是不公平的；对父母来说，是不负责任的。

5. 正如春耕、夏种、秋收一样，孩子的成长也是有规律的，是长期渐进的一个过程。正如俗语所说"心急喝不了热稀粥"、"欲速则不达"。家庭教育也是如此。

6. 独生子女家庭和多子女家庭的本质区别是孩子在家庭中的地位不同。多子女家庭中，孩子之间存在一定的竞争关系，争相在父母面前"争宠"；独生子女家庭正好相反，父母、长辈之间存在竞争关系，争相在孩子面前"争宠"。解决"独生"问题的关键是想方设法解决孩子在家庭中的地位问题。

第二章

"知子莫若父?"
——家庭教育的优势和局限性

摘要：主要介绍与学校教育、社会教育相比，家庭教育所具有的优势和局限性。

故事与资料：

知子莫若父

春秋时，越国宰相范蠡的二儿子在楚国杀了人，被楚国判了死刑，决定秋后处决，范蠡闻讯，急忙准备了千两黄金和一封书信，叫小儿子到楚国请他的结拜兄长——楚国宰相帮忙。

大儿子听到这件事后非常生气，就问父亲这么重要的事，为什么不让他去。范蠡对他说："如果派你去，你二弟必死无疑；只需小弟去了才能救活你二弟。"大儿子一听更不服气了："同样有礼物，有书信，为什么我就办不成？"范蠡拗不过他，只好让他去，临行前嘱咐他无论事情能否办成，礼物千万都不要带回来。

范蠡的长子到楚国后，急忙拜见了宰相，呈上了礼物和书信。第二天，宰相便以楚国将有天灾为借口，上奏楚王释放在押的死囚，以免除灾难。楚王听后便下旨大赦天下。范蠡的大儿子听说弟弟已经获释，心想：何必白白丢掉这千两黄金，便又回到宰相那里取回千两黄金。楚国宰相非常恼怒，于是又对楚王说："大王大赦天下，本为消灾，岂料有人说我受了范蠡的贿赂，为了范蠡的儿子才提议大赦。如果放了他民愤难平。"楚王听了，就下令斩了范蠡的儿子，等到人头落地的时候，范蠡小儿子运的棺材正好赶到。

范蠡为何能料事如神呢？原来，他的长子是在贫困时期出生的。从小历尽艰辛，深知钱财得来不易，而小儿子却是他发达后出生的，向来挥金如土，对千两黄金根本就不放在心上。所以他知道大儿子一定办不成这件事。

解析：

"知子莫若父"，出自《管子·大匡》。意思可以延伸为没有比父亲或母亲更了解自己孩子的了。父母二人从相知、相识、相爱到最后结成伉俪、成为伴侣，从孕育生命、十月怀胎到一朝分娩，从孩子的嗷嗷待哺、牙牙学语、蹒跚学步到成人、成才乃至成功，我们的父母无私地付出，不求任何回报，书写了无数教子有方、教子成才的人间佳话。之所以如此，一是因为任何父母不仅把生儿育女当成人类的延续和传承，而且也当成了自己生命的延续和传承，愿意无私地付出，并同时享受着亲子共成长的快乐；二是因为父母对自己孩子的天性（或遗传基因）、后天的个性以及整个的成长过程，比任何人都熟悉和通晓，在其教育过程中就会更有针对性，更懂得扬长避短，孩子走的弯路更少，孩子更加容易成才，而且成才更早、更快。所以，不论从何种角度上看，父母都是孩子成长的第一责任人和监护人，对孩子的成长最有发言权、最有

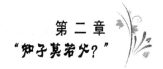

权威。

但是一段时间以来，我们的好多父母并没有把养育子女的责任作为自己的第一要务，有的甚至将责任推及他人、学校和社会。丧失了作为家长教育子女的优先权和优势权，给孩子的成长带来无法弥补的损失。所以，作为家长不仅要把教养子女当成义不容辞的责任，而且还要学习各种家庭教育的知识，如教育学、心理学、医学、营养学、社会学等知识，提升自己教育子女的能力和水平。作为每一位家长，成为合格、优秀的父母不仅是自己的第一责任和义务，而且成为优秀的父母一点也不比成为一名优秀的教师、医生或官员等难度小。作为每一名家长，教子之路光荣而艰巨、任重而道远。

一　家庭教育的优势

家庭教育同学校教育和社会教育相比而言，具有以下教育优势：

1. 广泛的群众性

在社会上，有多少个正常生活的家庭，就有多少个教育下一代人的场所，儿童、青少年就有多少个接受教育的课堂；有多少个家长，就有多少个教育者。家庭教育的这种极为广泛的群众性，是其他任何形式所不可比拟的。

以我国为例，13亿人口中，1/3是儿童青少年。若全国有3亿个家庭，则全国至少有6亿个家长在承担着教育儿童青少年的任务。如果把全国所有的家庭和家长都动员起来，人人重视家教，家家实行科学育人，将是一支多么巨大的教育工作者队伍，是一股多么强大的教育力量！家庭和学校相互配合，形成合力，对儿童青少年的成长肯定是有利的。

进入20世纪80年代以来，我们国家从中央到地方的各级领导、教育部门、群众团体、宣传机构，都非常重视家庭教育。中国家庭教育专业委员会前会长赵忠心教授曾在其《家庭教育学》一书中，对此进行了梳理和介绍。①

老一辈无产阶级革命家陈云在党的全国代表大会上曾指出："希望所有党的高级领导人员，在教育子女问题上，给全党带个好头。"1987年4月14日，中央军委副主席聂荣臻专门就抓好军队干部子女的家庭教育问题，写信给当时的总政治部主任余秋雨，"在今后考核干部时，也把对子女的教育情况列为德才表现之一，认真考核"。1988年6月，全国妇联和原国家教育委员会召开了新中国成立后第一次"全国少年儿童家庭教育研讨会"。1991年9月4日，《未成年人保护法》通过，规定了父母或其他监护人要依法对未成年人进行监护、抚养、教育的义务。1992年2月16日，国务院颁布了《九十年代中国儿童发展规划纲要》。2000年2月1日，江泽民总书记发表了《关于教育问题的谈话》，"现在大多数家庭都是独生子女，生活好了，家长有望子成龙的思想，希望子女能够受到更好的教育，也是自然的。我们的学校、教育部门以及党和国家的其他部门，都要注意做工作，把家长希望子女成才的迫切愿望、教师教书育人的心情和学生学习的积极性引导到正确的方向上来，全面提高青少年素质"。南方的有些企业已经把对孩子的教育纳入了职工、干部考核的范围。我国《家庭教育法（草案）》，已于2014年底交全国人民代表大会审议，从而开启了我国家庭教育科学、规范的新征程。

2. 强烈的感染力

家庭是成员之间关系最亲密的社会团体，父母子女之间的关系尤为亲密。韩非曾在《韩非子·五蠹》中说："人之性情，莫爱于父母。"北齐颜之推在《颜氏家训》中，指出："夫同言而信，信其所亲；同命

---

① 赵忠心：《家庭教育学》，人民教育出版社2001年版，第101页。

而行，信其所服。禁童子之暴虐，则师友之诚，不如傅（家庭教师）婢（仆人）之指挥；止凡人之斗閲（争吵），则尧舜之道，不如寡妻之诲。"《学记》中也说："亲其师，信其道。"马克思说："还有什么比父母心中蕴藏着的情感更为神圣呢？父母的心是最仁慈的法官，是最贴心的朋友，是爱的太阳，它的光焰照耀着我们心灵深处的意向。"以上都说明了父母之情在家庭教育中巨大的感染力量和作用。

3. 特殊的权威性

权威是一种社会关系，它以意志服从为特征。在社会生活中，不能忽视、否定权威的作用。如一个国家没有法律的权威，社会秩序就不能维持，人民生活就不能安定；一个单位，没有领导的权威，就会有令不行、有禁不止；交警、规章没有权威，交通秩序就会出现混乱；家庭没有权威，正常生活也难以维持。在家庭教育中，家长—权威—服从—实施教育管理，否则表扬没有激励作用，批评没有刺激作用，孩子把家长的教育当作耳旁风。家长的权威是家庭教育成功的前提和保证，它带有明显的教育强制性，以尊重和信赖为基础。如历史上的"曾子杀猪"；战国时《韩非子》一书曾说："夫婴儿不剃首则复痛，不副（挤）痤（痤疮、粉刺）则寝益。剃首副痤，必一人抱之，慈母治之，然尤啼呼不止；婴儿不知其所犯小苦，致其所大利也。"以上说明对于不懂事的孩子该强制的时候就要强制。

4. 鲜明的针对性

俗话说"知子莫若父"，意思是说最了解自己孩子的家长是父母。子女从一生下来，就进入家庭生活，同父母生活在一起，朝夕相处，形影不离。父母对子女深切而真挚的爱和望子成龙的迫切感、责任感，促使父母每时每刻注意孩子的一言一行，洞察子女瞬息间情绪和情感的变化。父母不仅熟悉孩子的过去和现在，而且还能根据孩子身心发展的过程及其个性特征，预测孩子的未来。

父母之所以能如此了解、熟知子女，除了由于长期共同生活的缘故以外，还有一重要原因，就是父母和子女的特殊的血缘关系和根本利益一致的关系。父母与子女亲密无间，子女对父母十分信任。在家庭范围内，子女无拘无束、随便、自然，没有任何思想顾虑，行为上不需要加以掩饰和伪装，思想上不必隐瞒，可以直接表露自己的观点。优点、长处表现得最充分，缺点、毛病也是暴露无遗。

父母对子女情况全面深刻而系统的了解，使家庭教育能比较容易从孩子的实际出发，因材施教，"对症下药"，从而进行有针对性的教育。其优势在于：不仅孩子问题抓得准，抓得及时，教育内容和教育方法选择适当；也可以做到发现问题苗头，采取有效措施，防微杜渐，把问题消灭在萌芽之中，免得问题不可收拾。这样有针对性地进行教育，其效果肯定是明显的。春秋时期越国宰相范蠡对自己两个儿子的了解，充分说明了这一点。

5. 天然的连续性

与学校教育、社会教育相比，家庭教育更具有教育上的天然连续性。就学校而言，从宏观角度看，一个人从幼儿园到小学、中学、大学，是一个系统的连续受教育的过程。但从微观上看，从低年级升到高年级、从低一级学校升到高一级学校，面临诸多的变化：学习环境、教育者、学习伙伴、学习内容等等。这一切的变化，对于学生来说，总会在一段时间内产生心理和情绪上的不稳定，或多或少地影响教育和教学的效果。

与此相比较，家庭教育的整个过程，一般没有生活环境和教育者的变化和更换问题。在这种情况下，家长可以连续不断地对孩子反复教育、反复训练、反复强化，可以使孩子形成良好的习惯和品质。我们每一个人身上所形成的各种习惯、观点、生活方式、品质、性格、兴趣、爱好、特长等，都和我们所受的连续性的家庭教育和家庭影响有极为密切的关系。所以说，家庭生活环境的变化会长期地影响一个人的发展。战国末期的思想家荀子在《荀子·劝学》中曾论述了自然形成的环境长时间而连续影响的作用。"蓬（多年生的草本植物，散、乱、叠）生麻间，不扶自直；白纱入淄（黑色），不练自黑；彼蓬之性不直，纱之质之黑；麻扶丝染，使之直黑。夫人之性犹蓬纱也，在所渐染而善恶变矣。"家庭教育对子女的影响，就是一个"渐染"的过程。

6. 固有的继承性

人们在家庭中接受了父祖辈对自己的教育和影响，在自己长大成人、成家立业以后，也用同样的教育内容和教育方式方法去教育自己的后代，用从父祖辈那里接受影响和教育所形成的思想观点、行为习惯，继续去影响自己的后代。人类社会就是这样一代一代延续、继承下来，即继承性，主要表现在两个方面：

（1）家风（门风）：是指一个家庭在多少代的繁衍过程中逐步形成的较为稳定的生活作风、生活方式、传统习惯、家庭道德规范，以及待人接物、为人处世之道等，其主要是指一个家庭的思想意识方面的传统。"家风"不是人的生物性遗传形成的，而是通过有形或无形的家庭教育传统保持流传下来的。"家风"形成以后，不仅对当代的家庭成员有深刻的影响，也会继续影响下一代人，往往世代相传，成为一种顽强的稳定的习惯势力，其影响相当地深远。周恩来曾说："我们青年不仅有今天，而且还有远大的未来。他们不仅管自己一生，而且还要管及他的子孙后代的后代。"[①]深刻说明了"家风"影响的重大意义。

（2）家业或家传、家学：指的是一个家庭世世代代都从事的职业，或是许多人都具有同样的兴趣、爱好、学问和专长。中国古代就有"家学渊源""世代书香"等说法。例如，西汉的司马谈和司马迁，东汉的班彪、班固和班昭，汉魏之际建安文学的代表"三曹"（曹操及其两个儿子曹丕和曹植），西晋的"三张二陆"（张载、张协、张亢三兄弟，陆机、陆云二兄弟），北宋的"三苏"（苏洵和他的两个儿子苏轼

---

① 杨亚军：《论周恩来的青年观》，2007 年 10 月，（http: // wenka, baida, com/link? arl = hwp2Gpl3Fqkvo60kAXZQUOKEM3）。

和苏辙），东汉的王羲之和王献之，宋代书画家米芾、米友仁（俗称"大小米"）等等。在德国，著名的作曲家巴赫家族，在三百多年里，一共出了60多位音乐家，其中20多位是著名的音乐家。在今天，同样有几代人都从事同一职业的"世家"，如"教师世家"、"演员世家"、"体育世家"等。

7. 内容的丰富性

家庭教育虽然不像学校那样，开设那么多门类的课程，但是其内容却相当广泛、丰富，远远超出学校教育所涉及的范围。社会生活的复杂性反映到家庭，使家庭生活的内容也具有相当的复杂性，因此家庭成员的实践活动也是多种多样的。家庭教育就是在家庭的日常生活中随时随地进行的，家庭教育寓日常生活之中，家庭生活的内容也就是对儿童、青少年进行教育的内容，家庭成员的实践活动过程也常常是对子女教育的过程。因此家庭教育的内容也就具有复杂性和多样性。

8. 方法的灵活性

家庭教育不像学校教育那样，一般没有固定的程式，不受时间、地点、场合、条件的限制，随时随地进行，遇物而诲，相机而教。如休息、娱乐、闲谈、家务劳动、走亲访友、逛商店、参观、旅游等活动都可以进行家庭教育。家庭教育的方式比较容易做到具体形象、机动灵活，适合儿童、青少年的心理特点，易于为子女所接受，这与学校教育相比，在方式方法上更加灵活。

以上所说的家庭教育的优势，并不是说学校、社会一点也不具备，只是相对而言；而且，家庭教育的这些优势，也不是所有的家庭所具备，只是就大多数家庭而言的。对此，我们应有一个全面的认识，充分发挥好这些优势，以便更好地发挥家庭教育的职能作用。

二 家庭教育的局限性

同样，家庭教育和学校教育、社会教育相比，也存在着不可避免的局限性，主要表现在以下三个方面：

1. 家庭教育条件的不平衡

家庭教育对儿童、青少年的成长发展有着十分重要的作用，实际上并不是所有家庭全都具备教育子女的有利条件。如有的家庭有很好的生活环境，有良好的家庭生活气氛和生活方式，家庭成员关系融洽、和谐，家长思想好，文化素养高，有教育能力，也有充裕的时间和精力，能够自觉承担并能胜任子女的教育工作。而也有一些家庭不具备良好的教育子女的条件，如家庭关系紧张，父母思想道德修养不够，文化素养欠缺，缺乏管理教育子女的能力等。生活在这样家庭的子女，也必然受到家庭生活的不良熏染和影响。别人是不可能代替其家长履行教育职责的，未成年子女也不能脱离自己的家庭和成长，而去自由地选择家庭和家长。因此，并不是所有的家庭都能保证给子女以必要的正确的教育。对此，所有的家长应当有清醒的认识。

2. 家庭教育易感情用事

由于父母子女之间天然的血缘关系和根本利益一致的关系，在家长有理智的时候，就成为教育子女的有利因素，相反失去理智的时候，这种特殊的关系就转化为对子女不利的因素。主要表现：一是娇惯溺爱，导致"慈母败子"；二是由于"恨铁不成钢"，往往导致操之过急，方法简单粗暴。

第一种倾向，宋朝司马光在《温公家范》一书中曾指出："为人母者，不患不慈，患于知爱而不知教也。古人有言曰：'慈母败子。爱而不教，使沦于不屑，陷入大恶，入于刑辟，归于乱亡。非他人败之也，母败也。'自古至今，若是者多矣，不可悉数。"意思是说，由母亲亲自教育自己的孩子，人们不必担心母亲不慈爱孩子，而让人担心的是只知道爱而不去教。爱而不教，就是娇惯溺爱，就会使孩子走上邪路，必然要毁掉孩子。这责任不怪别人，完全是母亲的过错。由于娇惯溺爱孩子，把孩子推向邪路的教训，自古至今，屡见不鲜，不胜枚举。

第二种倾向，实际上是指感情用事的另外一个极端，那就是期望过高，"恨铁不成钢"，往往导致操之过急，教育方法简单粗暴。当发现孩子表现不好，而且屡犯错误，孩子的实际表现与家长的期望差距很大时，往往很不耐心，很厌烦，恨不得一下子把孩子身上的不良习惯全纠正过来。同时，许多家长还认为，孩子是自己的孩子，管孩子是自己家庭的事情，用不着像对待别人那样讲究态度，注意方法。在这种思想的指导下，家长也往往容易出现操之过急、态度粗暴、方法简单，造成子女和家长在情绪上、行为上严重对立，使教育工作难以进行下去，导致家庭教育的失败。

针对以上的情况，我国古人有过"易子而教"的故事，意思是相互交换孩子进行教育。据《孟子》记载，一次孟子的弟子公孙丑问孟子"君子之不教子，何也？"孟子说："势不行也。教者必以正，以正不行，继之以怒，则反夷矣。'夫子教我以正，夫子未出于正也。'则是夫子相夷也。夫子相夷，则恶夷。古者易子而教之。"意思是说，父亲教育自己的孩子，必然用正理正道进行教育，可教了不听，父亲必然愤怒。这一愤怒，势必会伤害孩子的感情，孩子就会反驳"你做父亲的整天教我行正理正道，可你并没有首先做到。"这样，父子之间相互责备，就会伤害双方的感情，产生隔阂与对立，使教育工作无法进行，只好同别人交换孩子进行教育。这是家庭教育的又一局限性，应引起人们的高度重视。

3. 家庭教育比较封闭

由于家庭是私有制的产物，传统的习惯使人们很少考虑社会的需要，误以为只要自己满意，子女的教育就算成功了。另外在传授知识、培养能力、培养思想品质和个性品质上也有很大的局限性。因为，孩子最终走向社会，能不能适应现实社会的要求，才是衡量家庭教育成败的一个最重要的标准。

苏联教育家马卡连柯在其著作《父母必读》中曾说过："教育儿童是由家庭负责，或者也可以说是由父母负责。不过家庭集体的教育，不能凭空造就儿童，仅凭有限的家庭影响或有限的父亲的训斥，还不能成为造就未来人的资料。"他还特别强调，要把家庭教育和火热的社会生活密切结合起来，不要"闭门造车"，不要关起门来造就社会所需要的人，主张要运用活生生的社会生活内容，通过广泛的社会活动教育孩子。马卡连柯的这些说法，很有道理，值得我们深思和借鉴。

启迪与建议：

1. 学校一个班级，一个班主任或任课教师面对的教育对象是几十个学生；家庭中，父母、（外）祖父母等至少2—6位教育者，面对的是1—2位教育对象，这是一股多么巨大的教育力量！如果相互之间配合好，再与学校教育密切配合，将使儿童青少年在成长过程中少走或不走弯路；反之亦然。

2. 正因为家庭是成员之间关系最亲密的社会团体，父母子女之间的关系尤为亲密，家庭教育需要权威，家长需要建立权威。否则，表扬就没有激励作用，批评也起不到刺激作用。家长的权威是家庭教育成功的前提和保证，它带有明显的教育强制性，以尊重和信赖为基础。正如国家没有法律的权威，社会秩序就不能维持；单位没有领导的权威，就做不到令行禁止；交警没有权威，交通秩序就会出现混乱。

3. 孩子是父母的缩影，孩子和父母之间具有天然的连续性和固有的继承性。这是家长在家教过程中必须清醒认识、引起高度重视的首要问题，不要犯"简单的错误"——"我的脾气慢，孩子怎么也是这样！？""我上中学时理科不好，怎么孩子也是这样！？""我不愿、不会唱歌，怎么孩子也是这样！？"等等。教育要"顺势而为"，而非"逆势而为"。家庭教育也是如此。

4. 家庭教育内容的丰富性和方法的灵活性，决定了在孩子的日常生活中处处、事事、时时都存在着教育的时机。作为家长，应做家庭教育的有心人，做到择机而教、遇物则诲。

5. 家庭教育条件的不平衡是客观存在的，希望家长能够正确看待并给予孩子以正确的引导。学会把不利因素转化成有利因素，多关注孩子的成长、进步、健康等因素。

6. 实践已经证明，传统的"慈母严父"的家庭角色，并不利于孩子的教育和成长。在孩子的教育和发展上，父母应该同进退，要么"慈母慈父"，要么"严母严父"，保证父母在教育孩子观点和行动上的一致性，让孩子"无机可乘"。

7. 俗语虽说"家丑不可外扬"，但是一个开放的家庭，一个知耻而后勇的孩子，将为家庭教育的成功提供前提条件和有力保障。

第 三 章

"将门出虎子?"
——家庭教育的地位和作用

　　摘要：介绍家庭教育在个人的成长发展、家庭的经营及和谐社会的构建等方面所起的其他不可替代的作用。

故事与资料：

将门出虎子
——读《孙子兵法》和《孙膑兵法》有感

　　孙武是咱中国最值得骄傲的军事家，即使是三国时期的诸葛亮，其攻守之计，亦多出于孙武之源。其兵法指挥了从春秋至今2500多年的无数次战争，恐怕是他本人生前没有想到的。孙武所著《孙子兵法》为中华民族留下了一宝，其孙子孙膑得其精髓，亦彪炳千秋。虽然孙武和孙膑都在战争中立过大功，且都有军事著作面世，但孙膑却在其爷爷的基础上，将兵法进行了发展和完善，算得上是将门出虎子。

　　2400多年前，当孙武怀着半羞半怯的心情以《兵法》十三篇呈吴王阖闾，得到吴王"子之十三篇，吾尽观之矣！"后，悬在半空的心可能才稍微镇静了一些。后被吴王重用，任命为将，率吴军攻破了楚国的都城郢，让楚国的版图上飘起了吴王的旗帜。

孙膑刚开始出道，命运不如他爷爷好。其同窗好友庞涓在魏国升为将军后，嫉妒孙膑的才华，怕孙膑影响他的威信、仕途，把当时刚在"私立大学"毕业的、单纯的孙膑，花言巧语骗到了魏国。结果在庞涓的"作用"下，孙膑不仅没有得到魏王重用的礼遇，还被处以去掉膝盖骨的膑刑。后来，齐国国君念其籍贯为齐国人，又是名门之后，又慕其才华，派出一辆小车将孙膑接回"祖国"，并委以军师重任，孙膑才算是英雄有了用武之地。孙膑受酷刑而愈发自强，其指挥的桂陵之战和马陵之战，频频告捷，大败魏军。庞涓在战败后才忽然意识到当时自己不应该去掉孙膑的膝盖骨，而是应该拿掉孙膑的首级。孙膑在其爷爷《孙子兵法》的基础上，结合自己指挥和作战的实际，最后总结写成了《孙膑兵法》。

孙武所著的《孙子兵法》和孙膑所著的《孙膑兵法》，不仅在具体的战争中屡试不爽，而且用于商业乃至爱情等方面都有现实意义。孙家出了两个军事家，且后者"青出于蓝而胜于蓝"，真让人羡慕。

（注：来源自中国山东娱乐网：www.sdchina.com，作者：陋岩，2013 - 02 - 07）

解析：

韩愈的《师说》中有句名言叫"师不必贤于弟子，弟子不必不如师"。这句话用到孙家爷孙身上，可以说成是"爷不必贤于孙子，孙子不必不如爷"。在指挥实战上孙武和孙膑爷孙两个旗鼓相当，在攻心战术上孙武和孙膑也各有建树。他们在兵法中皆提出了战争胜利的主要动力元素——民心。所谓"得道者多助，失道者寡助"以及"得民心者

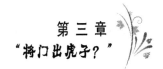

得天下，失民心者失天下"等论述，其母本皆可以追溯到《孙子兵法》中："道者，令民于上同意，可与之死，可与之生，而不危也。"和孙膑在《八阵》中借"孙子曰"所言之"内得其民之心，外知敌之情。"之中。孙武留下了《孙子兵法》，也留下了优良的遗传基因，所以说孙膑的战绩和其所著《孙膑兵法》，也有孙武的间接功劳。

一　家庭教育在人个体发展中的作用

家庭教育在人个体发展中起到奠基作用，而且贯穿于人的一生。主要体现在以下三个方面。

1. 父母遗传因素对个体发展的影响

上文中"将门出虎子"的故事，充分说明了遗传因素在人成长中的重要作用。日常生活中，我们的好多俗话也说明了这样的道理，如"种瓜得瓜，种豆得豆"、"龙生龙，凤生凤，老鼠的孩子会打洞"等等。父母遗传因素，是影响人发展的最基本因素，为人的发展提供了可能性，它具体包括以下三个方面：

一是遗传因素。主要表现在四个方面：外在的形态、内在的体质、大脑结构和大脑的活动方式（气质）等。遗传决定论或先天决定论都是错误的，但在个人成长过程中发挥首要作用的是父母的遗传素质，是不容忽视的。据中国科学院心理研究所调查，50%以上的低能儿主要是由先天的遗传因素决定的。遗传因素是人发展的生物前提或生理基础，人之所以能够由一个生物性的细胞——受精卵而发展成为一个具备人的身体特性和心理特性的社会的人，正是由于有了这样一个前提或基础，遗传素质是人之所以成为人的基础。同时，遗传素质在个体间是有差异的，对人后天发展的影响也不尽相同，也不是人发展的决定性因素。

二是先天的但非遗传的各种因素。主要是指个体在胎儿期的结构和功能发育特点，主要是由于受外界环境的影响而形成的某些身体畸变，如妇女怀孕早期经常接受 X 射线、受到剧烈的物理或化学的刺激、营养不良等因素使胎儿出现某些身体畸形的概率大大增加。

三是成熟机制。个体的生理成熟有一个过程，它表现为一系列由遗传因子控制的程序，既使得个体的身心发展有一定的阶段性和顺序性，也使得个体的身心发展有一定的不平衡性。个体发展的过程及阶段是不可超越这些成熟机制而表现出特性的。

2. 家庭环境对个体发展的影响

父母的遗传素质对孩子的成长和发展提供了可能性，要把这种可能性变成现实性，关键还在于后天的环境和教育。环境因素是影响人的发展最直接、最深远的因素。它包括两个大的方面：一是自然环境，由阳光、空气、水分、高山、大海、高原、平川等构成，为人的成长和发展打下了自然的底色，俗话说"一方水土养育一方人"。二是社会环境，主要包括家庭环境、学校环境、社会实践、社会文化等因素。

这里简单阐述与分析一下社会环境中学校环境、社会实践、社会文化等因素对人发展的影响。重点讨论和分析家庭环境对人发展的影响。

学校环境是影响人的发展最有效最直接的因素，并在人的发展中起主导作用。这种主导作用主要体现在以下四个方面：学校教育具有较强的目的性，能明确而长期地按照一定的标准培养人，因而能收到较好的教育成果；学校教育的专门性特点保证了对人发展影响的主导性；学校教育具有选择性，尽可能地为青少年学生的成长发展营造良好的环境，选取合适的内容和有效的方法，使学校教育达到应有的目的和效果；学校教育具有计划性，保证将系统而完整的知识传授给学生并获得相应的能力。

社会实践是人发展的根本途径。人只有积极参加社会实践活动并根据实践活动的要求不断地调整和改变自己，才会得到不断的发展。以人性格的形成和发展为例：解放军战士的团结、紧张、严肃、活泼、敏捷性、纪律性等性格特点，是在部队中长期生活、训练而逐渐形成的军人的性格；同样，教师的活泼、机智、冷静、敏感、条理化、教育事业心；科研人员实事求是的态度，论证问题的逻辑性、严谨性、客观性与独创性；仪表工人的细心与精确；矿工的坚韧与顽强等性格特点的形成和发展都是实践活动的结果。

社会文化因素对人的发展有深远的影响。社会文化因素包括个人所处社会的政治经济制度、经济发展水平、科技发展水平及民族文化传统等方面，为人的发展提供了总的条件、总的背景，决定着人发展总的方向和总体水平。以文化背景对人的性格形成和发展为例：世界上有二百多个国家，我国有五十多个民族，这些国家和民族的风俗习惯、文化发展水平等方面存在很大的差异，这些差异从小就影响着儿童的行为举止与道德规范，自然会影响他们性格的形成。例如，人们一般认为东方人顺从、柔和、温文尔雅，但趋于保守，大多数人的性格内向；西方人激情满怀，豪放不羁，富于创新，敢于冒险，大多数人性格外向。在我们国家，不同的民族、不同的地域的人们性格和思维方式也有较大的差异。以上充分说明了社会的文化因素对人的发展产生潜移默化的深远影响。

家庭环境对人身心发展的影响作用是相当广泛的，归纳起来主要体现在两个方面：一是个性的形成，二是心理发展的方向和水平。

（1）家庭环境对孩子个性形成的作用巨大、影响深刻且细微

家庭环境对人的个性形成具有巨大作用。一个人的知识经验、思想品德、兴趣爱好、习惯行为、特殊才能等的形成与发展，同家庭生活环境关系极大。有人曾做过实验研究，把一对同卵双生的女孩从小分开，一个留在大城市的家庭里，一个送到边远的山区跟随亲戚生活。两个孩子的遗传素质几乎是相同的，但由于生活环境的不同，两个孩子在个性

发展上完全不同。留在城市的孩子喜欢读书，智力发展较好，比较文静；而在山区跟随亲戚长大的孩子则不愿读书，喜欢活动，身体健壮、灵巧，性格开朗。以上都是家庭环境影响的结果。

家庭环境对人个性形成影响深刻。环境对人影响的深刻程度与人们接触环境时间早晚和生活时间的长短成正比。家庭是人们出生后接触最早的环境，也是连续生活时间最长久的生活环境。在学龄前阶段，儿童不能完全独立生活，衣、食、住、行、用等都离不开家庭，家庭是主要的生活环境。入学以后，除去到学校学习的时间，每天仍有2/3的时间在家里度过。即便是成家独立生活以后，家庭对每一个人的吸引力也相当大，子女对父母天然的信赖和依恋仍然存在，家庭环境和父母的影响仍继续直接或间接起着很大的影响作用。相比学校环境和其他社会环境而言，家庭环境对孩子个性形成的影响最为深刻。

家庭环境对人的个性形成，其影响还极其细微。日常生活中，只要我们仔细观察，会发现惊奇的现象：孩子走路的步态、站立的姿势、说话时的表情、习惯性的手势等等，都酷似他们的父母。这些习惯性的表情和动作，不是遗传的作用，而是与父母朝夕相处、形影不离，在家庭这个特定的环境中影响和熏陶的结果。

（2）家庭环境对人的心理发展方向和水平影响也是相当大的，早期家庭环境甚至对人的心理发展方向和水平起着决定性作用。

心理学研究认为，人的个性形成的关键期（也有人称为"最佳成长期"）是儿童期，如果在这一阶段失去了人类生活的环境，缺少了人类生活的熏陶，将直接影响其心理发展的方向和水平。印度狼孩和成年人成为"野人"的事实，从正反两个方面充分说明了早期生活环境在人的一生成长中所具有的重要价值和意义。

1920年印度人在狼窝里发现了狼孩卡玛拉，当时大约8岁，四肢行走，慢行时手和膝盖着地，快行时手脚着地。白天潜伏，夜间活动，只吃肉，从不用手拿。一切全是狼的习性。后来对她进行了恢复"人性"的训练和教育，两年后才会站立，6 年后才会像人一样行走，4 年学会了 6 个单词，7 年学会 45 个单词。直到 1929 年临死时，年龄约 17 岁，但其智力水平仅相当于 3 岁左右儿童的水平。日本人横井庄一，青年时在深山里经历了长达 28 年的野人生活，被人发现回国后，仅短短 82 天的时间，就完全恢复和适应了人类的生活。这主要是因为他的早期生活是在人类环境中度过的，已经在人类生活环境的熏陶下打下了成为"人"的基础。

3. 家庭教育对个人成长的影响

家庭环境对人的影响作用是自发的，而家庭教育则同学校教育一样是主动的积极的影响作用，在人的身心发展中具有重要的意义。

（1）早期家庭教育对个人成长的影响

现代科学已经证实，真正的早期家庭教育实际上应该从"胎教"开始。孕妇的精神、情绪和行为等直接影响胎儿的生长发育。胎儿很早就具有对母体生理变化的感受能力。孕妇精神愉快、思想开朗、情绪乐观、心情平静、营养充足且均衡、生活有规律等对胎儿的生长都极为有利。夫妇二人特别是做母亲的，怀着极为欣喜、愉悦的心情盼望小生命的降临，对胎儿的生长和发育给予极大的关注和爱护，将为胎儿出生后的健康成长发育打下良好的基础。

孩子出生以后，进入家庭生活，就开始了漫长的接受家庭教育的过程。心理学研究认为，儿童早期教育具有不可逆性，是人一生接受教育的"关键期"，其教育效果的优劣对人一生的发展起着至关重要的作用。

比如，人们普遍认为，0—3 岁是儿童感受母爱最强烈的时期（有人也称为认母"关键期"），母爱是人生教育的"第一课"，缺少母爱将对儿童人格的养成造成终生的影响，而这一课只有在家庭里由父母实施，其他任何场所、任何人都无法代替。

人们认为婴幼儿时期是儿童大脑生理发展的"关键期"。脑生理科学理论研究认为，儿童脑的发育是不平衡的，其脑重的增长大致遵循如下的规律：新生儿——约 390 克，占成人脑重的 30%；8—9 个月——约 660 克，占 45%；2—3 岁——约 990 克，占 67%；6—7 岁——约 1280 克，占 86%；9 岁——约 1350 克，占 91%；12—13 岁——约 1400 克，占 95%；成年人脑重平均是 1480 克。据科学家估计，人的脑神经细胞大约有 140 亿个，其中有 70%—80% 是在 3 岁前形成的。这个时期将给人以后的智力活动、行为发展等打下良好的基础。

还有人认为婴幼儿时期是儿童智力发展的"关键期"。美国儿童心理学家杰明·布鲁姆通过研究提出了"智力递减学说"，即假如以一个人的大脑智力发育到 17 岁为 100% 来计算，那么 4 岁时智力将发展到 50%，4—8 岁再发展 30%，8—17 岁的 9 年间仅获得 20% 的发展。俄国作家托尔斯泰曾说，"一个 5 岁的幼儿同成人之间仅相差一步，而一个新生儿同一个 5 岁的幼儿之间却有天壤之别"。这不仅说明了这一阶段儿童身心发展速度之快，也说明幼儿阶段是人智力发展的"关键期"。

婴幼儿时期还是儿童独立生存和独立生活能力培养的"关键期"。该时期的儿童在生活上对父母有极大的依赖性，心理上对父母也很依恋。此时，他们对周围环境的刺激感受极为敏感，反应强烈，具有很强的感受能力和很大的可塑性，对外界事物兴趣广泛，模仿能力强。而此时他们生活的环境只能是家庭，父母既是孩子的保姆，又是孩子的首任老师，是生活的第一个指导者，是走向社会的第一个引路人。他们十分信赖父母，父母的要求是他们生活的准则和行为的规范，父母对周围人和事的态度、评价标准，成为他们评价是非善恶的依据。此时所受的教育和影响，就像先天形成和与生俱来一样稳固，终生都会起作用。所以，要想使今天的孩子将来长成参天大树，就必须从现在开始进行精心的"修剪"和"护理"，该扶正的时候扶正，该修枝的时候修枝，该打叉的时候打叉，不要等到树已成林、木已成舟之时再去修剪，到那时，不仅事倍功半，而且往往适得其反。

中国古代历来都重视儿童早期的家庭教育。我国北宋思想家颜之推曾说"人生幼小，精神专利，长成以后，思虑散逸，故须早教，勿失机也"，还说"人在少年，神情未定"。意思是说，孩子小的时候思想单纯，精神专一，可塑性强，易于形成习惯，所以主张抓紧早期教育。思想家司马光也曾指出："古有胎教，况于已生？子始生未有知，固举以礼，况于已有知？故慎在其始，此其理也。"意思是说，古时候人们对胎儿都进行胎教，更何况出生以后呢？过去对不懂事的孩子都教之以礼，更何况长大以后呢？所以，要及早进行教育，可以有一个良好的开端，这是教育成败的关键。

英国哲学家约翰·洛克曾说："我们小时候所得的印象，哪怕是极微小，小到几乎觉察不出，都有极大极长久的影响。正如江河的源泉一样，水性很柔，一点点人力便可以把它导向他途，使河流的方向根本改变；从根源上这么引导一下，河流就有不同的趋向，最后流到十分遥远的地方。"① 因此，他认为早期教育关系重大，主张要慎之又慎。德国实行早期家庭教育已有 200 年的历史，乡村教师卡尔·威特主张"对子女的教育必须同孩子的智力曙光同时开始"。按照这种早教观点，从儿子小威特生下来，就及时进行早期家庭教育。小威特未满 16 岁由于提出数学论文被授予博士学位，两年以后又获得博士学位，并被任命为柏林大学法学教授。美国前总统克林顿在《振兴美国的 10 点计划》中，将加强早期教育列为第 4 点，总统夫人和副总统夫人具体负责全美的早教推广工作，发起了"妈妈和孩子每天共学一小时运动"，老布什和小布什都重视早期教育工作，号召所有的妈妈每天晚上给孩子朗读一个小时。日本、韩国、俄罗斯、英国、法国、澳大利亚等都十分重视早期家庭教育。日本索尼公司的前董事长井深大先生称早教是保持日本竞争力的根本，因为未来世界竞争的主战场已经转到了婴儿的头脑里。而

---

① 转引自赵忠心著《家庭教育学》，人民教育出版社 2001 年版，第 38 页。

中国的现状是，妇联、教育局、工会都管，其实都管不好。所以可以这样说，家庭教育兴起之时，就是中华民族腾飞之日。作为家长应树立"至乐莫如读书，至安莫如教子"的科学家教理念。

（2）终身家庭教育对个人成长的影响

随着子女年龄的增长，思想逐步趋于成熟，独立意识也越来越强，独立思考能力有所提高，独立生活能力大大加强。特别是离开学校走向社会的青年，其知识、经验和社会阅历更加丰富，对家长和家庭的依赖性逐步减弱。但是，在重大问题上，诸如子女升学就业、入团入党、恋爱婚姻，以至于婚后如何安排新家庭的生活、处理好夫妻关系以及抚养教育第三代等，仍需要父母给予指导和支持。当然，有些孩子长大以后不愿听父母的话，责任不在孩子，而在父母。关键在于父母教导的是不是"正理正道"，教育沟通和交流的方式方法是否正确等。

中国素有把家庭教育当成终身教育的优良传统。比如，春秋战国时期，楚国大将子发率兵攻打秦国，在前线他生活特殊化，不关心士兵，只顾自己享受。母亲得知以后，虽然他打了胜仗，却紧闭家门不准他回家。齐国齐宣王的丞相田稷子，任职期间利用职权贪污受贿，其母斥责其不忠不孝，并责令其将不义之财退回。东晋陶侃做太守时，利用职权派人将官家鱼塘的鱼送给家中老母，老母极其生气，将鱼原封不动退回。唐朝监察御史李畲多收禄米，却不付送禄米的车费，遭母亲严厉批评，坚决令其退回。以上教子佳话，都是我国古人坚持终身家庭教育的证明。

二　家庭教育与提高人口素质的关系

邓小平曾说过，中国人口众多，如果素质高，那是极大的优势；如果素质低，就是极大的负担，最终会拖住中华民族腾飞的翅膀。因此，提高人口素质，实现人口素质的良性循环，家庭教育是第一关口。

1. 正比例关系

一般情况下，家庭教育水平高、质量好，在家庭及整个社会中，人口素质状态就会随之提高；反之，则会下降。据上海市教科所《学习困难学生特点、成因与教育对策》课题组的研究，父亲大专以上文化程度的学生中，好学生占47%，中等生占28.57%，差学生占16.46%；父亲初中以下文化程度的学生中，好学生占25.75%，中等生占37.41%，差学生占51.56%。

2. 直接影响关系

一般情况下，家庭教育条件好，教育水平高，就能直接提高人口的素质。赵忠心在《大师的阶梯》一书中列举了100位中国名人成功之路，这些名人之家无不具有良好的家庭教育条件，为社会、人类、民族的发展做出了贡献。

3. 加强和改善家庭教育是提高人口素质的根本途径

我国改革开放以后，人口素质问题成为制约我国经济发展和社会进步的瓶颈。我国人口众多，且素质高，将成为我们强大的优势。而提高人口素质的根本途径和方法是加强和改善家庭教育。关于家庭教育的理论和方法目前还比较落后，更谈不上达到艺术的水平，而其中的根本问题是观念的问题。有很多事业成功的人士在家庭子女教育的问题上却是失败的，令人伤心和不可思议的是他们甚至还以此为荣；有些专家学者在自己的专业领域出类拔萃，但在子女教育问题上却无计可施、束手无策。而有些家长期望值很高，已经意识到了孩子教育的重要性和不可逆性，但却缺乏科学的方法而事倍功半，甚至起到了相反的作用。

启迪与建议：

1. 人一生有诸多选择的权利。在仅有的不能自己选择的事项中，父母是自己无法选择的。所以，一个人的成长离不开父母从生物学意义上带来的天生的遗传因素。"教育万能论"和"环境决定论"都是有所偏颇的。目前，人们普遍认可的观点是"教育功能有限论"。也就是说教育首先要从孩子的基本天性出发，在发现其潜能，培养其特长，促其全面发展的同时，使孩子更加像"自己"，而不是成为我们一厢情愿"塑造"的对象。

2. 作为家长，无法改变学校教育和社会教育现状，只能通过家庭教育对孩子一生的成长提供支持和帮助。家庭，不仅要成为孩子一生成长的"避风港"，更应该最大限度地发挥学校教育和社会教育的主导教育优势，同时将其消极因素的影响减小到最低。

3. 有人反对对孩子进行早期家庭教育，甚至提出"孩子赢在起跑线上，必定输在终点线上"的观点。人类像大自然所有的生物一样，有其产生、发展、衰败、消亡的规律。如果率先赢在了起点，再关注"中途"发展的过程，那么终点取胜的可能性将大大增加；相反，起跑落后了，即便"中途"很加油、卖力，终点取胜的概率一定会不如前一种情况。大自然的变化有其客观规律，人的成长和发展亦是如此。遵循规律，促进事物的发展，往往事半功倍；反之，则阻碍事物的发展，导致事倍功半。古今中外早期家庭教育的实践已经证明了这一点。

4. 就像有人提出的"没有教不好的学生，只有不会教的老师"一样，我们也认可这样的观点，"没有教不好的孩子，只有不会教的家长"。父母素养高，方法科学得当，就会为孩子的成长和发展打下良好的基础；反之，父母素养不高，方法又不科学得当，导致孩子素质不高，这样的孩子将来又成为父母，同样会导致素质不高的孩子……形成"恶性循环"。所以说，家庭教育是提高人口素质的第一道关口，是实现人口素质提高的根本途径。21世纪国家和民族的竞争将是家庭教育的竞争。可以这样说，中国的家庭教育科学、规范之时，才是中华民族真正腾飞之日。

第 四 章

"父母是一种职业?"
——影响家庭教育的因素

摘要：主要从家长的自身素质（包括思想素质和文化素养等）、家长对子女的态度及家庭生活的环境等方面介绍影响家庭教育的因素；从现代家教观念、科学教子方法、健康的心理、良好的生活方式、平等和谐的亲子关系等五个方面介绍合格家长应具备的基本的职业素养。

故事与资料：

家长是一种"职业"

《礼记》中说过："未有学养子而后嫁者也。"意思是说，从来没有先学习教育子女的知识才出嫁的。就是说，自古以来，人们都认为只要有了子女，做了父母，就"自然而然"会教育子女。似乎教育子女没有什么学问，只要"能生"，就能教育。时至今日，仍还有一些人持有这种观念。其实，这是一种愚昧的陈旧的思想观念。这种观念不改变，教育难免带有盲目性和主观随意性，很难获得成功。

早在一百多年以前，英国资产阶级教育家斯宾塞在他的《教育论》一书中就曾经指出："子女的生与死、善与恶，都在于父母怎样教养他们。"他针对当时英国父母不学习教育子女科学知识的情况，严肃地指出："如果一个商人毫无算术和簿记的知识就开始经商，我们会说那是瞎干，最终会看到他得到惨痛的后果。或者一个人如果没有学过解剖学，就开始进行外科手术，我们也会对他的胆大包天感到惊讶，而可怜他的病人。可是，一般父母从未考虑过那些在身体、道德、智慧方面应该指导他们的原则，就开始从事教养儿童这个艰巨任务。"而这一切并没有引起这些父母对自己行为的惊讶，更没有引起对受害者——自己孩子的怜悯。斯宾塞尖锐地批评了这种人们习以为常的咄咄怪事，强烈呼吁要对家长进行专门的教育，他反复强调：千万"不能忽视这个最主要的教育"。

我国伟大的思想家、革命家鲁迅先生，对于这种愚昧观念，也进行过尖锐的批评。在清朝末年，一位清朝遗老听说要开办师范学堂，对教师进行专门培养、训练，感到很诧异，愤愤地说："师何以还须受教，如此看来，还该有父范学堂了！"认为教育孩子还要受训是不可思议的事。鲁迅先生说："这位老先生，便以为父的资格，只要能生。能生这件事，自然便会，何须受教呢。却不知中国现在，正须父范学堂，这位先生便须编入初等第一年级。"鲁迅先生认为教育子女大有学问，在那个时候就提出，要开办父范学堂，对父母进行训练的主张，应当说是很有远见的。

我国现代教育家陈鹤琴先生在他的《怎样做父母》一文中，也曾经这样说过："父母，不是容易做的，一般人以为结了婚，生了孩子，就有做父母的资格了，其实不然。我们知道，栽花的人，先要懂得栽花的方法，花才能栽得好；养蜂的人，先要懂得养蜂的方法，蜂才能养得好；育蚕的人，先要懂得育蚕的方法，蚕才能育得好；甚至养牛、养猪、养羊、养马、养鸟、养鱼,都要先懂得专门的方法,才可以养得好。难道养小孩,不懂得方法,可以养得好吗?可是一般人对于自己的孩子,反不如养蜂、养蚕、养牛、养猪看得重要。对于养孩子的方法,事先既毫无准备,事后又不加研究,好像孩子的价值,不及一头猪,一只羊。这种情形,在我国目前,到处可以看见,真是一件奇怪的事。"他主张,人们在做父母之前,就要学习抚养、教育子女的知识。他说:"做父母的,要想把孩子养得好,在未做父母之前,应该问问自己:'是否懂得养孩子的方法?有什么资格做孩子的父亲或母亲?怎样养育孩子,使得孩子身心两方面都充分而又正常地发育?'这些,都该弄得明白,才配做孩子的父亲或母亲。"

其实,教育子女是一件非常复杂的事。正如苏联教育家苏霍姆林斯基所说:"行业、专业、工作,有数十种,上百种,许许多多:有的是修铁路,有的是盖房子,有的是种庄稼,给人治病,缝衣服等。但有一种包罗万象的、最复杂和最高尚的工作,对所有人来说都是一样的;而同时在每个家庭中又各自是独特的、不会重复的工作,那就是对人的养育和造就。"在三百六十行中,当家长,教育孩子,是最为复杂的一件事。家庭教育工作既然是如此的复杂,那么,那种认为教育子女没有什么学问的观念,是根本无法适应子女教育工作的,必须加以纠正。

马克思曾经说过,家长的行业是教育子女。的确,我们应当把做家长,看作是一种职业。既然是一种职业,那就要像从事其他任何职业一样,"上岗"前,就要进行职业培训、学习。掌握职业知识和职业道德,努力争取做合格、优秀的家长。如果不具备做家长的知识和道德,就不能"上岗"。只有这样,才是对子女负责,对社会负责。特别是独生子女家长,只有一个孩子,做父母是"一次性"的,不允许付出失败的代价。因此,必须努力学习教育子女的知识,具备做父母的道德。

(注:来源自南博教育网:www.nanbosoft.com,2012-03-31)

解析：

从以上资料看出，古今中外，不同国家和民族的人们都特别重视"父母"这一职业的职业素养（包括职业知识、职业能力、职业道德等）的学习、培训和提升。可是，在当代之中国，尤其是改革开放以后，各种思潮一股脑涌入，多元价值观并存。一段时间内，社会主流价值观（核心价值观）不复存在，人们在思想上困惑、迷茫，在行为上表现为功利、短视等等。这些思想和行为同样影响着家庭教育。有的父母违背孩子成长规律，或拔苗助长，或放任不管，或溺爱成性，或简单粗暴；有的父母自己不学习、不研究孩子，将孩子成长的全部责任，或推给学校，或抱怨社会，或埋怨孩子等等。一系列违背家庭教育规律、孩子成长规律的认识观念和行为做法等比比皆是，不仅直接影响了孩子的健康成长和家庭的幸福，也影响了社会的进步和发展。今天，实现中华民族伟大复兴的"中国梦"，其实是由每一个人的"梦"和每一个家庭的"梦"组成的。作为每一位父母，都应该把父母看作一种"职业"，事先学习，事中研究，事后反思，不断提高自己的职业认识、职业能力和职业道德，为实现每一个孩子、每一个家庭的"梦想"而不遗余力，奋发有为。

一　影响家庭教育的主要因素

由于家庭成员人数不多，子女人数也很少，在一般人看来，家庭教育是一件很简单的事情，其实不然，家庭教育是一个相当复杂、极其细致、相当艰苦的工作。家庭结构虽然简单，却担负着生育、生产、生活、消费、休息、娱乐、赡养等诸项职能，这就决定了家庭生活的内容是复杂的，家庭成员之间的关系是复杂的。在家庭日常生活中对子女实施教育，能不能顺利进行，教育效果如何，子女的身心能不能得到充分的发展，发展水平有多高，朝什么方向发展，最后能否成才，绝不仅仅是家庭某一因素所能决定的，而是各种相关因素都在发挥作用。所以要加强和改善家庭教育，必须了解家庭教育过程中，究竟哪些因素在起作用，起什么样的作用，如何发挥作用，只有了解这些情况，才知道如何入手。

1. 家长自身素质

家长，主要是父母，是家庭教育的主要责任者和执行者，是最直接、最经常、最重要的教育者。在子女的教育中，家长起着主导作用，决定着家庭教育的目的和培养目标、教育的内容、教育的方法，从而决定着教育的效果，因此家长自身的素质如何，直接决定着家庭教育的成败。家长的素质主要包括两个方面：一是对社会和人生的态度以及日常行为中的行为准则，即世界观和思想品德；二是理论知识、文化方面的水平，即文化素养。

（1）家长的世界观和思想品德

家长的世界观和思想品德，反映家长是什么样的人，反映家长的人格。它与家庭教育的关系极大。首先决定家庭教育的指导思想、方向，要按什么方向去塑造子女，要把子女培养成什么样的人。其次，还决定家长给子女树立一个什么样的榜样，并以自己为榜样坚持什么样的生活道路，朝什么方向发展，做一个什么样的人。再次，还决定家长在子女心目中有没有威信，能不能掌握教育子女的主动权。

如果家长有正确的人生观，能看清社会发展的趋势，深知社会对儿童、青少年一代有什么要求，那么就会自觉地按照社会的需要去塑造自己的子女；如果家长有一个良好的思想品德，对人对事能坚持正确的原则，真正懂得什么是真善美，什么是假恶丑，那么在教育子女时就会自然地按照这种标准塑造子女的灵魂。如果家长有正确的人生观和良好的思想品德，那么他们的言行举止就会遵循正确的原则，就会给子女树立一个正确的学习榜样，给子女以积极的影响，同时也会赢得子女的信任和尊重，家长的话也会更有分量。反之亦然。

家长的人格对子女来说，是无形的影响，是无声的教育，不论是高尚的人格还是低劣的人格，对子女的影响和教育作用，同样是巨大的。

（2）家长的文化素养

家长文化素养，一方面在很大程度上决定着家长的情操、道德水平、思想境界、教育能力和教育方式的运用；另一方面在很大程度上决定着家长处理家庭关系的能力、家庭生活的方式、家长的职业、家庭的经济收入，从而决定了子女处在什么样的家庭生活环境中。

家长的文化素养与受教育程度有密切关系，但家长的文化素养并不等于家长受教育的程度。家长的文化素养是指家长通过学习和实践所掌握的人类精神财富的多少和表现出的理论知识水平。

一般情况下，家长文化素养高，就较为重视子女的教育，教育能力也强，会选择运用正确的教育方式和方法，教育思想也较为端正，教育效果就好。家长的文化素养高，一般都能很好地组织家庭生活，善于处理家庭成员之间的关系，有能力调解成员之间的矛盾，有高雅的生活情趣，有利于形成良好的家庭生活方式和生活气氛，使子女生活在一个有利于身心健康成长的家庭生活环境中。家长的文化素养高，一般有广泛的学习兴趣，有追求新知识和探究真理的精神，重视文化知识的作用，关心子女的智力开发和文化学习，能够指导和辅导孩子学习，启发孩子的学习兴趣，给孩子创造一个良好的学习环境。

上海市卢湾区曾对5所学校117名"三好学生"做了调查，发现其中有43.6%的学生出身于知识分子家庭，18%的学生出身于干部家庭。南京师范大学对一所中学12个班级521名同学进行调查，发现父母的文化程度与子女的学习成绩优劣、思想品德表现有直接的关系。如表4-1：

表4－1　　父母文化程度与子女学习成绩和思想品德表现调查表

父母文化程度	学习成绩		思想品德	
	较差	优良	较差	优良
小学或小学以下	25.0%	7.4%	10.4%	28.9%
大学或大学以上	1.6%	9.2%	0	62.3%

数据来源：赵忠心：《家庭教育学》，人民教育出版社2008年版，第139页。

2. 家长对子女的态度

家长对子女的态度，对子女的身心发展具有重要影响。因为家长和子女之间有特殊的关系，其根本利益一致，利益关系相关，家长对子女的态度，肯定会引起子女强烈的反映，从而对孩子身心发展起着重要作用。主要体现在两个方面：一是家长对子女的热爱、关心程度和方式；二是家长对子女的期望。

（1）家长对子女的热爱、关心程度和方式

像所有的动物一样，父母爱自己的子女是人类的一种天性。但和其他动物不同的是，父母爱子女，子女也会爱父母。这种关系，在社会心理学上叫作"感情交融"，是人类特有的。这种感情交融，使子女在精神上受到激励，在感情上得到满足；反过来，子女也会进一步亲近父母，信赖父母，体贴父母。受到父母真爱的子女，从感情上愿意接受父母的教诲，即使是批评也愿意倾听和接受。正如颜之推所说："同言而信，信其所亲。"

当然，父母是否真正爱自己的子女，子女也能敏锐地觉察到。在多子女家庭，父母更喜欢哪一个孩子，作为子女也是能够觉察到的。如父母不是真正地爱自己的孩子，子女就会和父母疏远，不信任、不尊重父母，就不会很好地从正面来理解父母的心思和意图，把父母的话当成"耳旁风"，更不会对父母言听计从。

当前，父母不关心孩子成长的家庭还是存在的。有的为生活所迫，外出打工，常年不在家，无暇顾及孩子；有的观念陈旧，认为我已经生了他，并养大成人，是否成才、是否发展得好完全取决于个人；有的完全是缺乏责任心，在没有任何准备的情况下生育儿女，不管不问，甚至遗弃；有的家庭出现变故，或夫妻离异，或丧偶等，无心顾及、关心孩子；还有的是因为孩子表现不好，对父母的管教不听，父母放弃了对孩子的关心和关注。总之，家长不关心子女，不爱护子女，就会使他们变得消极、沉沦、厌世，甚至走向社会的反面。

（2）家长对子女的期望

一般情况下，家长对子女的期望水平高，子女受到的激励就大，自己的成就动机也就强烈，结果会导致孩子的学业成绩和思想道德水平普遍提高。如果家长对孩子期望不大，任其自然发展，孩子的自信心、上进心也会大打折扣。家长的期望是一个影响教育效果的重要因素。因为，家长对子女的期望，本身带有一种"隐蔽的强化作用"，它通过子女的知觉和投射两种心理机制，使他们在自觉意识水平或自发无意识水平上受到良好的激励。之后，又通过日积月累的反馈作用，子女就更加深刻地感受到家长的关怀和信赖，产生较为持久的努力和进取心；同时，子女将自己的现状和父母的期望相比较，找差距，自觉调整自己的个人、生活计划和发展方向，从而促使其更好地发展和进步。

古希腊国王喜欢"美女头像"的神话故事，对此作了较好的解释。传说，古希腊有一个叫塞浦路斯的国王，非常喜欢雕刻，有一次他雕刻了一座美女头像。雕成后，国王对自己的作品喜爱、欣赏、爱不释手，幻想美女雕像能成为一个真的美女。国王日思夜想，向往着，期盼着……后来，美女雕像有了灵感，果然变成了一个活生生的美女。国王欣喜若狂，亲自给美女起名叫"皮格马利翁"。后来，在教育和教学中，人们把教师对学生的态度能够影响学生学习的现象，称之为"皮格马利翁效应"。

该神话故事得到了美国著名心理学家罗森塔尔的实验验证。1968年，罗森塔尔曾做过这样的实验：首先对一所小学一到六年级的学生进行智力测验，然后将其中贫穷家庭的儿童挑选出来，假说对这些孩子再进一步进行超常智力测验，实际上并没有这么做，最后告诉老师这些同学都是有特殊才能、有发展潜力和发展前途的学生。一个学期之后，发现被挑选出来的学生，学习成绩提高很多，智力水平也有所提高。后来，人们把这种现象称之为"罗森塔尔效应"。原因就在于老师对于挑选出来的学生，去掉了原来的偏见，抱以诚挚的期望，以友好、信任的态度对待他们。这些孩子因受到从未有过的激励，更加自信，更加努力，所以学习成绩和智能都得到提高。

南京师范大学对中学生的调查也说明了这一点。

表 4 – 2　　父母对子女的期望与其学习成绩和思想品德表现调查

父母对子女的期望	学习成绩		思想品德	
	较差	优良	较差	优良
孩子能上大学的	4.0%	26.2%	4.8%	50%
中学毕业参加工作	29.5%	2.6%	14.1%	19.2%

数据来源：赵忠心：《家庭教育学》，人民教育出版社 2008 年版，第 144 页。

当然，正确发挥家长对子女期望的积极作用，也是有条件的。在一定限度内，家长的期望越高，对孩子的激励越大。但绝不是说，对孩子的期望越高，其发挥的积极作用就一定越大。如果期望中带有极大的盲目性，不切合子女的实际，反而使孩子"望而生畏"，丧失进步的勇气。同时，对孩子期望过高，家长很容易产生急躁情绪，常常采取简单粗暴的教育方式去管教孩子，有时家长失去理智和耐心，往往"欲速则不达"。当前，发生在家庭教育实践中的各种悲剧事件（父母打死孩子或孩子杀死父母等），都与家长拥有过高的期望，而且教育方式和方法简单粗暴有关，值得引起我们的深思和关注。

3. 家庭生活环境

与学校教育相比，家庭教育的一个突出特点是家庭教育和家庭生活的一致性。一方面，家庭教育离不开家庭生活；另一方面，家庭的条件和环境本身就是一种潜在的教育因素，对孩子身心发展起着潜移默化的作用。这种教育作用，虽不是家长有意识实施的，但直接影响家庭教育，影响着孩子身心的发展。构成家庭生活环境的因素，大致包括以下四个方面。

（1）家庭结构

家庭结构的形式，一般分为联合家庭、核心家庭、主干家庭、单亲家庭、再建家庭和空巢家庭等。我国现阶段，联合家庭已经很少，核心家庭和主干家庭占大多数，单亲家庭、再建家庭等为数较少，但呈上升趋势。

核心家庭，即父母双全、有一个或几个孩子构成的家庭，这种结构在我国城市、城镇约占70%多，在农村小于这个比例，但也占多数。核心家庭的特点是人口数量少，成员层次少，家庭成员之间的关系密切，家庭的内聚力比较大。这种家庭的父母对子女身心发展状况特别关心，教育工作抓得紧，肯于进行智力投资，有教育的自觉性和迫切感。教育者的思想容易统一，步调容易一致，父母对子女的教育比较顺利。但这种结构的家庭也有不利的方面。在城市和城镇的核心家庭中，父母大多是双职工，父母和子女接触的时间相对有限，管理和教育的机会相对较少。尤其是在寒暑假，如果孩子独立生活能力和生活自理能力较强，可以更好地锻炼其这方面的能力；如果这方面的能力较差，孩子很容易放任自流，甚至受到社会不良影响。

主干家庭是（外）祖父母、父母和子女三代人构成的家庭，家庭成员层次多，人口数量多。在这种家庭中，儿童和青少年可以得到更多的爱和更充分的教育，生活上的照顾和日常管理也比较周到；老年人对于孩子生活的照料更有经验，更能体察孩子的心情，教育工作更加深入细致；主干家庭人际关系较复杂，有利于锻炼孩子处理各种关系的能力，有利于培养孩子的社会化意识和社会适应能力。但是，这种家庭存在的最突出的问题是祖辈和父辈在教育思想、教育态度、教育方式和内容等方面出现不一致。这一问题，一方面可能会削弱教育的效果，另一方面也有可能养成孩子两面性格，对孩子的成长造成不利。

单亲家庭，是指诸如丧偶、离异等父母不双全的家庭。这种家庭的父母，一方面由于自己精神负担重、生活上有困难、心理压力大等原因，无力教育孩子；另一方面，为了弥补子女失去父爱或母爱，而过于溺爱娇惯、放任迁就，出现不管不教的现象。生活在单亲家庭的子女，由于在心理上受到很大的刺激，心灵上受到伤害，往往会出现孤僻、胆怯、冷漠的心理，有时甚至会出现冒险、野蛮的心理。当然，生活在单亲家庭中的子女，往往独立生活能力较强，忍辱负重、克服困难、艰苦奋斗的精神比较强。尽管如此，生活在单亲家庭中的子女，其教育的不利因素更多一些，困难更大一些，特别应该引起单亲家庭家长的注意。

再建家庭，是指父母离异或丧偶以后，再娶或再嫁，组成了另外一个新的家庭。这种家庭中突出的问题是继父或继母与非亲生子女的关系问题。有的继父或继母，与子女关系处理不太好，得不到子女的信任，教育工作有一定困难；有的继父或继母为了取得现妻或现夫子女的信任，采取放任迁就的态度；个别的继父母甚至讨厌现妻或现夫的子女等等。这些情况都给子女的教育带来极大的困难。需要新家庭中的父母理性对待以上问题，发挥个人教育智慧，将教育的不利因素化为有利因素。

（2）家庭经济生活状况

家庭经济生活状况，包括家庭经济收入、家庭生活水平的高低、家庭经济来源和支配等。家庭经济收入和生活水平其实是一把"双刃剑"，具有正反两个方面的作用；家庭经济的来源将关系到父母在孩子中的地位和作用，其支配方式对未来孩子家庭理财观念意识和能力将有直接的影响。

一般来讲，家庭经济收入较多，生活水平较高，子女会拥有温暖、舒适的生活环境，家庭教育子女的物质条件会比较充分，家庭因为经济问题发生冲突和矛盾会较少，因此会更加有利于孩子的成长和发展。这一有利条件，如果家长利用不好，忽视孩子的思想品德教育，缺乏对孩子的严格要求，将会变成不利的因素影响孩子的成长和发展。目前，不少家庭的子女不爱劳动、不会劳动，贪图享受、安逸，节约意识差，盲目攀比，艰苦奋斗精神缺乏等等，这些不良品质直接影响孩子的成长和发展。以前有个标语口号"再穷不能穷教育，再苦不能苦孩子"，对于前半句我完全认同，对于后半句的提法是否合适需要斟酌。从一个人一生的成长来讲，"苦"和"甜"都是相对的，相辅相成的。没有经受"苦"，就很难享受到"甜"。所以，"苦"应该是每一个人人生的必修课程，也是一个人一生中宝贵、别人无法替代的财富。

家庭经济来源，主要是指家庭经济收入的主要承担者和提供者。它影响着家庭成员在家庭生活中的地位，影响家长在子女心目中的地位和权威。一般来讲，家庭收入的主要承担者对孩子的制约性和权威性更大一些。作为父母应该特别注意处理好这一关系。让孩子明白，整个家庭是一个整体，家庭成员分工不分家，共同为家庭的建设和幸福承担各自责任，做出应有的贡献。作为父母要共同承担起教育子女的工作，要相互维护对方的威信，可以有教育子女分工的不同，但不能拥有教育子女权利大小的差异。

家庭经济的支配方式，也是对孩子进行家庭理财教育极好的实践活动和活生生的案例。一般来讲，家长能做到从实际出发，精打细算，量入为出，勤俭持家，有计划组织消费，这本身就是对孩子极好的家庭理财教育。如果再让孩子直接参与到家庭经济生活的管理当中，会培养孩子参与的社会意识，从中学会管理和支配家庭经济生活的技能和技巧，为将来参加社会生活和独立组织家庭都有极大的益处。同时，也会使孩子体会和懂得"不当家不知柴米贵"的道理，更加理解父母、尊重父母，形成更好的亲子关系，共同建设美好的家庭。

（3）家庭成员之间的关系

家庭成员之间的关系，主要是指家庭里成年人之间的相互关系。在主干家庭里，指的是祖父母之间、父母之间、父子之间、婆媳之间等双方的关系。在核心家庭里，主要是指父母之间的关系。家庭成员之间的关系如何，是亲密还是疏远，是协调还是各自为政，是团结还是分裂，是相互平等还是有高低贵贱，是民主还是独断等等，这一切都决定了家庭生活的气氛、秩序和稳定程度。家庭生活的气氛、秩序和稳定程度，对所有家庭成员的身心健康都有重要影响，对子女影响更大。因为作为未成年人，缺乏独立生活的能力，不可能脱离家庭、父母而独立生存和生活，家庭成员之间的关系不好，关系到他们能不能得到安全、平静、温暖和幸福的家庭生活环境。目前，我国家庭成员之间的关系不好情况，主要表现在两个方面：一是主干家庭里婆媳关系问题；二是核心家庭中的夫妻不和问题。需要引起我们作为教育者和家长的高度重视，要认真研究分析问题存在的根源，要从大处着眼，小处着手，相互之间增加了解，增进理解，相互包容，取长补短，共同经营好人生共同成长必须的"驿站"和"港湾"，同时也为孩子成长提供好的家庭生活条件。

许多调查已经证明，由家庭成员之间的关系所形成的家庭式生活气氛、家庭生活秩序和家庭的稳固程度，与子女的学习和品德发展状况成正比。南京师范大学的调查结果充分说明了这一点。见表4-3：

表4-3　　　　　家庭成员之间的关系对子女学习成绩和
思想品德表现影响调查

父母成员之间关系	学习成绩		思想品德	
	较差	优良	较差	优良
关系和谐	10.9%	8.5%	7.3%	39.3%
关系紧张	16.7%	0	33.3%	33.3%

数据来源：赵忠心：《家庭教育学》，人民教育出版社2008年版，第155页。

（4）家庭生活方式

家庭生活方式是指人们在家庭中各种生活活动的典型形式，包括家庭生活观念、家庭生活活动和家庭生活条件三个基本要素。家庭生活观念是家庭成员从事家庭生活活动的主观动机和价值观，如家庭思想、家庭性别角色观念、生育观、消费观、审美观、营养观、健身保健观等。家庭生活活动是家庭成员在家庭生活观念的指导下主动调整、控制内外部条件以满足家庭和自身需要的行动。家庭生活条件是指家庭生活活动赖以进行的对象和手段。以上三要素间相互联系、相互影响、相互制约，其中家庭生活条件是基础。家庭生活方式中对子女身心发展有直接影响的因素主要有：家庭饮食营养习惯、生活起居习惯、消费方式、闲暇利用方式和家庭人际交往等方面。

家庭饮食营养习惯。在长期的共同生活中，家庭成员在饮食结构的需求上，形成了共同的习惯。如：有的比较崇尚各种动物肉类食品，有的崇尚海鲜类食品，有的喜欢鱼肉和蔬菜、细粮和粗粮的合理搭配等。不同的饮食营养习惯，会给家庭成员，尤其是未成年人的身心发育，带来不同的影响。目前，家庭中儿童偏食、厌食现象和肥胖儿童的增多，与不良饮食习惯有直接的关系，应该引起我们的高度关注。

家庭生活起居习惯。主要指家庭生活起居的有规律运转。如：有的家庭喜欢早睡早起，有的则相反；有的休息就是休息，有的喜欢一边休息、一边工作和学习；有的吃饭时专心致志，有的则喜欢看着电视、聊着天等等。家庭生活起居的程序化、制度化和规律化，能增强子女的计划性、安全感和自信心，提高工作、学习效率和生活质量。如果家庭生活起居缺乏规律，父母会疲于奔命，子女会生活忙乱，形成不良的生活习惯，直接影响工作和学习的效率。

家庭消费方式。家庭消费方式是指在家庭日常生活中，为了满足家庭成员物质和文化上的需要，消耗各种消费资料和劳务的活动方式，主要包括消费意识、消费能力、消费结构、消费习惯和消费性质等方面。

消费方式，特别是消费意识、消费结构和消费习惯等，对子女有很大的影响。如，赶时髦的消费动机，重物质、轻精神的消费方式，奢侈、浪费的消费习惯，消费缺乏计划性，盲目攀比、不能量入而出的消费意识等等。以上不好的消费方式会对孩子将来的生活自理能力、家庭经营能力等的养成造成较大的负面影响。

闲暇利用方式。进入新世纪，随着学校素质教育理念的不断深入和发展，学校教育违背教育规律、片面追求升学率的行为已经大大减少。国家对中小学学生在校时间、家庭作业时间、锻炼身体时间等都做了比较明确的要求，所以，学生的闲暇时间大大增加，如何引导孩子自由、科学支配闲暇时间，成为新时期家庭教育的重要内容。我们一直提倡家庭闲暇生活实现"三化"：闲暇生活多样化——家庭可以开展丰富多样的活动，如文娱、体育、鉴赏、养殖、旅游等，培养孩子的多种兴趣，发展多种特长；闲暇生活文明化——闲暇生活内容健康，情趣高雅，寓教于乐；闲暇生活知识化——用各种科学文化知识丰富家庭成员的头脑，促使子女对文化知识发生兴趣，调动孩子学习的积极性和主动性。

家庭人际交往方式。家庭成员之间的交往方式，直接影响孩子人际交往能力和个性的形成。家庭成员之间积极的交往，可以增进相互间的了解、理解，密切关系，亲密感情，有利于建设和谐家庭。家长和子女的交往方式通常有两种：一是非语言交流，如拥抱、亲吻、抚摸、目光、面部表情、手势等；二是语言交流，包括口头语言和书面语言交流。在实际家庭生活中，语言交流和非语言交流往往交互使用。非语言交流，有利于增进亲子感情；语言交流，有利于发展子女的表达能力，增强相互的理解。父母在与子女的交往中，既要严格要求，规范行为，又要尊重、关心和爱护子女。

4. 家庭社会背景

家庭虽然是一个较为封闭的社会组织形式，但家庭并不是孤立于社会之外而存在的，它同社会生活息息相关，家庭所处的时代、家庭的社会地位和家庭居住的社会区域等都对家庭教育产生着重要影响。

（1）家庭所处的历史时代

时代不同，家庭的结构、经济状况、家庭成员之间的关系、家庭的生活方式、家长自身的素质等也不同，从而影响着家庭教育的实施及其效果。比如，我国改革开放（实施计划生育基本国策）之前，家庭以主干家庭和联合家庭为主，规模大、结构复杂、家庭成员之间的关系复杂等因素直接影响着家庭教育的实施和效果；国家经济不发达，家庭经济生活条件差，有的甚至贫困至极，更是很难进行良好的家庭教育。改革开放三十多年以来，家庭以核心家庭为主，规模小、结构简单、家庭成员之间的关系简单等因素同样影响着家庭教育的效果和实施；综合国力和社会经济状况发生了巨大变化，家庭经济状况的不断改善，对家庭教育思想理念、内容、方式方法等都产生了根本性的影响和改变。正所谓"时势造英雄"。

（2）家庭所处的社会区域

不同的社会区域，其社会成员的成分不同，所从事的职业不同，生活习惯、社会风气也不同。当地的社会生活习惯、社会风气，总是以潜移默化的方式渗透到家庭生活的方方面面。在我国，如农村家庭和城市家庭、东部沿海家庭和中西部家庭、南方家庭和北方家庭等，由于其所处的区域不一样，都会对家庭教育产生深远的影响。每一个人成长的足迹无不打上其成长环境的烙印，而这种影响是一种"随风潜入夜，润物细无声"的自然的、不知不觉的影响。我国古代"孟母三迁"的教子故事，说明孟母特别重视周围环境对孟子的直接影响。正所谓"一方水土养育一方人"。

（3）家庭所处的国度

不同的国度，其政治经济制度、文化传统、风俗习惯、生活方式等各不相同，其家庭教育的情况也各异。

比如，我国具有重视家庭教育的悠久传统，其重视程度在世界范围内也是数得着的，这种传统一直延续到今天；我国经历的几千年的封建社会，封建家长制的观念和意识比较重，把孩子当成家长的"私有财产"或家庭的"附属品"，强迫命令、打骂体罚；我国长期以来经济上以自给自足的农村经济为主，家庭和社会的沟通较少，对孩子自立、自理能力的培养缺乏；实施计划生育政策以后，多数家庭属于独生子女家庭，对孩子过度保护和溺爱，缺乏冒险、勇敢、挑战精神的培养等等。

而许多西方国家由于建国时间短，历史也不长，所以对家庭教育重视程度远远不及我国；西方国家的家长民主、平等思想较为强烈，注重子女自立、自理能力和冒险精神培养；在教育方式上，更加注重实践，培养子女动手能力、实践能力和创新精神。

启迪与建议：

1. 家长要理解和把握家庭教育中的基本规律，首要的任务是要理解和把握影响家庭教育的基本要素，并能掌握各要素在家庭教育中所起的不同的作用。

2. 影响家庭教育的各要素在家庭教育过程中往往起着"一分为二"的作用，也就是说，同一要素既有积极方面的作用，同时也有消极方面的作用。作为家长应该善于发挥各要素的积极作用，而把其消极作用降到最低；同时，要善于将不利因素尽最大可能转换为有利因素。

3. 作为家长，一方面要特别清楚家庭教育中家长主观的显性因素，如家长的自身素质和家长对子女的态度等对孩子成长的影响，并能够积极主动地发挥个人的主观能动性，提高个人的家教能力和水平；同时，更要了解家庭教育中客观隐性因素，如家庭生活环境和家庭社会背景等对孩子成长的影响。显性因素，家长往往是能够感受得到的，个人也会特别关注，并不断提高的；隐性因素，往往是潜移默化、耳濡目染的，个人往往是感受不到的，但是它们都在默默地起着不同的作用，为每一个人的成长打上家庭的烙印和社会的烙印。对此，家长们应该有清醒的认识。

二　合格家长应具备的职业素养

现代社会中，职业的种类已经发展到成千上万种。1958 年，国际劳工组织制订了《国际标准职业分类》，1966 年进行了修订，其中从四个层次，即 8 个大类、83 个小类、284 个细类、1506 个职业项目，总共列出职业 1881 种。[①] 2000 年出版的《中华人民共和国职业分类大典》，参照国际职业分类标准，按照工作性质同一性的基本原则，将我国的职业分为 8 个大类，66 个中类，413 个小类，1838 种职业。[②] 所有的职业都需要经过一定的职业理论和技能的培训，通过考核与测试获得职业资格证书，才能持证上岗。譬如汽车司机，如果没有驾驶执照是不敢上路的；即使有执照，如果因违章扣分达到 12 分，就会吊销驾驶执照，而要获得驾驶执照，就要重新学习，并通过考核与测试。但是，令人费解和遗憾的是，父母几乎是人世间第一艰难而复杂的职业，为什么就不需要任何执照呢？现在许多"问题孩子"的出现，其根源是大量"问题父母"的存在。这些父母事前没有准备，事后也不学习，仅凭自己的父母对自己教育的一些经验和方法，来教养从时间跨度上已经超过 20 年的新生代儿童，这样的教育怎么会奏效呢？所以，要提高孩子的素质，首先要提高父母的素质。父母是一种职业，要成为合格的父母，必须进行必要的职业学习和培训，获得相应的职业资格。一般来说，父母的教育素质包括教育观念、教育方式和教育能力等要素，具体可以分

---

① 刘捷：《专业化：挑战 21 世纪的教师》，教育科学出版社 2002 年版，第 48—50 页。
② 《中华人民共和国职业分类大典》（2006 年增补本），中国劳动社会保障出版社 2000 年版，第 1 页。

解为五大元素，即现代的教育观念、科学的教育方法、健康的心理、良好的生活方式和平等和谐的亲子关系。①

1. 现代的教育观念

现代教育观念是父母教育素质的核心，对家庭教育的目标、方向以及父母的教育行为起着制约和指导作用，是影响家庭教育质量的决定因素。教育观念至少应包括儿童观、亲子观、人才观、教子观等四个方面。儿童观，是指父母对儿童的本身及其发展的认识，如孩子是人，是走向成熟的人，是终将独立的人的观点；亲子观，是指父母对子女与自己关系的基本看法，如两代人相互学习共同成长的观点；人才观，是指父母对人才价值的理解，如选择最适合自己的路是成功之路的观点；教子观，是指父母对自身、对子女发展的影响力和本身能力的认识，如把做人的教育视为家庭教育的核心观点，等等。

（1）父母要做儿童童年的保护者和捍卫者

父母要和孩子共同面对"童年恐慌"。所谓"童年恐慌"，是指儿童因为面临巨大压力，不能够理解，不能够承受，从而产生的一种较长时间的较强烈的焦虑心态。"童年恐慌"的始作俑者，来源于"不要让孩子输在起跑线"这句口号。现在，不少家庭对孩子成长轨迹的基本期盼是：上名幼儿园→名小学→名中学→名大学……为了实现孩子未来的梦想和家长对孩子的期盼，不少家长从童年开始过度进行智力开发，导致孩子学习超时、睡眠不足、视力障碍等一系列问题。其实，童年的价值不仅仅是为了长大。童年的快乐是一生快乐的开始，童年的不幸是一生不幸的源头。作为父母，应该坚定地做儿童幸福童年的捍卫者。

儿童教育的全部使命就是"发现儿童，解放儿童"。近代教育家陶行知先生提出了"六个解放"：①解放大脑，让"脑子活起来"，让孩子可以进行深度的思考，能够质疑，提出问题；②解放眼睛，让"眼

_____

① 参见孙云晓《父母的上岗执照》，安徽教育出版社2007年版。

睛瞪起来"，让孩子学会观察，学会探究；③解放嘴巴，让"嘴巴张开来"，让孩子能说、会说；④解放双手，让"双手动起来"，让孩子能够动手实践，真正实现知行合一；⑤解放空间，让"空间用起来"，把社会教育资源和自然教育资源充分运用到课堂教学中来，做到理论和实践相结合；⑥解放时间，让"时间放开来"，关注好孩子闲暇时间、让孩子学会科学安排、计划和使用时间。作为家长，如果做好了以上"六个解放"，就是对孩子最大的关心、爱护和尊重；同时，也就保护和捍卫了孩子童年的幸福和快乐。

成人化是儿童的灾难。要让孩子像个孩子，不要让他像个大人。父母要特别小心翼翼地去维护儿童童年的各种权利，包括其睡眠的权利、游戏的权利、幼稚的权利、未成熟的权利，等等，使孩子更加自由自在地成长。这样的孩子可能没有背那么多唐诗宋词，也没有做那么多习题，但是他可能热爱学习、喜欢观察、反应灵敏、动作灵巧，其心智才会健康全面发展，进而为其一生的发展奠定坚实基础。

（2）亲子共成长

信息化时代动摇了父母和老师的权威地位。当今世界，人们普遍认为现在孩子的教育比以往任何时候都困难，这种困难不是来自于物质方面。究其原因，在一个信息发达的时代，父母和老师的权威受到了挑战。以前的孩子教育相对容易，是因为在孩子眼里，父母很神秘，知道的事情很多，所以很有权威。而在信息化时代，成年人的优势远不如孩子。在计算机面前，成年人心怀恐惧、疑虑重重，而青少年无所畏惧，满怀欣喜地往前走。他们获得知识和信息的渠道、知识结构、学习与娱乐的方式以及生活的方式等都发生了根本改变。父母和老师已不是他们唯一的崇拜者，在某些方面甚至大大超出了自己的父母和老师，父母和老师对子女的权威关系开始变为"菜鸟"与"老鸟"的关系。

不向孩子学习，就没法教育孩子。在互联网时代和多元文化时代，现在的孩子与其父辈相比有诸多不同的观念和想法，很值得我们与其交流、学习。比如，在工作选择上，父辈即便对工作一辈子不满意也不敢选择辞职，而现在的孩子，有了更好的选择，就毫不犹豫地选择离开原来的岗位和工作。在家庭消费上，父辈看好物品的结实、耐用，孩子则愿意选择舒适和美观；在朋友交往上，父辈秉持"有朋自远方来，不亦乐乎"的理念，孩子中则流行"AA 制"交往模式。在维权方面，父辈能忍则忍，孩子则据理力争，坚持责任和权利的统一。父母不能光想着如何去教育孩子，还要想着怎么向孩子学习。多倾听孩子的想法，发现孩子身上的优点，学习他们，与他们一起成长。随着时间的推移，你会发现，越向孩子学习，孩子就越好教育。所以说，向孩子学习不是丢人的事，而是成年人教育的睿智。与孩子一起成长是化"代沟"为"彩虹"的一个秘诀。

2. 科学的教育方法

科学的教育方法是教育观念和教育行为的综合体现，并直接关系到孩子在家庭中所受教育的效果。最重要的教育孩子的方法至少包括四点：教育孩子的前提是了解孩子，了解孩子的前提是尊重孩子；教子成功从培养良好习惯开始；让孩子在体验中和群体中成长；父母身教重于言教。

（1）教育孩子的前提是了解孩子，这是教育最基本的原则

了解孩子的智能结构。现在中国的家庭教育之所以困难重重，其主要原因在于我们用一种模式化的方法去要求千差万别的孩子。美国哈佛大学霍华德·加德纳教授提出了著名的多元智能理论，这一理论用中国话可以翻译为"三百六十行，行行出状元"。他说：每个人至少有 8 种智能，包括语言智能、数学逻辑智能、空间智能、音乐智能、身体运动智能、人际交往智能、内省智能和自然观察智能。但每个人的智能结构是不同的、组合是不同的，其奥妙就在于智能结构组合的差异。人的智能之间的差异，既有遗传因素的影响，也与后天的环境和教育有关系。作为家长，特别重要的一项任务就是通过观察、活动、体验等方式，发

现和了解孩子在智能方面的优势及不足，在孩子的成长与发展过程中扬长避短，而不是取长补短。

了解成功的本质和规律。成功就是发展，成功就是选择，成功就是和谐。通俗地说，一个人只要他比自己有了提高，哪怕在某一方面有一点提高，就是成功。他选择了适合自己发展的道路，就是成功。成功不意味着总是第一，成功意味着一种和谐的状态。所以，作为家长不能用一把尺子衡量孩子，也不能单纯用分数、名次要求所有的孩子。要用多把尺子衡量孩子，才会培养孩子的自信心，孩子才会有成功的希望。要发现孩子成才的奥秘，不要指望你的孩子成为全才。

（2）成长是双轨道

教育孩子不能走极端。不能只有解放、自由和玩耍一个轨道，还必须有另外一个轨道，就是培养孩子良好的习惯、责任心和道德观。家庭教育中最重要的就是培养孩子良好的行为习惯，形成优良的道德品质。单轨道是不稳的，双轨道才是平稳的。

好的儿童教育就是培养好习惯的教育。儿童时期是培养习惯的关键时期，也是一个黄金时期，养成了好习惯，孩子终身受益。日本一位教育家说得很深刻：家庭是习惯的学校，父母是习惯的教师。家庭教育中最重要的就是培养良好的行为习惯，因为只有养成习惯才是一个稳定的、自动化的行为。习惯培养是家庭教育的核心技术。

把习惯培养、了解孩子的潜能特点和儿童的发展结合起来。有些可以扬其长，可能将来用这一方面的能力去服务社会，成就自己的人生。另外一些可能不成为其长，但是成为一种爱好、成为一种良好的审美习惯也是很好的。作为父母，改变不了中国的教育制度，但是我们能够改变家庭的环境。

（3）让孩子在体验中成长

现在的家庭教育、学校教育，往往特别重视给孩子讲道理，可是，有的时候孩子听不懂，有的时候即便听懂了，也不去做或做得不好。其原因在于，孩子的成长特别需要的是一种体验，亲身的体验。这种体验既包括一些间接的经验，也包括直接的经验。这种体验在孩子的成长和发展中具有重大意义。人在长大的过程中会发现真正有用的东西，有用的生活经验不一定都来自于课本，而是来自于整个的大自然和社会。所以在儿童成长中，要让孩子多接触大自然，多参加社会实践活动，以获得丰富的经验和体验。否则，没有体验的孩子就等于没有能力、没有经验，他的生存能力就低。

3. 健康的心理

健康的心理是指父母要善于引导孩子力求做到认识自己、接纳自己、控制自己，并以积极的心理影响孩子。

认识自己，就是让孩子养成这样一种心理品质：当别人把你说得像一朵花的时候，你也知道自己还有毛病；当别人把你说成豆腐渣的时候，你也会心中有数"我其实没有那么差"。认识自己，自知才能自信，自信才能自强，这是一个人心理健康的前提。童话大王郑渊洁在小学阶段被班主任评价为"班里最没出息的人"，但他自己很清楚："没那么严重，我哪有那么差，我别的课不好，但是我有想象力，我作文写得好"。经过自己的努力，照样成为著名的童话作家。

接纳自己，是判断人心理健康与否的重要标志。在调查中发现，现在40%的学生，不接纳自己的学习成绩；将近20%的孩子不接纳自己的相貌，太矮了、太胖了、单眼皮等等。其实，人人都有缺陷，人人都有遗憾；同样人人都有可爱之处，人人都有潜力。关键是你要接纳自己、接受自己。当接纳自己以后，你会发现，原来个子矮有个子矮的好处，长得胖有胖的好处。人总会有某种不如意，要让孩子慢慢接纳它，其实孩子就是在犯错误中长大的。

控制自己，是显示心理健康水平的重要标准。心理出问题的人大都出在不能控制自己上。要特别注重培养孩子控制自己情绪、控制自己行为的能力。要养成这样的心理："我能闯过这个关，我能改正这个错误，我有希望好起来，我会一天天好起来，再倒霉的事情也能忍过去"。正所谓"小不忍则乱大谋"。

4. 良好的生活方式

良好的生活方式是保证孩子健康成长的基石。人是环境的产物，"近朱者赤近墨者黑"，一切都是从童年开始的。教育就是培养习惯。良好的生活方式才能养成良好的习惯，而良好的习惯才是真正的素质。在养成良好习惯的过程中，父母的榜样作用尤为重要。好的家庭教育离不开良好的生活方式。

从小养成孩子爱运动的习惯。体育不仅是强体之育，也是强心之育、意志之育、规则之育，儿童教育应当从体育开始，在和平时期没有比体育更能磨炼人意志的了。可能好多家长会说："现在孩子学习那么紧张、竞争那么激烈，哪有时间去锻炼身体啊？"越是这样，就越需要父母做出自己的选择。在儿童教育中有一个原则，叫儿童利益优先、儿童利益最大化。学习不好当然影响其发展，但是如果没有好的身体，他的发展也是不能持久的。在儿童发展中，应把身体健康作为第一原则。孩子有一个健康的身体，就会热爱学习、热爱生活，生活就会高效率、高质量。所以，从小养成孩子爱运动的习惯，打下好的身体底子，才能为将来的发展提供基本的保障。

杜绝网络成瘾，丰富日常生活。互联网时代改变了我们的生活方式和思维方式，青少年如果不能很好地利用网络，就很可能成为网络的"奴隶"，甚至网络成瘾，不能自拔，影响自己的学习和生活。一般来讲，容易网络成瘾的孩子有三种情况：第一种是厌学的孩子，第二种是没有朋友的孩子，第三种是好奇心重、管不住自己的孩子。对待网络成瘾的有效的方式是替代，不是禁止。禁而不绝，用丰富的生活来替代。比如，让孩子养成爱运动、爱读书、爱和朋友们在一起的好习惯，让现实的生活充满乐趣，孩子就不会花那么多时间与网络和虚拟世界打交道。

5. 平等和谐的亲子关系

平等和谐的亲子关系是家庭教育成功的必备条件。没有平等，培养不出现代儿童；没有和谐，建设不成民主家庭。因此，父母不仅应该尊重儿童的权利，还要善于发现孩子独特地个性，真诚地学习孩子身上的优点，使教育过程充满理智之爱。

没有"秘密"的孩子长不大。真正的教育是自我教育，真正的控制是自我控制。我们要特别小心翼翼地对待孩子的"秘密"，"秘密"是孩子长大的营养品。"秘密"意味着孩子要独立地面对，它并不都是危险、可怕的，或者不好的事情，所以父母要给予理解。一般来讲，10—20岁是孩子轻视父母的一个年龄段，所以，随着孩子年龄的增长，越大越不透明，越大"秘密"越多。作为父母应该做到不偷听孩子的电话、不偷看孩子的书信日记、不去搜索孩子在网上和谁聊天、不去调看孩子的聊天记录等，总之，不要去当"警察"。这一阶段，父母最重要的是跟孩子保持良好的信任关系，让孩子知道最可信任的人是父母，最知心的人是父母，最安全的人是父母。

好的亲子关系胜过许多教育。实践证明，什么时候你和孩子的关系是好的，你的教育就是成功的；什么时候你和孩子的关系是糟糕的，你的教育必定是失败的。这种好的关系不是溺爱的关系，也不是包办代替的关系。好的关系包括五种相互的关系：相互理解、相互信任、相互尊重、相互帮助和相互学习。与孩子建立了良好的关系之后，你会发现孩子是很可爱的。我们在教育孩子的同时还能享受孩子，家庭因为有一个孩子而快乐和幸福。父母以孩子为师、以孩子为友，我们的生命就永不枯竭。两代人相互学习、共同成长的关系，就是最好的亲子关系。

启迪与建议：

1. 父母是一种职业。既然是一种职业，就应该有职业任职资格的培训、考核与认定，也就有职业任职水平的高低。所以，家庭教育成败的关键取决于父母的职业素养和水平。

2. 父母的职业素养和水平的高低，取决于父母如何把握影响家庭教育的诸多因素以及诸因素在孩子成长中的作用和规律，然后扬长避短地、有针对性地实施自己的家庭教育。

3. 合格父母应该具备的基本条件是：拥有现代科学的教子思想和理念，掌握科学的教子方式和方法，具有健康的心理状态，养成良好的家庭生活方式，形成平等和谐的亲子关系。

4. 作为家长，无法改变学校教育和社会教育给孩子带来的影响，但是可以改变自己家庭的环境，为孩子的成长创造最好的条件。

第 五 章

"孩子是自己的吗?"
——家庭教育的目的、内容与方法

摘要：介绍家庭教育的目的及学龄前、小学、初中、高中阶段家庭教育的主要内容与方法。

故事与资料：

家长，孩子是个人的私有财产吗?

中国的文化传统是讲人情，重血缘。在很多父母的潜意识里，孩子是自己的骨肉，把孩子养育大，就可以把孩子当成自己的"私有财产"，因此父母当然有权力处置。以下的现象就是家长把孩子当成自己私有财产的突出表现。

(一) 望子成龙

现在独生子女家庭越来越多。独生子女就意味着孩子的教育要么是100%的成功，要么是100%的失败。这就使得许多家长心态改变很大，不能再以平常心养育子女。同时，由于所有的家庭、所有的家长，都在潜意识中深深地浸透着一种无法驱除的"望子成龙"的情结，家长对孩子都有一种"超值期待"，从生下孩子的那天起，就希望孩子是个天才。正是这种有着深厚文化、心理积淀的集体意识与集体无意识，催生了为了某种功利而让孩子去做一些违背孩子天性的事情，或者武断地替孩子选择和设计人生，或者"逼迫"孩子们做大人们才能干的事。

（二）娇生惯养

孩子就像一棵小树苗，需要精心呵护和关爱，不时地浇水施肥、修枝打杈。但同样，孩子也需要一个完全自然的生长环境，按照四季的不同接受阳光雨露的滋润，同时也需要霜雪冰雹的洗礼，在其中得到历练。这样他才能够长成挺拔有力的参天大树，才能够经受未来生活的挫折和打击。但有些家长却不太懂得这个浅显的道理，他们用溺爱和放纵为孩子搭起玻璃温室，把孩子当"小太阳"围着，使孩子成了衣来伸手、饭来张口，四体不勤、五谷不分的"小皇帝"。天稍转凉就加衣服，天一热就开空调，恨不能一年四季让孩子生活在恒温的环境里才算放心。在这样单一生活环境下长大的孩子，存在着自我照顾、自我保护方面能力的缺失，在离开家庭、走上社会之后，甚至会影响到他正常的生活——我们不是已经看到有不少的名牌大学的学生，因为生活上缺乏最基本的自理能力而被迫回到家中的例子吗？所以对家长而言，孩子不是私有财产，当孩子离开襁褓之后，应该尽量让孩子有一个自然成长的环境，让他接受自然赋予的一切恩惠和历练，这样才能应对复杂的社会环境和可能遇到的各种残酷考验。

（三）越俎代庖

孩子也有独立的人格、尊严和决定自己未来的权利，家长应该尽教育的责任和义务,但没有权力包办孩子的一生,更不能把自己一生未尽的理想和抱负强加在孩子身上。人生何其短暂,从幼年直至老年,每个年龄段都有自身的特性和幸福、快乐。有的家长不顾孩子的天性和意愿,以过来人自居,越俎代庖地为孩子一生画下明确的路线,让孩子按照自己制定的目标和路线去努力。而有些家长让孩子完全脱离集体这个大环境,在与世隔绝的状态下按自己的方式教育孩子,给孩子的心理造成难以消除的阴影、性格扭曲,孩子成了他们满足自己心理愿望的工具。这样的做法看起来似乎是为了孩子的将来,实则极为自私和残酷。孩子不是私有财产,家长应该给孩子留出属于他们自己的时间,让他们顺应自己的天性发挥。现在的孩子无疑是幸福的,从物质方面来看,电视、电脑、游戏、音乐,各种新奇好玩的玩具、太多刺激的现代化设备应有尽有。可我觉得现在的孩子也很可怜,他们每天的任务除了上学就是做家庭作业,好不容易到了星期天又被家长拎着辗转于各种补习班和兴趣班之间。家长都难以承受的压力,孩子稚小的身心却超负荷地承受着。这样的孩子缺少自然生长所需要的土壤、气候,被隔绝在人为制造的环境中,变成了流水线制造出来的产品,这样的童年有何快乐可言呢?

[资料来源:玻璃海豚的博客:《家长,孩子是个人的私有财产吗?》,2011年3月 (http: ll blog. sina. com. cn/u1812450375)]

解析:

鲁迅先生在《我们应该怎样做父亲》一文中曾谆谆告诫:父母对于子女,应该"健全的产生,尽力的教育,完全的解放"。其中最重要最根本的就是理解,"倘不先行理解,一味蛮做,便大碍于孩子的发达"。因此,作为家长,应该给孩子创造一个宽松民主的家庭氛围,加强与孩子的沟通,理解孩子的心理和渴望,给孩子创造有利的成长环境。柳宗元的《种树郭橐驼传》中那个种树大王郭罗锅谈到种树经验时的一席话令人深思。他说，树种得好，不是因为我有能使树高大并繁茂的秘诀，而是因为我依照了树木生长的自然规律而使它按自己的习性成长罢了。一般说来种植的办法是：根要舒展，培土要平，应保留一些原土，种好后周围的土要砸结实，做到这些，就不要去管它了。有的种树人或过于爱惜，或过于担心，早上看看，晚上摸摸，刚刚离开又马上回来照管。更严重的是还要用指甲抓破树皮来检查死活，摇动根株来观察是松动还是结实，这样就日益背离树木的生长规律和本身的习性。虽然表面上是爱护它们，实际上是损害它们，表面上是担心，实际上是仇视它们。

十年种树，百年育人。种树和育人，历来都是相提并论的。在教育孩子的问题上，一千多年前一个大字不识的郭罗锅种树的经验，值得生活在高度文明社会里的现代人学习和借鉴。健全的性格、独立的人格，对家庭社会和国家真正有用，这才应该是教育的最终目的。

一　家庭教育的目的

（一）确定家庭教育目的的依据

家庭教育虽然是一种非正规教育，但不管家长是否意识到，任何一个家庭对子女的教育都是客观存在的，而且要受到社会的制约，正确、全面反映社会要求的家庭教育目的，就能促使家庭教育的成功，子女长大就能立足于社会；而错误地片面地反映社会要求的家庭教育，会导致家庭教育的失败，子女长大不能立足于社会，甚至会被社会淘汰。因此，家长在确定家庭教育目的时，必须自觉地以社会需要为依据。确定家庭教育目的的依据包括以下五个方面：

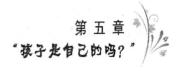

1. 家庭的根本利益

家庭教育的目的和生育子女的目的有密切的联系。当今社会，每一个家庭的利益和国家的利益从根本上说是一致的，但不同的家庭，如工人、农民、知识分子、干部、个体工商业者等，都有自己特定的教育子女的目的。如，有的家庭希望孩子从事脑力劳动，有的希望做技术工作，有的要孩子经商，有的希望孩子从政、参军等，但以上的选择都是和家庭的根本利益一致的，或是继承家庭的传统，或是为了使家庭兴旺发达。

2. 家长的经历和对社会生活的体验

家长作为子女的教育者，作为子女的引路人，究竟要把孩子培养成什么样的人，同家长的经历、对社会生活的体验以及在社会生活实践中形成的人生哲学有直接的关系，不少家长总是自觉不自觉地把自己的经验和教训，渗透到培养教育子女的目的上。如，有的家长认为自己的成功在于有文化有知识，那么，他就会下决心把子女培养成有文化有知识的人；家长认为自己生活的平安在于不得罪人，那么，他就会把这种做人的诀窍传授给子女；家长认为自己一生比较顺利，得益于政治上比较清醒，他就会在政治思想上下大功夫教育孩子；家长以为对人诚恳厚道是做人的美德，他就会努力培养这种美德等。

3. 家长的思想和文化素质

家长的思想、文化素质，决定家长对社会生活认识的深刻程度。思想、文化素质高的家长，对于社会发展的规律和趋势认识得比较清楚，善于辨别复杂的社会生活现象，把握社会的主流和支流，明确先进和落后，辨别正确和错误，分析事物存在时间的久暂等等。这些家长，在确定家庭教育目的、设计子女发展方向和所具备的品质和能力时，往往能够顺应社会发展的潮流，自觉地为未来社会的需要培养自己的子女。而思想文化素质比较低的家长，往往不太关心社会发展的前景，对社会生活的认识相对肤浅和片面，因此，家庭教育目的往往模糊不清，盲目性很大。对于这种家长，我们的建议是，如果自己拿不准教育孩子的观点和方法是否科学、合适，还不如让孩子自己发展。因为，毕竟还有学校教育和社会教育在发挥着作用。

4. 家长的职业

不同的职业，往往使人们养成不同的职业心理、职业习惯、职业道德，形成不同的价值观念。不同的价值观念直接制约和影响着家庭教育的目的。如，长期从事文化教育工作的家长，认为这种工作对社会贡献很大，工作和生活环境不错，虽然生活待遇上相对稍差一些，但也希望子女能够继续从事这种工作；长期从政的家庭，虽然清楚从政的道路是艰难的、有风险的，但是其社会地位高、待遇也好，也往往希望子女能够从政。也有的家长，因为自己不满足自己的职业，所以不希望子女从事同样的职业。其实，孩子的成长发展是受多方面影响的，能够适合孩子的职业，或者说孩子喜欢的职业，就是最好的职业和工作。家长要善于发现和引导孩子的潜能和特长，使其能够做自己喜欢的工作。这样，孩子一定会优秀，就一定会成为社会所需要的人才。

5. 家长所处的时代环境

家长所处的时代环境，也是制约和影响家庭教育目的确定的因素之一。因为，不同的时代，人们具有不同的价值观念，就会影响家长对人和事物的判断和评价。如新中国成立后、"文化大革命"中、改革开放初期、当今实现"两个一百年"奋斗目标的时代等。

当代中国已经进入实现"两个一百年"奋斗目标的关键时期，整个社会的价值观念已经从单纯重视学历时代、学历和能力并重的时代进入到重视以能力为主的时代。作为家长，应清楚地把握时代发展的主旋律，将孩子的兴趣和社会的需要结合起来，在为社会做出贡献的同时，实现个人的人生理想和价值。

（二）家庭教育的目的

教育目的是指教育要实现的结果或要达到的目标。家庭教育的目的就是通过家庭教育活动和家庭教育的全过程，把受教育者培养成什么样的人。家庭教育的目的不是有没有的问题，而是正确与否、明确与否、具体与否的问题。有了明确的、正确的、具体的家庭教育目的，就会使家长的教育活动沿着所确定的教育目的努力，教育活动就更加自觉，教育效果自然会更好；相反，教育目的不明确、不正确、不具体，教育活动就有极大的盲目性，效果自然不好。因此，家长在对子女实施教育之前，应首先确定正确的家庭教育目的。

启迪与交流：

1. 任何一项工作的开展都需要有明确的目的和目标，家庭教育也不例外。如果有了正确且具体的家庭教育目标，家教活动就会更加自觉，教育效果就会更好；反之，家教活动将具有极大的盲目性，教育效果自然不好。所以，各位家长谨记，家庭教育的首要任务是确定正确且具体的家庭教育目的和目标。

2. 不同的家庭，其家庭教育的条件也各不一样。作为家长，应最大限度地发挥个人家庭教育的优势，将其劣势和局限性降到最低。

二　学龄前儿童家庭早期教育的内容和方法

随着人们物质生活水平的日益提高，越来越多的父母开始关注孩子的早期家庭教育问题，这是我们国家和社会发展进步的一个标志。但是，由于缺乏科学正确的理论做指导，在早期家庭教育的内容和方法上出现了不少的偏颇和误区，如有的家长认为，对于婴幼儿来讲，早期家庭教育的内容就是教孩子识字、数数、背诗等，年龄稍大一点，再加上弹琴、绘画、学英语等。毋庸讳言，以上都是儿童早期家庭教育的内容，但仅仅是一部分而已，并非全部；在方法上，由于不得要领，往往付出多，收效少，有的甚至适得其反。

（一）具有健康、强健的体魄是学龄前儿童家庭早期教育的首要内容

这是诸多家长在进行早期家庭教育的过程中常常忽视的问题。由于缺乏这方面的教育和训练，许多儿童表现为免疫能力差、体弱多病，营养的"双峰"现象突出，运动能力尤其是耐力差等。由于没有健康的身体做保证，以至于影响了早期家庭教育其他方面的进行，直接影响儿童的成长和发展。那么，怎样才能有一个健康、强健的身体呢？

1. 充足而均衡的营养

脂肪、蛋白质、糖类、维生素、矿物质和水是人赖以生存的六大营养素。其中维生素和矿物质缺乏或不平衡，会导致其他营养不能被人体所吸收，引发多种疾病。营养学家指出，食物的热能 60% 左右来自于碳水化合物，25% 左右来自于脂肪，12%—15% 左右来自于蛋白质，这是比较理想的构成比。另外还要求低钠、低糖和高膳食纤维。据中国营养学会第三次营养调查显示，当前我国儿童的营养出现"双峰"现象，营养结构极不合理。维生素 A、维生素 B、钙、铁、锌严重缺乏，尤其是钙的摄入量低得非常惊人，是世界上缺钙最严重的人群，日常饮食只能达到 33.7%—40%，这是导致当前儿童体形不佳、体质不强的重要原因之一。现在物质生活水平提高了，更应该讲究科学的喂养，不仅要有充足的营养，而且要均衡，尤其要注意缺什么补什么，坚持食补为主，药补为辅的原则。

2. 适当的运动

适当的运动可以促进儿童的新陈代谢，促进骨骼、肌肉的均衡发展，促进内脏功能的完善，身体姿势的纵向训练还有利于身体的长高。这里的"适当"主要是指适当的活动类型、适当的活动时间和适当的活动强度。适当的活动类型，如拍球、跑步、跳绳、走路、野外活动

等；有些活动如游泳、爬山、滑冰、滑板等在成年人的帮助下也可以大胆地进行，以锻炼其勇气和胆略。应尽量避免无人协助的冒险性质的活动，如高空飞越、冲浪等。适当的时间和强度是指每天活动1—2小时，而且活动强度不宜太大。如果时间过长，强度过大，孩子容易产生疲劳，出现伤害，反而不利于身体的成长。

3. 充足的睡眠

儿童苏醒时脑垂体不分泌生长激素，只有在睡眠时才分泌生长激素。据专家研究，儿童熟睡的时候生长的速度比醒着的时候快3倍多。所以处于生长期的儿童必须有足够的睡眠，每天应不少于10个小时，对于3岁以前的儿童，每天应不少于12个小时，否则身体会长期处于亚健康状态，就会导致各种疾病的发生，影响身体的健康。

4. 良好的情绪

家长应尽量避免各种家庭纠纷，为孩子的成长创造一个良好的物质环境和精神环境，让孩子生活在明静、幽雅、轻松、愉快的家庭环境中。心情开朗、精神愉快，有利于孩子的发育和成长。

（二）开发智力潜能是学龄前儿童家庭教育最主要的内容

这是目前家长们最为关注的、投入精力和财力最大的一个方面，也是当前早期家庭教育中存在误区最多的一个方面。比如有的家长看到人家的孩子学弹钢琴、学美术、学英语，于是赶紧让自己的孩子也学，唯恐被别的孩子落下，可是却不知道为什么学，什么时间该学什么，应该怎样学，以至于有的孩子被拔苗助长，有的昙花一现，有的厌学强烈适得其反，给其幼小的心灵上背上沉重的包袱，使其身心的发展受到极大的伤害。那么，为什么说开发智力潜能是儿童早期家庭教育中最主要的内容呢？对此，中外的心理学家和教育学家们已经达成了共识。

其理论依据之一：脑生理科学理论研究认为，儿童脑的发育是不平衡的，其脑重的增长大致是如下的规律：新生儿——390克，8—9

月——660 克，2—3 岁——990 克，6—7 岁——1280 克，9 岁——1350 克，12—13 岁——1400 克，成年人脑重平均是 1480 克。

理论依据之二：是美国儿童心理学家布鲁姆的"智力递减学说"，即假如以人的大脑智力发育到 17 岁为 100% 来计算，那么 4 岁时将发展 50%，4—8 岁发展 30%，8—17 岁 9 年间仅发展 20%。

理论依据之三：是儿童能力发展的关键期理论，即人在某一时期对外界的刺激变化特别敏感，容易接受特定的影响而获得某种能力，如果错过了这个时期，则获得这种能力就比较难，如此 2—3 岁是口头语言发展的关键期，4—5 岁是书面语言发展的关键期，掌握数量概念的最佳年龄是 5—5.5 岁等等。根据以上理论，心理学家们一致认为 5 岁前是智力发展的关键期，所以应大力提倡和加强早期教育，开发儿童的智力潜能。那么，如何开发儿童的智力潜能呢？

简单地说，就是在儿童大脑发育过程中（尤其是 5 岁之前）尽可能地为他们提供大量的（数量）、种类繁多的（类别）、新鲜（性质）的刺激，这样大量的各种新鲜的刺激就会刺激儿童正在发育中的大脑，使连接大脑神经细胞之间的树突和轴突更加丰富和发达，大脑能够接受的信息数量就越多，信息传入、传出的速度就越快，大脑就越发达，智力水平就越高，孩子也就越聪明，从而起到了开发智力潜能的目的。

比如在视觉刺激方面，像五彩缤纷的颜色、风光秀丽的自然美景、各种奇异有趣的动物和植物等；在听觉刺激方面，像各种美妙动听的声音、奇妙怪异的各种动物叫声；触觉刺激方面，像各种各样的积木，硬的、软的、光滑的、粗糙的等；嗅觉方面，如花香、水香、土香、空气的清香等。

脑科学的研究还证明，对大脑最有效的刺激方式是多种感官的共同参与，如在花园散步，看到五颜六色怒放的花朵（视觉刺激），闻到沁人心脾的花香（嗅觉刺激），听到悦耳动听的鸟叫（听觉刺激）；赤脚在海边玩耍，看到汹涌翻腾的波浪（视觉刺激），听到海浪拍打岸边的

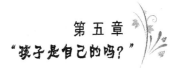

声音（听觉刺激），海滩的细沙对脚的摩擦（触觉刺激）等。类似的活动更有利于对大脑的刺激，开发孩子的智力，所以家长应尽可能多地为孩子提供类似的活动，而不仅仅是识字、数数、背诗、学英语。

（三）培养良好的生活行为习惯、优良的个性品质和初步的思想道德品质是儿童早期家庭教育最重要的内容

这正是当前诸多家长在早教过程中存在问题最多的一个方面。有的家长认为，"孩子小，不懂事，不能进行这方面的教育"；有的认为"树大自然直，不需要教育"；还有的认为应该从小就注重对孩子做人的教育，可怎么进行呢？管严了，怕孩子将来吃亏，管松了，又怕孩子出问题，处于困惑、彷徨之中，等等。岂不知这一方面的教育和开发正是孩子将来人生事业取得成功的决定性因素。它包括以下内容：

1. 初步的生活自理、自立能力的培养

现在的学龄前儿童甚至小学生中不会穿衣、系鞋带、挤牙膏、剥鸡蛋的大有人在，这是家长过多关注的结果。须知温室里长不出参天大树，家长们应该充分地放手，尽可能教会孩子自己的事情自己做。一个生活上不能自理、自立的人，将来也是很难取得成功的。

2. 必要的生活行为习惯养成

如良好的饮食卫生习惯，像不挑食、不暴饮暴食、不吃零食、饭前便后要洗手、吃饭不看电视等；良好的生活起居习惯，能够做到生活起居有规律，早睡早起，坚持锻炼，保持走、站、坐正确的姿势等等；初步的学习习惯，如旺盛的求知欲、强烈的好奇心、高度的注意力和认真严谨的学习态度等。

3. 优良个性品质的形成

针对独生子女教育中所存在的问题，如以自我为中心、任性、交往不适、抗挫折能力差等，有的放矢地进行教育，从小就注意培养他们具有积极的动机、良好的情绪和情感、健康的性格、不怕困难知难而进的

勇敢精神和坚强的意志、正确地了解和分析自己、正确地对待生活中出现的各种"不如意"等良好的个性心理品质，为将来的成长和成才打下坚实的基础。社会的发展和人类实践已经证明，对于一个人的发展来讲，取得成功的关键和决定因素是其非智力因素而不是其智力因素。所以要想使今天的孩子将来长成"参天大树"，就必须从现在开始进行精心的"修剪"和"护理"，该扶正的时候扶正，该修枝的时候修枝，该打叉的时候打叉，不要等到树已成林、木已成舟之时再去修剪，到那时，不仅事倍功半，往往还适得其反。

4. 初步的基础道德教育

所谓的"基础道德"是指人之所以为人应该具备的最基本的社会道德规范，主要包括关心他人、尊老爱幼、诚实守信、热爱劳动等内容。我们经常说一个人"有才无德会坏事、有德无才会误事"，还有的说一个人"德育不合格是危险品、智育不合格是次品、体育不合格是废品"，等等，充分说明了一个人的思想道德品质在人的发展中具有举足轻重的作用。而一个人良好的思想道德品质的培养又是从最基础的道德教育开始的，从日常生活中的点滴小事开始的，从孩提时代开始的。当然在这个方面，由于我们的社会正处于转型期，各种思潮和不同的价值观对我们的社会进行着冲击，许多家长感到无所适从。解决这一问题的最好办法是换位思考，作为家长你是愿意与正直、诚实、高风亮节的"君子"交往还是愿意与奸诈、狡猾、卑鄙的"小人"交往，我想绝大部分家长会选择前者，这也正是我们的社会道德的基本要求，所以，家长应该理直气壮、义无反顾地按照绝大多数人的道德观来培养教育自己的孩子，相信支流永远代替不了主流，乌云永远遮不住太阳。

儿童早期家庭教育的成败，不仅关系到儿童个人的成长和发展，关系到每一个家庭的幸福和欢乐，更为重要的是关系到国家和民族的未来和希望，关系到国家和民族的兴衰存亡。所以，从一定意义上说，儿童早期家庭教育科学、规范之时，也就是中华民族真正的腾飞之日。

启迪与交流：

1. 当前，学龄前儿童早期家庭教育存在诸多误区，违背儿童身心发展规律的事件比比皆是。如：有的违背智力发展规律，过早识字和算术；有的违背孩子身体发展规律，或营养过剩，或营养缺乏；有的违背人的全面发展规律，重智轻德，片面发展，等等。以上违背孩子成长发展规律的事件，必须引起各位家长的高度重视。

2. 儿童早期家庭教育的内容和方法可以归纳为"三大支柱"：
（1）健康强健的体魄——首要任务；（2）开发智力的潜能——最主要任务；（3）良好的生活行为习惯、优良的个性品质和初步的思想道德品质养成—最重要内容。以上三个方面的任务不是割裂的，而是互相联系、互相促进的一个整体。

三 小学生阶段家庭教育的主要内容和方法

我国儿童心理学研究中都是把小学作为完整的一个阶段来看待，在此我们尝试把小学划分为低、中、高三个阶段，对每一阶段的身心发展特点分别加以考察和描述，以便家长更具体地认识小学不同阶段孩子的生理、心理变化，从而根据不同特点有针对性地开展对孩子的教育。

（一）小学低年级学生家庭教育的内容和方法[1]

小学低年级段是指小学一二年级，在我国该阶段的学生多是在6—8岁左右。如果说小学期（有的专著中称为学龄初期）是儿童心理发展

---

[1] 参见欧晓霞、魏晨明：《亲子共成长》（小学低年级篇），泰山出版社2006年版，第4—25页。

的一个重大转折时期，那么小学低年级段则是实现这一转折的开始。这一时期儿童开始进入学校，开始了以正规有系统的学习为主导的活动阶段。低年级段小学生的特点与幼儿的特点有较大的相似性。有人形容：小学低年级学生"背着书包上学堂"的时候，他们的一只脚还逗留在幼儿期的童车里。但由于其生理特征、成长环境、成长任务以及成人对他们的期待发生了变化，因此他们较幼儿有着不同的特点。同时由于其处于小学的入学初期，因此又明显有别于中年级段。

1. 小学低年级学生生理特点

（1）身高和体重

人体的生长发育在各时期各方面是不等速交替发展的。其中有两个加速期：一是出生的头两年，二是其青春发育期，其显著特征是身高体重陡增。小学低年级段学生的身高体重处于生长发育的平缓期，较幼儿变化不大，尽管他们已经是"学生"了，但身体的发育似乎还像个幼儿。

我国小学低年级段的学生一般在6—8岁左右，其平均身高体重如表5-1：

表5-1　　　　我国小学低年级段学生平均身高体重对照

年龄 标准 性别	身高（厘米）		体重（千克）	
	男	女	男	女
6岁	106—120	104—124	15—23	15—23
7岁	110—131	109—130	16—26	16—25
8岁	114—136	114—136	17—29	17—28

（2）身体各系统的发育

淋巴系统。6—8岁左右的儿童淋巴系统的发育尚未完全达到成人时期的水平，其免疫力相对低，因此要特别注意孩子的营养和生活习惯，远离病源区，减少无谓的感染。

生殖系统。生殖系统的发育在小学时期几乎没什么进展，主要是因为儿童期没有达到全身成熟，性激素分泌尚不充分。

骨骼系统。小学生的骨骼系统比学前期儿童坚固，但是骨骼系统还有许多软组织，脊椎、骨盆区和四肢的骨骼还未完全骨化。因此，要注意小学生的走、坐、站的姿势及其训练。同时，由于其手掌骨没有完全骨化，手指和手腕的微小动作就容易疲劳，所以要特别注意控制好孩子写字、弹琴等活动的时间和强度。

循环系统。儿童的心脏和血管容积比成人小，但新陈代谢快，需要较快的血液循环。因此，小学生的心率比成人高，大约每分钟 80—90 次。

呼吸系统。儿童的呼吸频率随年龄增长而递减。一般 6—8 岁的儿童，男孩为 23—24 次/分，女孩为 25—26 次/分。儿童肺活量大小与呼吸器官的活动密切相关，经常进行体育锻炼可大大提高儿童的肺活量，增强肺功能。

神经系统。大脑结构方面：具体表现为脑的重量继续增加和额叶的显著增大。7—8 岁的儿童脑重量在 1280 克左右，接近成年人（成年人为 1400 克左右）水平。大脑机能方面：小学儿童的高级神经活动的基本过程——兴奋和抑制的机能，都有了进一步的增强。新生儿每日需要睡眠时间平均为 22 个小时，3 岁儿童每日平均为 14 个小时，7—8 岁儿童每日平均约为 11 个小时。

2. 小学低年级学生主要心理特点

人们一般从心理过程特征和个性心理两大方面，概括和描述人的心理特点。

小学低年级学生心理过程特征主要包括以下三个方面：

（1）认知特征

感知比较笼统，不够精确。常把字母"p"与"q"、"d"与"b"，数字"6"和"9"，汉字"休"与"体"等相混同。不能把握事物的主要特征和各部分之间的联系，只能抓住个别细节。

辨色能力。一年级学生已能分辨红、黄、蓝、绿等基本颜色。6岁以后开始出现颜色偏好的性别差异。

空间感知。一般能很好地辨认前后、上下、远近，但对左右方位感觉还不完善，常常要和具体事物联系起来方能辨认。

时间感知。一般能正确辨认昨天、今天和明天，但对过长的周、月、年概念还有些模糊，对过短的时间如分、秒等也估计不准确。

记忆能力。机械记忆仍占主导地位，并且逐渐向理解记忆过渡。无意识记忆特征仍然很明显，对词的抽象记忆仍需以具体、直观的事物为基础。

注意力。有意注意快速发展，无意注意仍占优势。尤其是一年级学生，其注意常常带有情绪色彩，注意不稳定、容易分散，分配能力不强，注意的范围较小，注意转移品质较差，较难迅速地从一件事情转移到另一件事情上。

思维方面。具体形象思维成分居多，抽象思维也会有较快发展。

语言方面。从口头语言向书面语言过渡，但口头语言仍占主导地位。家长要不断帮助纠正学生的发音，纠正语言习惯，使其口头语言水平快速提高，同时丰富其词汇量，发展学生的书面语言。

（2）情感特征

重感情。对人对事十分热情，情绪容易激动而不容易稳定。情感相对来说比较脆弱。时常破涕为笑，转怒为喜，为一件小事痛哭不止等。

情感内容向不断丰富、深刻化发展。如，幼儿可能由于得到好的玩具、好吃的食物等而愉快和欣喜，而小学生更多的是得到好的分数，或受到老师的表扬等。在区分好坏时，开始尝试运用一些道德标准去评价。

情感稳定性较差。自控力的强弱在小学生中也表现出年龄特征，和

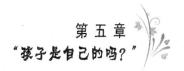

中、高年级相比，低年级学生的自控力要差一些。

（3）意志特征

意志自觉性较低。易出现独断、易受暗示、果断性不强、草率、鲁莽等特点。其动机控制源以外部控制为主，行动的动机和目的多半是由家庭、教师、学校提出的。

动机斗争简单、短暂。解决动机斗争带有很大的情境性，随心性，分不清原则性与非原则性动机，不会冷静地思考问题。

坚持性品质较差。常表现出见异思迁、虎头蛇尾、任性、冲动、怯懦等特点。

小学低年级学生个性心理特点主要包括以下三个方面：

（1）个性倾向性

需要。活动需要是低年级段学生的首要需要。常把玩小动物和做游戏作为第一活动需要，对待游戏和运动，仍保留着幼儿时期对游戏过程本身的兴趣，渐渐地则更对游戏结果感兴趣。

交往。低年级段学生的权威人物开始从家长转移到教师身上，非常重视同教师交往，"老师说……"常常挂在嘴边。同时他们对同伴的交往需求也日益强烈。

兴趣。刚入学的孩子对上课感兴趣，对教师讲故事感兴趣，教师的态度、交往能引起孩子的直接兴趣。小学生的兴趣广度出现逐步扩大的趋向。对学科的兴趣取决于学习成绩的好坏，学习成绩好坏让孩子有愉快和失败的情感体验。

职业志向。职业志向明显，常常受家长、亲友、学校教育、传媒的影响较大，其志向带有直观体验和模仿性、幻想性，同时容易变化。此阶段要多给孩子树立良好的榜样。

（2）个性心理特征

性格发展平缓。学生之间有差异性，但其独特性并不显著。

态度特征。对现实的态度和观念尚未形成，在对社会、对集体、对学习、对劳动或是对自己与他人的态度上，很容易受暗示，模仿性很强，缺乏自我分析和自我宽慰的能力。

情绪特征。情绪特征在不断发展。小学二年级时情绪的主导心境不是很好，这可能与其对学校生活尚未很好适应有一定关系。

（3）自我意识

自我意识客观化时期。在此期间，小学生的自我意识随年龄的增长从低水平向高水平不断发展，但呈现的趋势有所不同。研究表明，小学一年级到小学三年级处于自我意识的上升时期，小学一年级到小学二年级自我意识上升幅度最大，是自我意识上升中的关键发展期。

自我外部特征意识时期。往往顺从别人的评价，比较笼统地对自己某方面的优缺点进行评价。小学生自我意识的发展水平还不高，因此进行教育时不能讲过多的抽象理论，而要从细节、小事做起，对他们的要求要具体、直观、明确。

3. 小学低年级学生家庭教育的关键任务与指导

（1）认识小学阶段的变化

变化之一：学习与游戏的分化。对于幼儿来说，游戏是他们的精神食粮，游戏就是学习，学习就是游戏。进入小学后，正规的有系统的学习逐步成为儿童的主导活动。正规学习和游戏是不同的，主要表现在其社会性、目的性、组织性、强制性等方面。学习和游戏的分化，是儿童心理发展的一个重大转折。

变化之二：由口头语言和具体形象思维向书面语言和抽象逻辑思维过渡。进入小学后，学习成为主导活动，而学习的主要任务是掌握读、写、算这些最基本的知识和技能，因此，书面语言成了儿童学习的主要对象和手段。同时，学习不仅要求儿童掌握知识，还要用获得的知识去思考和解决问题，并关注如何思考和解决问题的过程，这就促使抽象逻辑思维逐步发展起来。

变化之三：从"自我中心"到集体观念的产生。进入小学后，小学生的行动受到约束，以前的许多"特权"由于上学的原因不复存在；"学习"也不像以前那样就是"玩"，而是作为一项"工作"来要求：在学校要按时上课，不能迟到，课堂上要端坐静听，作业要认真完成；与同学发生矛盾还得自我检讨；做得好，就能得到老师、同学、家长的表扬和奖励，否则就会受到批评指责。在这一过程中，小学生逐步认识到世界并不是围绕自己运转的，做"小学生"与做"小朋友"大不一样。于是他们开始撇开"自我中心"的主观视野，渐渐学会自我要求，自我分析，并从他人和集体的角度来设计自己。小学生的这种关于集体生活的意识，标志着儿童迈出了走向社会"大家庭"、投身集体"熔炉"的可贵一步。

（2）明确入学适应任务

多数儿童到了小学后，将面临许多的不适应，家长配合好学校做好入学准备和入学教育至关重要。主要有以下几项工作需要特别注意：

学习态度。培养儿童对学校的热爱和对教师的尊敬，鼓励儿童对入学学习产生向往的心情，不要用学校或教师来恫吓儿童。也不应该在儿童面前随便议论教师，因为这样会损害教师的威信。教育儿童在上课时集中注意听讲，用心完成作业，努力克制自己的行动。经常鼓励儿童认真做功课，及时、保质完成作业。

学习习惯。养成儿童有规律的生活习惯，如按时起床、按时上学、放学后按时回家等。指导儿童爱护书籍和文具，不弄脏弄破书籍和本子，书籍和文具用完后及时收拾并放在一定的地方。

学习方法。既要及时加以督促，但也不要包办代理。例如，当儿童做功课遇到困难时，家长不应代做或代为回答；应启发儿童，鼓励儿童积极思考、克服困难。

（3）了解学习能力发展特点

小学阶段的学习能力涉及非常复杂的心理功能，它们主要包括感觉动作能力、知觉——动作统合能力、符号——阅读能力、逻辑——推理能力、自我监控能力等。从国内学者的研究和实践看，学习能力是一个从低到高的发展序列，其发展是有序的，在不同的学习阶段要重点发展某些能力，形成良好的习惯。

而现实中孩子的能力的发展却是不平衡的。每个学生的学习能力是各不相同的，有的擅长语言学习，有的擅长空间图形的学习，有的则擅长动作学习。由于各项能力发展的不平衡，每个儿童都会有自己的强项弱项，他们大都主要利用自己的强项来接受外界的信息，进行学习。一旦某一项或多项学习能力落后于实际年龄的发展，就可能造成儿童学习的障碍。

综上，小学低年级段学生成长中的身心与学习的规律性知识远不止这些，家长要了解孩子的特征，必须进行相关的学习，同时也要细致地对孩子进行观察，耐心与孩子交流，父母的爱才是孩子健康成长最大的动力来源。

（二）小学中年级学生家庭教育的内容和方法①

小学中年级段是指小学三四年级，在我国该阶段的学生多是在9—10岁左右。这一时期的学生已经渡过了初入学的适应期，基本上对学校的环境、教师、学习生活等已较为熟悉，开始走上学校学习生活的平稳轨道，渐渐表现出良好的角色认知和学生行为特征。把握该阶段学生生理、心理特点，明确家庭教育的关键任务和科学的指导方法，对于保证孩子身心健康成长十分必要。

1. 小学中年级学生生理特点

（1）身高和体重

到9—10岁期间，男女生出现了一次身高体重生长的交叉，女孩子

① 参见曲振国、董守生：《亲子共成长》（小学中年级篇），泰山出版社2006年版，第1—18页。

的身高体重增长速度追上男生并开始超过男生的增长速度。我国小学中年级段的学生一般在 9—10 岁左右（也有 8 岁的），其平均身高体重如表 5 - 2。

表 5 - 2　　　　　　我国小学中年级段学生平均身高体重对照

年　龄 ＼ 标准　性别	身高（厘米）		体重（千克）	
	男	女	男	女
8 岁	114—136	114—136	17—29	17—28
9 岁	120—141	119—140	19—31	19—31
10 岁	124—145	122—148	20—34	20—34

（2）身体各系统的发育

淋巴系统。10 岁左右儿童淋巴系统的发育达到高峰，达到成人时期的 200％，表明此年龄段的儿童身体已经获得相当的免疫力。

生殖系统。生殖系统的发育在小学时期几乎没什么进展，主要是因为儿童期没有达到全身成熟，性激素分泌尚不充分。

骨骼系统。中年级段的学生比低年级段时期骨骼系统有所增强，如许多软组织、脊椎、骨盆区和四肢骨骼的骨化等，但仍要关注学生的行站坐等姿势的训练。中年级段学生手指和手腕动作力度开始有所增长，喜欢向别人显示自己的力量。但此时他们的骨骼还比较容易变形、脱臼，肌肉还很不结实，并缺乏耐力，应适当控制和引导其乐于表现的欲望。

循环系统。小学生的心率比成人高，大约每分钟 80—90 次。此时，不应让他们做过分剧烈的运动和过分紧张繁重的劳动，以避免心脏劳伤。

呼吸系统。儿童的呼吸频率随年龄增长而递减。10 岁左右男女儿童呼吸频率为 19—20 次/分钟左右。加强体育锻炼可大大提高儿童的肺活量，增强肺功能。

神经系统。大脑结构方面，具体表现为脑的重量继续增加和额叶的显著增大，9 岁的儿童脑重量约 1350 克，接近成年人（成年人为 1400 克左右）水平。大脑机能的发展方面，高级神经活动的基本过程——兴奋和抑制的机能，都有了进一步的增强，10 岁儿童的每日需要睡眠时间平均为 10 个小时左右。大脑机能的条件反射比以前容易形成，潜伏期短，不易泛化。条件反射形成以后也比较巩固。

2. 小学中年级学生主要心理特点

如前所述，小学中年级学生的心理特点也包括心理过程特征和个性心理特点两个方面，现分述如下：

小学中年级学生心理过程特征主要包括以下三个方面：

（1）认知特征

主要包括以下特点：

感知开始精确化。对相似的字符有一定的分辨能力，但仍然会出现拼写错误、错别字等现象。辨色能力也有了较大的发展，不仅能分辨红、黄、蓝、绿等基本颜色，还出现了颜色爱好的性别差异。

空间感知。能很好地辨认前后、上下、远近，对左右方位感觉也有了比较好的体验，常常不需要和具体事物联系起来就能辨认。像"左""右"的抽象口令，也能较顺利地理解和感知。

时间感知。能正确辨认昨天、今天和明天，对周、月、年等长时间概念也已经有了明确的感知，对短时间概念如分、秒等也有了一定的认知。

记忆能力。理解记忆能力有了很大发展。有意识记忆特征开始明显，对词的抽象记忆开始有了理性的认知。组词造句时可以自由地把现实事物融进来，语意通顺。

有意注意。有意注意有了较高水平，在学习中开始起主要作用。开始有稳定的注意力和较好的注意力分配能力，注意的范围开始扩大，能

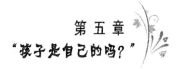

够适应学科之间转换的注意转移。

思维方面。从以形象思维为主向以抽象思维为主过渡，两种思维形式的转折大多发生在四年级前后，这一时期也被称为思维发展的关键期。如数的概念能力会有飞跃的发展。

语言方面。书面言语和口头言语有较大的发展。词汇量增加，进入阅读期，阅读时朗读和默读能有所结合。

（2）情感特征

主要包括以下特点：

情感表现形式发生变化。如：三四年级学生的热情开始分化，具有一定的选择性，减少了盲目性；富于表情，且比较容易变化；容易激动，带有一定的易激惹性；出现心境，但持续的时间不长。

情感内容发生变化。如：引起学生愉快情绪的，不再是那些具体的事物，更多的学生主要体现在得到好的分数，受到集体的表扬等；区分好坏时，开始尝试运用一些道德标准去评价。

情绪、情感从冲动性、易变性向平衡性、稳定性方向发展。小学三年级是这种转变的转折点，但不能对这种稳定性估计过高。因为，从总体上讲，小学生的情绪、情感还是不很稳定的。

（3）意志特征

主要包括以下特点：

自制性显著发展。自制性显著发展，且随着年龄的增大，各种品质逐步形成与发展起来。

意志控制源由外部转向内部。开始意识到自己应该自觉地、努力地约束自己的行为，向自己提出动机和目的，但还达不到自我计划和控制的状态，还需要家长帮助和老师的督促。

意志行动。决定和执行两个环节大多是同时发生的，或者比较接近，想了就干，不善于做周密的考虑；还常常出现决定了不做，即只说不做或说的与做的不一致的现象；其抗干扰能力和耐受挫折的能力比较差，独立克服困难的能力较弱。

小学中年级学生个性心理特点主要包括以下三个方面：

（1）个性倾向性

其主要表现和特点有：

需要。活动需要、游戏需要非常强烈，表现出对对抗性、竞赛性的游戏和活动以及智力游戏如猜谜、下棋等的强烈兴趣；进入阅读期，表现出对阅读的较大兴趣。

交往。同伴交往需求日益强烈，重视同学的评价，注重参加集体内部的共同活动。如果被排斥在外，会感到孤单和无助。

兴趣。仍然凭着直接兴趣对待学习，开始对学习的目的性认识有所提高；对具体的事实和实际活动，如阅读故事、小说，从事技术活动、体育活动等兴趣增加；游戏对学习兴趣的刺激开始降低。

价值观。开始从以自我为中心向群体价值观过渡，在班级中不仅开始形成同伴团体，而且形成了班集体共同的目标和利益；对家长和老师批评自己极为敏感，竭力改善自己在同学和班集体中的地位。

（2）个性心理特征

主要表现和特点有：性格发展比较平缓；学生之间有差异性，独立性不显著；对现实的态度和观念尚未形成，在对社会、对集体、对学习、对劳动或是对自己与他人的态度上，容易受暗示，模仿性很强，缺乏自我分析和自我宽慰的能力。

（3）自我意识

主要表现和特点有：自我意识发展处于一个相对平缓的时期，没有显著的差异性；往往顺从别人的评价，能笼统地对自己某方面的优缺点进行评价。

3. 小学中年级学生家庭教育的关键任务与指导

（1）把握小学阶段"关键期"的教育

一般认为，四年级是小学最关键的阶段。这时候，数学增加了四则运算，语文多了作文和阅读，难度加大，再加上有些孩子好的习惯没养成，功课很容易越落越多，新课旧课交错在一起，补起来也非常困难。一般家长更重视小学升初中，往往没有觉得四年级是一个孩子的转折点，是孩子小学阶段的分水岭。家长应该抓住这一转折期，配合好学校和老师，为孩子查漏补缺，鼓劲打气，促其努力向上。这样，才会事半功倍。

（2）重视学生的行为矫正

中年级学生在学校里往往是一群最不安分、最吵闹的孩子，行为上容易出现偏差。日本著名的教育心理学家福池周亮曾说过：三四年级是不可思议的学年。我国民间谚语也有"八岁九岁狗都嫌"的说法。

孩子在四年级时，自我表现欲、伙伴意识都很强，再加上学习负担不大，因他们往往玩得忘乎所以，玩得"出格"，经常出现"不良行为"甚至"破坏行为"等。此时如能改掉不良行为，绝大部分孩子以后都会发展得很顺利；反之，如果不良行为得不到及时纠正，以后再想纠正就困难了，好多孩子到了中学问题更加严重。因为四年级孩子的性格和行为的模式已在相当的程度上形成了。所以，对这一中间段的孩子进行行为矫正，对他们顺利完成学业、心理健康发展，无疑起着重要的作用。作为家长，应积极配合好学校做好孩子不良行为的及时纠正工作。

（3）关注学生学习障碍

学习障碍是指智力正常，但由于听、说、读、写、算和沟通机能方面出现落后而导致的学习成绩低下的现象，其实质是学习成绩与智力不相匹配。主要学习障碍有：书写障碍、阅读障碍、数学推理障碍、自我监控障碍等。如：有的学生注意力不集中、好动、上课不认真听讲；写作业多一笔少一划，或者看一笔写一笔，作业时间过长，动作特别慢，经常抄错题；数学应用题理解有困难；语文理解能力不足，写作文无法组织语言；部首左右颠倒，张冠李戴；不能与同学一起游戏，不合群；

唱歌跑调，动作不协调等。

儿童在他们的成长中会表现出很多差异，如果只强调知识的接受，忽视其基本学习能力的培养，就会造成越来越多的厌学者和学习障碍者。以上学生的学习障碍，不能笼统地把它们归结为是孩子不好学、不认真、粗心贪玩所致，绝大部分是孩子在成长过程中学习能力发展失衡造成的，而且每个孩子表现出的这种能力发展失衡是各不相同的。学生学习中存在的问题，多数不是学习态度和行为本身的问题，而是学习能力不足的问题。家长和老师应当针对他们的弱点进行特殊的教育辅导。

（4）推进学习能力发展

小学中年级段的学生应在全面有所发展的基础上，重点发展"符号认知—阅读能力"，其他相关能力如"数学—推理能力"、"知觉—动作统合能力"等。

符号认知—阅读能力是中年级段学生获得和使用的最重要能力。该阶段是孩子阅读最需要帮助的时期。家长要明确在培养孩子阅读兴趣和阅读能力方面的责任。首先自我学习，提高素质，然后指导孩子；选好书籍，耐心陪伴；控制有害书刊；角色表演，家庭展示，培养兴趣。

数学能力要从中年级段到高年级段持续进行培养。培养孩子的数学能力可以从以下四方面入手：

第一，提升孩子的视知觉功能。引导和训练孩子去辨识、记忆和理解能体现"数与形"的相关概念，如"长短，大小，多少，轻重，点，线，面，方向，角度"；通过辨识实际物体，体验到"数量与形式"的不同，并学会以数学符号来表示它们。

第二，提升孩子对数学语言的理解能力。数学里的符号、公式、方程式、图形、图表以及文字等，都需要通过阅读才能了解，并清楚明了它们的区别与联系；如果不了解这些符号的含义，则数学学习无异于读"天书"一样。

第三，提升对数学材料的概括能力。首先，培养孩子对语言文字材料的概括能力。如"香蕉，苹果，橘子，梨"等词语中，概括出这些事物的共同特征："它们都是水果"。其次，培养孩子对数字的概括与推理能力。如给孩子这样一些数字："1，3，5，7，（　）"，让孩子概括出这列数字的规律，并根据规律填上合适的数。最后是培养孩子对图形的概括与推理能力。如给孩子看这样一组图形"←，↑，→，↓，（　）"，让孩子寻求其变化规则（顺时针方向每次扭转 90 度角），并在括号内填上合适的图形（←）。通过"文字、数字、图形"这三种材料的训练，可以有效地培养孩子对数学材料进行概括的敏感性。

第四，提升孩子的运算能力。儿童在运算中会出现各种各样的问题，需具体问题具体分析。譬如，有的儿童乘、除法会做，但加、减法常出错，这是因为乘、除法主要依靠听觉记忆功能，会背九九乘法表，即可能做对，而加减法因为计算时受进借位的影响，涉及视觉功能与记忆，因而更容易出错；再如，有的儿童计算正确，答案却抄颠倒，是因为由运动功能发展出来的垂直、左右、前后秩序等观念尚未牢固建立的缘故。

（三）小学高年级学生家庭教育的内容和方法[①]

小学高年级段是指小学五六年级，在我国该阶段的学生多是在11—12 岁左右。这一时期的学生已经在角色上把自己定义成真正的"大学生"了，他们在学校里面对低年级的同学，有一种自豪感和尊严感。同时由于他们处于青春前期，又面临升学的压力，所以是多事之秋。他们是比较有特点的一群。本书把小学高年级段学生发展的特点进行描述，意在方便家长认识这个阶段学生身心成长任务，从而更好地把握孩子具体的生理心理变化，学会理解和有效地实施对孩子的教育。

---

① 参见韩志亮：《亲子共成长》（小学高级篇），泰山出版社 2006 年版，第 1—17 页。

1. 小学高年级学生生理特点

（1）身高和体重

我国小学高年级段的学生一般在 11—12 岁左右，其平均身高体重如表 5 - 3：

表 5 - 3 我国小学高年级段学生身高体重对照

年 龄 \ 性 别 \ 标 准	身高（厘米）		体重（千克）	
	男	女	男	女
10—11 岁	124—145	122—148	20—34	20—34
11—12 岁	127—151	127—154	22—38	21—40

儿童身体的正常发育遵循两项原则：头尾原则（从头到尾）和远近原则（由近及远）。头尾原则即身体各部分的发展，严格服从由头部延伸到身体的下半部。其次序是：头部→颈部→躯干→下肢。远近原则即发育从身体的中部开始，然后延伸到边缘部分。其次序是：头部和躯干比四肢先发育，手臂和腿比手指和脚趾先发育。家长应该根据儿童不同年龄时期身体各部的发育速度安排他们的活动，保证他们的营养供应，以促进儿童的正常发育。

（2）身体各系统的发育

淋巴系统。10 岁左右儿童淋巴系统的发育已经达到成人时期的 200%，其发展达到高峰。这表明 10 岁左右的儿童已经获得相当的免疫力。

生殖系统。生殖系统的发育在小学时期几乎没有什么进展，主要是因为儿童期没有达到全身成熟，性激素分泌尚不充分，是全身各系统中最后发育的系统。

骨骼系统。大约到 12 岁以后，孩子完成骨化过程，身高突然增高，因此锻炼仍需适度。高年级段学生的肌肉群活动的精细动作会有很大的

提高，可以开始硬笔和软笔书法的学习，

循环系统。心率比成人高，大约每分钟 80—90 次。此时，仍不能做过分剧烈的运动和繁重的劳动，以防心脏劳伤。

呼吸系统。儿童的呼吸频率随年龄增长而递减，10—13 岁时，男女孩都是 19—20 次/分钟；14 岁以后基本和成人一样，每分钟 16—18 次。至 12 岁时肺泡显著增大增多，肺活量也迅速增加，经常进行体育锻炼可大大提高儿童的肺活量，增强肺功能。

神经系统。大脑结构发展表现在脑重量增加显著、脑神经细胞增大和脑神经纤维增长等方面。大脑机能的发展表现在大脑兴奋机能的增强及内抑制的蓬勃发展两个方面。12 岁儿童睡眠的时间平均为 9—10 个小时就足够了，并且更善于调节控制自己的行为，已经具有了心理稳定性的生理基础。

2. 小学高年级学生主要心理特点

同小学低、中年级学生的心理特点一样，高年级学生的心理特点也包括心理过程特征和个性心理特点两个方面，现分述如下：

小学高年级学生心理过程特征主要包括以下三个方面：

（1）认知特征

主要包括以下特点：

感知表现出精确化。对相似的字符能较好地分辨，识字量已经达到相应的水平，想象更加逼真，绘画更多地以实物作为内容，有明显的色彩偏好。

时间和空间感知。能够以客体为中心辨别左右方位。空间感知和时间感知的把握已经没有问题。如果仍有空间、时间辨认上的问题，有可能就是一种时间或空间知觉障碍。

记忆能力。机械式的记忆逐步减少，能够进行理解记忆，记忆品质较好，有意识记忆特征明显，对词的抽象记忆有了理性的认知。

注意能力。有意注意有了较高水平，在学习中起主导作用。注意的外部表现明显，开始有稳定的注意力和较好的注意力分配能力，注意的范围开始扩大，能够适应学科之间转换的注意转移。

思维方面。抽象思维能力有了明显的提高。概括能力增强，推理能力、数学能力也有很大的提高。思维的活跃性表现在他们对一题多解的兴趣上，他们的归纳推理能力迅速发展。

语言方面。词汇量和阅读量的增加，书面言语和内部言语有较大的发展。大都能进行较好的默读。

（2）情感特征

主要表现和特点有：

情感表现形式发生变化。对事物的热情具有一定的选择性，有了自己的主见，在区分好坏时，不仅看表面，而且开始运用一些道德标准去评价。对大人的一些要求开始进行抗拒，逐步出现影响整个情感状态的心境。

情感表现的强度。情绪、情感逐步从冲动性、易变性向平衡性、稳定性方向发展。总体上讲，还是不很稳定的。

情感表现的内化与外化。由于学生自我意识不断发展，情感往往内化，不以外部表情表露出来。对自己的任务能够记住并按自己计划行事，做事开始有主次之分，不太容易被外界诱因吸引而迅速转移自己的目标。

（3）意志特征

主要表现和特点有：

意志品质发展平稳。能够克服畏难、懒惰等消极情绪。

意志控制源转向内部。认为自己行动的结果是受自己内部力量控制的，对待失败多从自身找问题。意识到自己应该自觉地、努力地约束自己的行为，向自己提出动机和目的。发展较好的学生可以进行初步自我规划。但仍需家长和老师帮助其提高形成和实施自我计划的能力。

意志行动环节开始分离。发展较好的学生在决定和执行两个环节开

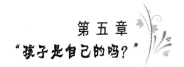

始有些分离，想了就干、不善于做周密的考虑的情形有所改善。

小学高年级学生个性心理特点主要包括以下三个方面：

（1）个性倾向性

主要表现和特点有：

需要。活动需要、游戏需要仍然非常强烈，表现出对对抗性、竞赛性的游戏和活动以及智力游戏如猜谜、下棋等的强烈兴趣。阅读有了较强的目的性，能够根据自己的学习和发展目标选择图书。对同伴的交往需求仍然很强烈，越来越重视同学的评价，注重参加集体内部的共同活动。成就需要水平呈现下降的趋势（这一趋势会延续到初中）。

动机。动机水平在提高，倾向于选择中等难度和高等难度的任务，倾向于重复失败的操作，但其失败的焦虑也在增长。研究认为，中等焦虑程度有助于学习成绩的提高。

兴趣。对事物的规律性知识的兴趣逐步显现出来，对自然现象和社会现象原因的探究和询问有所增多。兴趣稳定性明显增强，对已经形成的兴趣可以保持很久。

价值观。高年级学生的指向水平和价值观与中年级学生基本一致，其价值观开始从自我为中心向群体价值观过渡。

（2）个性心理特征

个性心理特征包括能力、气质、性格等心理成分，是个性个别性的集中表现，是个性结构中的特征系统，其中性格是其核心特征。其主要表现和特点有：

进入性格发展的骤变期。六年级前后，进入性格发展的骤变期，也是性格发展的关键期。这一时期的学生求知欲快速发展，情绪的强度、持久性迅速增长，对人对事敏感，但是自制力相对下降，不善于自我宽解，其性格处于某种矛盾和不平衡中。

性格的性别差异。总的来说，男孩的外倾性、活动性和倔强性高于女孩；女孩的情绪性、内倾性高于男孩。

性格的稳定性增强。部分高年级段的小学生对自我言行统一性要求增强，这种稳定性可以大大提高，并逐步形成为稳定的性格特征。

（3）自我意识

主要表现和特点有：

自我意识更加深刻。不仅摆脱对外部的控制的依赖，逐渐发展了内化的行为准则来监督、调节、控制自己的行为，并且开始从对自己的表面行为的认识、评价转向对自己内部品质的更深入的评价。

自我概念的发展。自我概念带有很大的具体性和绝对性，发展趋势存在性别差异。男生对自己的印象一般不随年龄的变化而变化，而女生则年龄越大，对自己的印象越差。

3. 小学高年级学生家庭教育的关键任务与指导

（1）关注青春期教育

小学生到了高年级，一个显著的心理变化就是性意识的觉醒。由于生理、心理上的急剧变化，他们常常既害羞又兴奋，既感到神秘又很好奇，有的则茫然不知所措，表现为特别紧张和害怕，心理体验丰富而又微妙。他们开始对异性感兴趣，希望在别人面前表现自己，以求得到异性的注意。男孩格外争强好胜，而女孩则更加注意自己的仪表和容貌。作为父母，要配合学校，针对孩子的特点有意识地进行行为规范、心态习惯等方面的教育和培养，树立孩子在性别差异问题上的科学观念。

（2）推进学习能力发展

小学高年级段的学生，重点发展的学习能力是"自我监控能力"和"数学—推理能力"，同时"符号认知—阅读能力"的培养也是此阶段的重要任务。这里主要介绍"自我监控能力"及其培养。[数学—推理能力"，同时"符号认知—阅读能力"的培养，参见本章二（三）中"小学中年级家庭教育的关键任务及指导"]。

美国心理学家调查了学习尖子生学习活动的特点，发现学习尖子生在智力上并不十分突出，也没有什么特殊才华，他们的最大特点是有极强的自我监控能力，他们经常把学习活动置于自我监控之中，知道合理地安排学习时间，知道学习的重点。他们了解自己在学习上的长处与短处，能够把主要精力放在弥补自己的弱点上，尤其是他们一般都有自己解决问题的独特策略，知道如何学习，知道遇到困难应当怎样解决。他们能够排除干扰，执着于学习过程，有明确的学习目标，为实现这一目标，宁愿牺牲其他方面。他们重视学习效果，绝不浪费时间，能在较少时间内获取最大的效益。小学高年级段是培养训练孩子自我监控能力的关键时期，家长应特别注意抓住这一时期，适时地训练孩子这一方面的能力。具体来说，可以从以下三个方面着手：

一是自我计划训练。自我计划训练是教给儿童设定长期目标、中期目标与近期目标的技术，告诉儿童如何制定切实可行的目标，设立学习目标时要注意哪些问题，怎样思考问题，并为儿童建立学习计划提供表格。

二是自我管理训练。主要训练儿童具体安排作息时间，安排学习进度及复习内容，教给儿童如何把大计划分成可控制的小计划，如何集中精力做一件事，如何在课堂上约束自己等。

三是自我反馈训练。主要训练儿童对自己的行为进行评价，对自我计划的目标能否实现、实现效果如何、自我管理的效果进行评价，并对计划与管理中的有关失误进行调整，建立更为合理可行的计划。

四　初中生阶段家庭教育的主要内容和方法

初中生的年龄大约在十二三岁至十五六岁之间，正处在人生的第二个生长高峰期，其生理、心理、思想均会发生很大的变化。因此，有人把这一时期称为人生理上的"青春期"、心理上的"断乳期"和思想上的"危险期"。本部分将从分析初中生的思想、生理、心理、年级和时代特征及相应的成长需求入手，讨论初中生家庭教育的主要内容和方法。

1. 初中生的生理特征和相应的成长需求

初中生进入青春期后，受神经系统和内分泌的影响，其成长出现"蓬勃成长，急剧变化"的局面，具体表现在身体形态的剧变、人体器官和机能的发育和完善、性成熟的出现。如身高、体重、胸围、头围、肩宽、骨盆等迅速变化，第二性征的出现及性机能的迅速发展，体内机能的健全等等。需要家长及时提醒学生注意增加营养，及时以各种形式对初中生进行性教育，同时注意初中生存在的生理发展男女之间、农村和城市之间的差别等。

2. 初中生的心理特征和相应的成长需求

初中生的生理迅猛发展，特别是脑及整个神经结构和机能的成熟和完善，为初中生心理方面迅速发展提供了物质基础；另一方面，进入初中后，新的学习和集体活动对初中生所提出的要求与他们原有的较低的心理发展水平之间的矛盾，构成了初中生心理发展强有力的动力，促使初中生的心理发展也进入了一个崭新的阶段。

比如智力的发展。主要包括感知能力、记忆能力、思维能力、想象能力等几个方面。主要表现在：观察的自觉性、目的性的出现，观察的持久性、精确性显著提高，观察的逻辑性、概括性明显增强；记忆由机械识记向意义识记转化，有意识记逐步占主导地位，记忆容量日趋扩大，由听觉识记向视觉识记转化等；思维能力的发展，如理解能力的发展、推理能力的发展、思维品质的发展等；想象能力的发展，如有意想象逐步占主导地位，创造想象开始出现，以及幻想的新发展等。

非智力因素的发展。主要表现在：初中生自我意识的特点，如自我关注意识的出现，成人感的产生，自我性别认识的深化，评价能力的提高等；初中生情感的特点，如情绪体验的强度迅速增强，情绪延续性明显增加,情绪内隐性的出现,情绪的表现形式更加丰富,情感的内容更加深刻等;初中生意志的特点,如意志的目的性显著提高,意志的持久性进一步增强,意志的果断性有了一定的发展,意志的自制性不断增强等。

初中生阶段既有前一发展阶段尚未完全转变的特点,也有新的发展阶段独有的、尚未稳定的特点。各种因素相互影响,各种特点互相重叠,构成了这一阶段独有的一系列矛盾:独立性与依赖性的矛盾,求知欲强与识别力差的矛盾,幼稚与成熟的矛盾,自觉性与易受暗示性的矛盾,闭锁性与交往欲求的矛盾,理想与现实的矛盾等。正是这种种矛盾的斗争与发展,推动着初中生心理的不断进步。另一方面,在矛盾的斗争中,他们常常处于无所适从的状态,这时外界的影响作用显得十分重要。所以,家长要看准时机,及时给予积极的教育与引导,促使积极因素战胜消极因素,使初中生健康成长。

3. 初中生的思想特征和相应的成长需求

目前,我国社会正处于转型期,新事物、新景象不断涌现,新思想、新观点也在不断产生,传统道德受到冲击,传统文化受到挑战。因此,初中生的思想特征有了新的变化。主要表现在:努力奋进与消极倦怠并存,求真务实与讲究实惠并存,重视自主与看重自我并存等等。现在,初中生在生理、心理的发展上均出现了早熟的现象,思维的批判性较之以前也出现得更早,发展得比较快,水平提高也快。当代初中生不希望老师、家长对自己管得太严,对成人的某些关心教导很不以为然,甚至非常反感。他们喜欢自己决策,不希望别人干涉,希望自己在独立处理事情时,老师家长等能给予理解和尊重。同时,当代初中生作为独生子女群体,受到各种因素的影响,为人处世往往以自我为中心,凡事常为自我利益考虑。在学校自我奋斗、自我欣赏,缺乏群体观念;在家里固执任性,不知体贴、尊重、孝敬长辈。总之,这种看重自我的意识使得他们很容易错误地把师长的教导看得一钱不值,而又把父母的关爱看成理所当然。

4. 初中生的年级特征和相应的成长要求

由于初中生处于不同的教育环境，不同年级的学生具有明显不同的特点，因此表现出一定的年级特征。

（1）初中一年级：初中新生活的适应期

小学生进入初中便开始了一种全新的生活，主要表现在：①新的环境。初一新生还带着满身的"孩子气"，对新环境很好奇、兴奋，同时又很小心、谨慎。②新的学习。首先表现在学习内容上，学科门数陡增；其次是教学方式有了改变，教师更加注意指导初一学生对教学内容进行独立思考、自我安排，听课时试着做笔记。③新的老师与同伴。初中任课教师更多，师生间的亲密程度也有所改变。

初一学生刚接触上新的生活时，他们虽然有新鲜感、好奇感，但同时也会产生陌生感、胆怯感和不安感，进而会出现人际交往中的失落、烦闷、孤独和学习进程中的紧张、不适、焦虑。这一系列新的刺激促进初一学生心理迅速调整和提高，以尽快适应初中阶段新的学习与生活。

（2）初中二年级：转折中的分化期

进入初二以后，孩子发生新的质变。具体表现在：身体急剧成长，进入高峰期；第二性征产生，性意识萌发，成人感产生；学习成绩、思想品德方面动荡分化明显。在初二阶段，有些学生，甚至有些在小学和初一阶段成绩平平的学生迅速脱颖而出，学习成绩迅速提高，并且沉着自信，志向远大，情绪稳定，热爱学习，荣誉感、责任感健康发展。而另一部分同学在初二时则会出现学习的大退步，并由此失去学习的自信和兴趣，从而不思改进，消极应付，甚至沾染上一些坏习气、坏毛病，由提心、焦心到伤心、痛心。从这个意义上讲，初二阶段是人生的一个重要的十字路口，是发展高峰中的高峰。家长对此一定要有充分的认识，千万不可"初一放，初二松，初三再来敲警钟"。

（3）初中三年级：人生道路的选择期

升入初三，面临毕业，许多道路摆在面前：是读高中升大学？是学一技之长？还是谋职业自食其力？初三学生经过初二的动荡分化，身心发展趋于平稳和初步成熟，情绪稳定，认识能力已接近成人。对未来的选择，虽然家长的意见起着很大的作用，但家长对初三的学生绝不可完全越俎代庖，主观武断地决定一切，而是应倾听他们的意见，对于不同意见应该平等地商讨，以取得一致。如果这一重要问题处理不当，学生就会有被迫感，对初三阶段的学习失去应有的目标动力，以致学无成效。

按照动机的强度，可以把初三学生分为三类：第一类是强烈的动机型。这部分学生学习成绩大部分不错，他们多选择升高中考大学的道路，近期目标就是能考进重点高中（在一般中小城市很普遍），认为进了重点高中就等于向大学迈进了一只脚，所以这部分学生大多"两耳不闻窗外事，一心只读圣贤书"。第二类是中等动机型。这部分同学目标是考入中专、职高等学校，这在农村中学生中很多见。他们很刻苦、很努力、很自觉，学习成绩比较稳定，心态也比较正常。第三类是低动机型。这部分初三学生，或因基础差、学习困难，或沾染一些坏毛病、坏习气，好逸恶劳，认为学习无用途，想着去打工。这部分学生不专心学习、不努力，轻轻松松地混日子。他们认为自己无法考中专，也不打算考高中。对这部分学生来说，初三可能是他们终生所受的最高教育。这一部分同学，也是家长和教师应该重点关注的人群，多关心他们，引导他们，以避免走上歪路、邪路。

5. 初中生的时代特征及其成长需求

社会的快速发展，新的社会形势对初中生的身心发展打上了鲜明的时代烙印。

（1）生理成熟有所提高，心理成熟相对落后

由于物质生活水平的大大提高，改善了青少年的营养状况，特别

是改革开放带来的多渠道、多色彩的信息使当代初中生出现了与以往同龄青少年不同的特点。生理上的早熟便是其中之一。有资料表明，现代青少年的生理发展比其祖辈早熟2—3年。但是另一方面，心理的早熟现象却并不明显，心理发展要稍晚于生理的发展。生理早熟，性意识提高觉醒，而初中生的生活经验、知识水平、认识能力、自我控制能力等方面还相对较低，从而不能正确处理青春期出现的各类问题。

（2）独立性有所增强，依赖性尚很严重

进入初中后很少见传统印象中的"听话的乖孩子"了，出现了更多的"自以为是"的学生。他们对人对事逐渐有了自己的观点，而不再对教师惟命是从。有些学生甚至试图去改变、改造成人。在这种心理支配下，有些初中学生稍不如意便离家出走，结伙外出闯荡。尽管在思想认识上独立性增强，但生活中的依赖性现象仍很严重，特别是那些从小衣来伸手、饭来张口、缺少劳动锻炼和挫折磨炼的独生子女。

（3）性格上具有开放性，认识上具有片面性

同过去相比，一方面，现代初中生视野有所开阔，知识面有所拓宽，接近事物的倾向更大、能力更强。在一些训练有素的教师的引导下，课堂上可以看到，现代的初中生大都乐于发表自己的意见，敢于提出各种各样大胆的问题，这对于丰富知识、扩大眼界、培养创造性均有重要的意义，表现出现代初中生发展水平上的一大进步。但另一方面，初中生认识能力的发展水平却还十分有限，博采众长、广泛吸取的能力和去粗取精、去伪存真的能力还很弱，因此，他们往往是仅凭一时兴趣和需要，不分美丑真伪地囫囵吞枣、兼收并蓄。有时家长越进行说服教育，他们的逆反心理越明显，到最后甚至对立和对抗。因此，家长对初中生思想认识的教育一定不能随意和轻率地进行，否则只能适得其反。

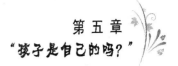

(4) 交往上更具广泛性，情感上仍带冲动性

现代初中生交际对象有所扩展，更加复杂；交际范围有所扩大，更难控制；交际内容有所扩充，更加丰富；交际动机有所转变，更重个性；交际影响有所加强，作用更大。一方面，现在的初中生离父母和教师似乎更远，因为他们比以前有着更广泛的活动空间。需要注意的是，农村孩子尤其是欠发达地区的农村初中生的交往范围虽然有扩大但仍很狭窄；少数现代初中生被望子成龙的家长及严师管得太紧，除了老师、家长，很少有其他交往对象。这对初中生的性格培养、社会化的完成和社会适应能力的提高均极为不利。另一方面，现代初中生在情感上的发展却没有十分明显的进步。他们在此阶段，稳定的心境仍未形成，情感丰富，但仍很脆弱，两极化明显，冲动现象常见。由于知识经验、认识水平的限制，他们在交友时往往缺少理性的分析，由着性子来，很容易产生摩擦和矛盾，因此现代初中生的交际对象变动很大。而他们对这种人际关系的变化又十分敏感，很在乎。这样会使情绪产生很大波动，或兴奋、激动、夜不能寐，或沮丧、焦虑、担忧、失望、垂头丧气，既影响身体又影响学习。此外在交往过程中由于他们比较爱冲动、少冷静，也容易被坏人利用，走上歧路。

五　高中生阶段家庭教育的主要内容和方法

高中生的年龄大约在十五六岁至十八九岁之间，是人的世界观、价值观和人生观形成的关键时期，也是一个人一生学习生涯中最艰辛、最重要的时期，是人生重要的转折点之一。人们通常把这一阶段称为"长大未成人"阶段。我国大部分高中大都实行住宿制，这为高中生的家庭教育带来了新的问题和挑战。作为家长，应及时了解孩子的学习和身心发展状况，及时与学校老师进行沟通和交流，帮助孩子走好其人生的关键一步。

1. 高中生的生理特征

经历了初中阶段生理发育的"突飞猛进"之后，大部分学生在高中阶段进入青春期的第三阶段，即进入缓慢增长和机能完善时期，其主要发展特征表现在以下三个方面：

（1）外形的变化

进入高中后，男女生身高在迅速增长后趋于稳定。体重的增长反映在身体内脏的增大、肌肉的发达以及骨骼的增长和变粗上。18岁时，男生的身高接近成人水平，体重与胸围也接近最高值；女生体重、胸围则已达最高值，身高停止增长，但仍要注意膳食的营养和适当的锻炼。第二性征成熟。到高中阶段结束，由于性的成熟，第二性征在男女生身上发育完毕，并有明显的性别差异。在男性身上，第二性征主要表现在声音低沉，喉结突出，体格高大，肌肉发达，胡须，腋毛，阴毛浓密等；在女性身上，主要表现为嗓音细润，乳房成形，骨盆宽大，臀部变大，腋毛，阴毛浓密等。这些特征基本与成人相同，性状与功能都已成熟。高中生的整个体形已经比例协调，特别是头部几乎不再生长。

（2）体质机能的增强

高中阶段后期，学生的心脏重量接近成人水平，心脏收缩能力提高，心血管功能不断增强，心率逐步下降，胸围、胸腔的扩大，肺活量14岁时急速发展，19岁时可达到成人水平；骨骼生长趋缓，肌肉纤维的生长由纵向为主转为横向为主，肌肉纤维横断面增大，肌肉体积增加，弹性增强；高中生的神经系统发育基本完成，大脑的容量与重量增长不明显，大脑的结构与成人的大致相当，功能接近，智力水平接近成人状态。专家认为，脑和神经系统要到20—25岁后才完全成熟，所以，在这个阶段要特别加强脑机能的开发和锻炼。

（3）性的成熟

进入高中以后，高中生性激素增多，性腺发育成熟；性器官发育成熟，具有同成人一样的性征，已具有了生育能力。女生性器官发育处在直线上升的后期，一般到 18 岁时，其性机能已基本成熟；高中男生性器官发育滞后女生约一年，但到 18 岁时性器官及其机能也接近成人水平。作为家长，应及时有效地对孩子进行性的基本知识教育，掌握科学性知识，解除性好奇、性神秘，避免性过错。

2. 高中生的学习心理特征

学习是高中生最主要、最重要的任务。家长了解其学习的特点和规律，对于配合学校做好孩子的教育引导工作具有重要意义。

（1）智力的发展

高中生智力的发展，主要表现在注意力、观察力、记忆力、想象力、思维力等方面的发展变化和完善上。其中思维力是智力的核心，其发展水平直接影响到个体的智力状况，逻辑思维的发展是高中生智力发展的主要特点。

高中生思维力的主要特征：抽象思维已具有充分的假设性、预见性和内省性，形式逻辑思维处于优势，辩证思维迅速发展，整个抽象逻辑思维的发展在高中阶段进入成熟期。

高中生注意力的基本特征表现为：注意稳定性增强，有意注意可以达到 30—45 分钟；注意的范围扩大；注意的分配和转移能力提高，大部分学生养成了"开始学习即能集中注意"的好习惯。

高中生观察力的特征表现为：目的更加明确；持久性明显发展；精确性提高；概括性更强。

高中生记忆力的特征表现为：有意记忆占主导地位；理解记忆成为主要的记忆方法；抽象记忆占优势。

高中生想象力的发展特征表现为：有意想象逐步增强；想象的创造性成分不断增强；想象更富于现实性。

（2）非智力因素发展的特征

影响学习的非智力因素包括兴趣、爱好、需要、动机、情感、意志等几个方面，这里主要探讨高中生的学习动机、情感和意志等方面。

学者研究发现，高中生的学习动机有七大特点：①内部动机占优势，高一好于高二、高三，外部动机高二表现最强烈；②间接动机起到主导作用，指向学习过程和内容的动机退居第二位；③获得地位是高中生的主导动机，是高中生成就动机的生动表现；④学习动机的概括性增强，抽象动机逐渐占优势；⑤长期动机占主导地位，近期短小、具体的动机退居次席；⑥正确学习动机成为主流；⑦学习动机的稳定性增强，动机持久、深刻。高中生的学习动机是在波动中发展的，家长应及时与学校老师进行沟通，了解其学习动机的动向，积极配合学校对其有针对性地教育和引导，使其学习动机持久、向上，从而符合个人和社会的利益。

高中生的情绪、情感具有两极性色彩，而且内心体验变化极大，带有闭锁性，不易被人发觉。他们的情感体验比初中生更加丰富、深刻，高级情感日益占主导地位。其情感的自我调节、控制能力不断增强并能够体验到自己和他人的情绪和情感。他们的情感具有内隐纹饰性（即表里不一，有的还会"逢场作戏"）、曲折（两极波动性）特点。在情绪体验上，高中生不仅在情绪的延续性方面表现得比初中生更加稳定，而且情绪更加丰富、复杂，情感内容的社会性也日益增加，并逐渐形成了许多有明确道德意识的社会性情感。在理智感发展上，高中生学科兴趣分化更明显，能够结合自己的志向，今后拟从事职业的需要去学习，产生与其兴趣、志向相投的情感体验，并把这种体验变成一种学习的动力，促使他们更深入、主动地扩大自己的知识面，从中感受快乐。高中生对美的体验更深入一步，能注意把握美的内在质量，注意到心灵美的重要性，但也显出盲目性的特点。在异性交往上，产生"爱情"的萌芽，一旦对某个异性产生好感，就会增加接触次数，将情感进一步深化。

高中生的意志品质已经有了较好的发展，已经能够做到为实现自己的理想而进行艰苦的训练，表现出意志的坚强性。他们意志行为的自制能力也有了显著提高，注重自我教育，但抗拒诱惑的能力尚欠缺。其意志的独立性还不够稳定，有时盲目、固执、任性，会简单模仿，还会见异思迁。

3. 高中生个性发展特征

高中生的各种个性品质趋于稳定和成熟，而且随着认知水平的提高及生活经验的积累，在个性发展上也出现一些新特点。

（1）自我意识高度发展

高中阶段正是一个人开始考虑自己人生道路的时候，所以一切问题是以"自我"为核心开展的，又是以解决好"自我"这个问题为目的的。如，高中生特别注意自己在班集体中的地位并能掌握一定的原则，按照一定的思想、目标去参加集体活动，形成自己的"非正式群体"；在交友中，具有一定的选择性，往往容易选择兴趣相投、性格相近，在理想、信念、世界观上比较接近的人。

（2）价值观的逐步确立

价值观是个体对自然、社会、人生问题带有根本性的总观点，它的形成是由人的知识水平、生活环境等方面决定的，同时受人的情感意志、理想动机、立场态度等个性因素所制约。高中生的价值观有以下几个方面的特点：对理论问题兴趣浓厚，热衷于哲学探讨；人生意义问题成为价值观的核心，开始探究社会与自身的相互意义；价值观的个性色彩鲜明；价值观缺乏稳定，容易发生改变等等。

（3）自治需求

高中生自治的需求主要体现在行为、情感及道德评价等方面。在行为上，他们要求独立决定涉及个人的各种问题，希望有一定的行为自由；在情感上，希望能独立体验和选择个人爱好；在道德评价上，希望能以自己的评价标准为依据，独立评价自己、他人的行为及社会事件。主要表现在以下几个方面：在与父母的关系上不仅希望作为独立的个体存在，更希望与父母站在同等的位置上探讨和决定某些问题，与父母和睦相处；在选择就业或升学问题上希望按照自己的意愿做出自己的选择；对待现实社会，因为理想主义与看待问题的片面性，会有较为强烈的不满。

4. 高中生身心发展的教育需求

由于现代社会人们物质生活水平的提高，高中生的生理成人化有提前的趋势，他们生活的特点是在半社会化的人际关系中建设自我。这对家长提出了新的要求。下面主要分析高中生人际交往中，涉及与父母交往、与老师交往、与同伴交往和与异性交往时的教育需求。

（1）与父母交往

高中生对父母的崇拜、依赖、顺从减弱，要求独立地解决涉及他个人的问题，要求父母尊重自己的意愿和情感。目前，高中生与家长的交流是学生被动、家长主动。许多家长会对孩子提出这样那样的要求，每天总是唠叨孩子的学习、生活、社会交往等大大小小的事情，家长十分累。由于孩子和家长不能取得沟通、交流，家长往往把个人的意志强加给孩子，导致孩子逆反情绪的产生，从而产生所谓的代沟。

作为家长，要用爱心架起和孩子沟通的桥梁。应该设法让孩子懂得：父母是这个世界上最爱他的人，父母管他太多，是因为对他爱得太深；遇到与父母意见不一致时，应该尝试换位思考，将心比心，以便达成共识；同时要让孩子知道父母最大的期望是希望孩子早独立、早成人、早成事、早成才，这才是对父母真正的"大孝"。

（2）与老师交往

师生交往是学校中最基本、最重要的人际交往。多了几分"见识"的高中生已经不像小学和初中那样听话，具有了反叛精神。作为家长，应如何引导这些有了独立意识的高中生与老师交往呢？

首先，要引导学生尊重老师，尊重老师的劳动。要让他们认识道：老师几乎是把所有的知识都无私地、毫无保留地教给学生。如果老师希

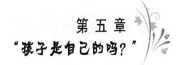

望得到回报的话,那就是希望看到学生成长、成才。

其次,要引导学生勤学好问,虚心求教。勤学好问不仅直接使学生受益,加深对知识的理解,还会加深和老师的交流,无形中就缩短了与老师的距离,加深师生之间彼此的了解和感情。

再次,要引导学生正确对待老师的过失。世界上根本就没有"零缺点"的人,老师也是一样。有的老师观点不正确,方式、方法欠恰当,有的看起来"架子"比较大,或是太严厉等等,这些都是可能的,一定意义上,也可以说是正常的。告诉学生,要对老师的过错持理解的态度,向老师提意见语气要委婉,时机要适当。也可以通过写字条、书信等方式和老师进行书面的交流和沟通。

(3)与同伴的交往

与同伴交往是一个人社会化的重要途径。有人对现代中学生的交往提出了"七互"原则。

"互学":朋友交往,自然会互相模仿,不知不觉、潜移默化地互相影响,这是一种自觉不自觉的互学。孔子说:"三人行,必有我师焉。"向人家学习,重要的不是向谁学,而是发现可学的东西,只要发现可学的东西,不管你是谁,不管你现在是否优秀,自己发现一点,学习一点,日积月累,就会不断提高。"互学"是友谊的基石,"互学"做得好,彼此之间的情感也会更加坚实、加深,情感加深了,互学的吸引力就更强了。

"互通":交友之后,首先是情感互通,接着是信息互通。作为中学生,信息互通有时比情感互通更重要。作为朋友,能够把自己最新得到的某一点新知识、新信息准确、快捷地传递给对方,不仅会丰富对方的知识库存,而且还会促进双方的感情。把最新掌握的知识,作为一种信息传递给朋友,就是给朋友增添了一种立身处世、适应社会、发展自己和最终推动社会的力量。这对朋友是一种最有力的提高和推动。

"互助":主要指的是朋友之间的取长补短。将自己的长处,在互助中让朋友认识，然后教其"取"，教其"补"，最后使你的长变为他的长。这样的互助，就能够形成你追我赶、共同提高之势。当然，做朋友，生活上的互相关照也是必需的，但它不是互助的主要内容，如果成了主要内容，就会降低朋友友情的档次。

"互励"：相互鼓励是朋友间常有的事情。同道而行，一方落后、遇到困难时，要及时打气加油，让他跟上，继续并肩而行。特别是当朋友最后努力一下就要达到目标时，及时给他鼓励，促使其拿出最后努力一下的行动，因为胜利往往就是再坚持一下。

"互促"：可以理解为督促和催促。朋友最讲你追我赶，齐头并进，任何一方的成功都会对朋友产生"促"的作用。走在前面的对走在后面的是一种"促"；走在后面的宣布一声我要超过你，对走在前边的也是一种"促"。这样的互促，能产生一种极为良好的心态，而且，这种促进是发自内心的，显得厚实、纯正，是自信的表现。

"互让"：朋友在利益、荣誉面前互让，是一种高尚的行为。但朋友有时会成为工作上的对手。这时就要毫不相让地较量，因为只有较量，才能出成绩、创纪录。这时的较量是对对手的尊重、对竞争的尊重，也是对观众的尊重。大度礼让和毫不相让是交友中重要的两个方面，处理得好，则可以面面生辉。

"互敬"：朋友互敬，贵在得体。绝不是你好、我好、大家好，皆大欢喜。互敬不要敬在口头，而要敬在心里；互敬不在一时，而在一生；互敬不在言辞，而在互敬的行动中。

（4）与异性的交往

高中生在情感上处于情窦初开的年龄，进入异性交往的眷恋期，彼此之间会产生好感。如果不注意引导，这份感情就会不合时宜地向着恋情的方向发展；如果打击堵截，又容易造成极度地反叛，结果适得其反，加剧畸形情感的发展。作为家长，在这一关键时刻，应从理解、关爱和引导的立场出发，帮助学生分析早恋的危害，并引导他们正确地处

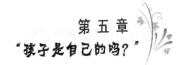

理与异性的交往和情感问题。

首先，进行价值澄清，帮助他们正确认识异性情感和早恋危害。对待高中生对异性的爱慕心理，家长应该认识到这是人生发展阶段的正常现象，不能与成人世界的爱情相提并论，因为此时他们还没有稳定的心理状态，也不具备承担责任的能力。对待学生的早恋行为，家长也没有必要大惊小怪，视为洪水猛兽，更要提防弄假成真误解了孩子纯真的同学感情；同时，应让学生认识到早恋对双方的学业和未来人生发展的不良影响。

其次，配合学校，进行青春期教育活动，深化高中生对异性情感的理性认识。家长可以结合一些案例，引导学生阅读一些青春励志的书籍，组织家庭交流会、谈心会等与孩子交流认识、思想，并进行讨论。切实让孩子感受到青春时光的美好，增强学习的动机和动力，使孩子的情感向着正确的方向发展。

再次，加强高中生性知识的教育，帮助形成正确的性观念。男女高中生性的日益成熟，往往使个体的心理产生一系列微妙的变化，如羞涩、不安、好奇、恐惧等，甚至一定程度的性行为也是客观存在的。家长结合学生的身心发展特点，采取适当的态度，适度地对孩子进行有关的教育引导，可以帮助他们通过科学的渠道来获取性的知识，树立正确的性观念，形成正确的性道德。

启迪与指导：

1. 成功家庭教育实践告诉我们，家庭教育目的的确立有两个基本原则：一是孩子的实际；二是社会的需要。要将孩子个性的发展融入社会的需要中，在孩子实现个人自我价值的同时，也为社会做出贡献，成为社会所需要的人。

2. "种田"专业户、"养殖"专业户等，之所以成为专业户，是因为他们对种田、养殖有专门的知识，掌握了种田和养殖的内在规律，并遵循规律去种田和养殖。教育好孩子，同样需要家长了解孩子成长、发展的专门知识和内在规律，并自觉遵循规律去实施，这样孩子才会发展得好。家长就会成为合格的、优秀的教子"专业户"。

3. 中国的学校教育在各个学段的衔接教育是缺乏的，而家长对孩子是最了解的。所以，在每个学段的开始，家长应及时与孩子的班主任及任课老师进行联系和沟通，让老师及时了解孩子的状况和特点，以尽最大努力保证学校教育的连续性和针对性。

4. 家庭教育最关键的学段是学龄前和小学阶段。此时孩子形成了好的习惯、养成了好的品质，后来的家庭教育将事半功倍；反之，忽视、放松了此时孩子的家庭教育，不仅增加了将来家庭教育的难度，而且有可能错过对孩子的品质和能力培养和发展的最好时期（即成长中的"关键期"，将在第六章中详述）

5. 没有一个家长是不爱自己孩子的。但过度的关爱，很有可能造成溺爱；过度的无原则的放纵，是对孩子成长的不负责任。作为家长应该时刻"关注"孩子，而不要"关住"孩子。

"树大自然直?"

——孩子关键期阶段成长与教育

摘要：主要介绍孩子关键期成长阶段特点及家庭教育对策。

故事与资料：

树大自然直吗？

　　"树大自然直，人大自然长。"这是某些父母的口头禅。有这种思想的父母，并不是不爱自己的子女，但却马马虎虎地放弃了教育的权利和义务，对孩子放任自流、不负责任，这种态度和做法是极其错误的。古人说："养不教，父之过。""玉不琢，不成器；人不学，不知义"。正是批评这类家长的警句。他们为什么会对孩子采取放任不管的态度呢？究其原因，不外乎这样三方面：第一，他们认识不到教育子女的重要性；第二，不懂得应该如何对子女进行教育；第三，对子女缺乏真正的爱的情感。正因为这样，他们才认为家庭教育是可有可无的事，似乎他们的责任就是给孩子吃饭穿衣，至于孩子如何成为有用的人，他们从不关心。比如，孩子思想品德怎样，智力发展如何，经常同什么人交往，在幼儿园表现怎样，经常到什么地方玩，等等。这些问题，很多父母是回答不上来的。有些还很小的孩子就经常在公共场所游来逛去，父母不以为然；有的孩子常在外面跟小朋友打架，父母从不介意；有的孩子跟一些品质不好的人胡混，父母不闻不问；有的孩子偷了家里的钱，父母只是轻描淡写地说一顿了事；有的孩子很小就学着抽烟、喝酒，父母也不加管教。所有这些事例，都说明这类父母对子女的成长处于一种麻木不仁的状态。当然，自然发展并不完全会使孩子变坏。但是在当前社会生活极其复杂，青少年犯罪非常严重的情况下，任其自然发展而不加管教，往往使孩子从小沾染上一些坏毛病或认识一些坏人，从而为长大堕入犯罪的泥坑创造了条件。这样的家庭，已经是屡见不鲜。

[资料来源：《树大自然直吗?》（http：ll zhidao. baida. com）]

解析：

心理学研究已经证明，像所有的物种一样，人的成长和发展也是有规律的。比如说，人的成长和发展的顺序性规律，就是指人的生理、心理等方面的成长和发展是遵循一定顺序的，我们不能拔苗助长；又如，人的成长和发展的不平衡性规律，说的是人的生理、心理等方面的成长和发展不是平均分配的，而是在不同的阶段、不同的方面发展的类型、速度、强度等方面是不同的，如人的身高、体重及大脑等的发展；再如，人的成长和发展的差异性规律，说的是正像世界上没有完全相同的两片树叶一样，也没有完全相同的两个人，这就需要我们对症下药、因材施教。遵循以上的规律，就会促进人的成长和发展；否则，就会影响甚至阻碍人的成长和发展。所以，学习和掌握儿童成长发展的关键期理论，对于促进儿童的积极健康成长大有裨益。

一 关键期理论与实践

(一) 关键期及相关理论的提出

关键期即关键年龄，最早是奥地利的劳伦兹（K. Z. Lorenz）发现的。在动物早期发展过程中，某一反应或某一组反应在某一特定时期或阶段中最易于获得，最易于形成，如果错过这个时期或阶段，就不容易再出现这样的"好时机"，这个关键的时机即所谓的"关键期"。

我国最早的教育专著《学记》在总结教育的时机时写道："当其可之谓时。"意思是：正当人们接受教育的时候开始进行教育。这里的"可"就是接受教育的适宜性，"可"这种基于特定身心成熟基础上的发展态势即教育的最佳时机，实质即关键期。

在国外，"关键期"最早出现在实验胚胎学中，当时科学家发现某些细胞在特定的生长时期移植，会受到侵入的化学物质的影响。而早于或晚于这一时期都不会。有些细胞在特定的生长时期移植，会呈现寄生部位组织特点并繁衍下去，但是先于或错过这段特殊时期，就会枯萎。关键期指的就是这段特殊时期。

关于关键期的假设有以下几种含义：[1]（1）在关键期内，机体对某种特殊的环境刺激有特殊的反应；（2）在关键期内，有助于语言发展的同种同量的刺激，在关键期外不能产生同等的效果；（3）关键期内的学习是稳定的，是非关键期的学习所不能替代的，即有不可逆性；（4）关键期的出现与结束由生理成熟来控制，关键期内和以后的学习，在各物种中具有普遍性。

---

[1] 杨崇明编译：《关于语言发展的关键期问题》，《心理发展与教育》1990 年第 2 期。

（二）与关键期有关的实践

在胚胎早期发育阶段，组织尚未分化，其发展由位置所决定。例如，可以将要发展成为神经系统的神经沟，在胚胎发育的早期移植到胚胎的另一个位置，其后它将在一定程度上与新组织一致发展，并在形态上也不同于在原定位应获得的样子。这样，本来预定变成神经组织的一部分在移植以后就变成皮肤组织了。但是，如果过了这个时期再进行移植，就不能发育成新的组织了。

再如蜜蜂，在雌幼蜂的整个发育过程中若以王浆为食则变成蜂王；而在雌幼蜂出生大约两天半后一直以蜂蜜和花粉为食的则发育成工蜂；如果在雌幼蜂生长期较晚的时候，再继续以王浆为食，则将产生一种介于蜂王和工蜂之间的个体。[1]

1920 年，在印度发现的 8 岁狼孩卡玛拉，由于错过语言发展的关键期，虽然牧师辛格精心照料训练长达九年，到 17 岁病死时，其智力仅达到 3 岁半儿童水平。

1967 年，贝赛尔（Basser）基于临床观察得出结论，在成人身上造成严重、持续性失语症的创伤，在儿童身上只会造成短暂轻度的语言损失，儿童能够恢复语言能力，表明右脑具有学习语言的潜能。这种潜能在儿童成长末期就消失了，所以脑部受到同样创伤的成人再也不能学习语言了。

我国心理学家李慧桐在生理成熟与最佳学习期的研究中，发现"成熟早期"（指 10% 的小儿在自然条件下达到该项动作的年龄）作为该项动作早期训练学习的关键期，这一原则对于学习语言、训练适应性行为、个人社会行为等都是适用的。

---

[1]　陈立华摘译：《个体发展的关键期》，《教育研究与实验》1986 年第 1 期。

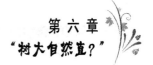

二　大脑发育关键期的特点与教育

0—1 岁是乳儿期，是大脑发育的关键期。人类的平均脑重是 1350—1400 克，脑是优先发育的。新生儿脑重 390 克，第一年脑重增加最快，以每天 1 克的速度递增，第一年末的发展达到出生后需要发展的 50%。3 岁时脑重发展到 900—1011 克，6 岁时已达到 1280 克，约占成人脑重的 9/10，可以说 6 岁时大脑已基本发育成熟。科学研究证明，大脑发育的关键期是出生第 5 个月到第 10 个月。然而，在现实生活中，人们常常忽视 5—10 个月儿童的教育。作为家长应从以下两个方面特别注意，以促使孩子大脑的发育。

首先，对 5—10 个月的乳儿，母亲应通过全面、营养的膳食给孩子提供质量较高的母乳，母乳和蛋白质含量较高的食物可以提供细胞的化学成分，从而保证儿童脑细胞的机能活动，这将直接影响儿童的智力。

其次，此年龄段的儿童生理发育是主要任务，许多父母认为给婴儿吃饱喝足和保证睡眠就足够了。其实，该阶段环境刺激的丰富与贫乏跟儿童脑生理的发育有密切关系，并且直接对智力产生影响。有人研究家庭中环境刺激的质与量对儿童智力发展的影响，发现六个月的婴儿智力水平和母亲交往所花的时间有很大关系，生动的社会性刺激比不生动或玩具类的刺激对婴儿心理发展更为有利。这种情况已在白鼠的对比试验研究中得到证实，即解剖在刺激丰富的环境中生活的白鼠和在贫乏环境中的白鼠，发现前组白鼠脑细胞的轴突和树突均比后者的要粗、要多。因此，这一阶段对乳儿的养育，除了供给生长发育所需的物质养料外，还要提供心理发展的精神养料，即丰富的外界环境刺激，如：适宜的声、光刺激和各种社会性刺激，具体包括：音乐、成人的交谈声、合适的阳光及成人对乳儿的爱抚等。

三　语言发展关键期的特点与教育

1—3 岁，是婴儿期，是儿童语言发展的关键期。1 岁至 1 岁半是儿童积极理解言语时期，这时儿童虽然自己发出言语不多，但理解成人言语能力发展迅速。儿童最初说话都是单个的词，用一个词表达一个句子的意思。到后来能说出完整的句子表达思想，由说得少发展到说得多。到 3 岁时词汇量已达到 1000 个左右，是言语发展的加速期，基本掌握了语法规则，成为颇具表达能力的"谈话者"。作为家长，在儿童早期语言教养中要注意以下几点：

（1）丰富儿童生活，多给儿童以言语交际的机会。可通过各种活动、谈话、讲故事、唱歌等来增加儿童和成人或小朋友的交往。

（2）不断扩大和丰富儿童的言语。通过组词、造句、看图说话、幼儿游戏等来扩大和丰富儿童的词汇量。

（3）培养儿童正确的发音。对孩子发音错误、缺陷不要嘲笑、模仿，而要通过正确的口型示范或发音训练来矫正。

（4）鼓励儿童用词恰当、准确地说出完整的句子。对儿童错用的量词、形容词等要及时纠正，如："一匹马"而不是"一头马"，"动物肥"而不是"动物胖"等。同时，还要求儿童说出完整的句子。有一双生子研究表明：一对经常不和他人来往的双生子，他们之间常常是只说"半句话"，就可以相互了解，其结果却妨碍了口语的发展。这种现象在其他幼儿中也较普遍。

四　智力发展和个性形成关键期的特点与教育

3—6 岁是幼儿期，是智力发展和个性形成的关键期。

研究表明，人类智力发展速度有时快有时慢，在某一时期对外界刺激特别敏感容易接受特定的刺激而获得某种智力。书面语言发展关键期在4—5岁，数量概念获得的关键期在5岁至5岁半，词汇能力发展的关键期在5—6岁，如果这些能力在关键期得不到发展，就会使智力发展受到阻碍。美国著名心理学家布鲁姆认为，5岁前是智力发展最为迅速的时期。瑞士心理学家皮亚杰也认为，从出生到4岁是智力发展的决定性时期。如果把17岁所能达到的普通水平看作100%，那么从出生到4岁就已获得50%的智力，4—8岁可获得30%，最后20%的智力则是8—17岁之间获得的。

个性形成一般在17岁左右，但个性形成的关键期则在幼儿阶段。幼儿最初意识极为单纯，行为习惯也不固定，加上他们在生活中，特别是心理上对父母的依赖和爱慕，使得成年人的行为举止、思想品质很容易在他们幼小的心灵留下深刻的烙印。他们从家庭成员间、邻里间及幼儿园老师之间的道德、精神和心理等方面接受熏陶，逐步形成善与恶、真与假、好与坏、是与非的最初概念。学会如何对待周围的人和事，知道应当做什么，不应当做什么。这个时期的基础打得好坏，将决定儿童成为一个什么样的人。正如马卡连柯所说："主要的教育是在5岁以前奠定的，你们5岁前所做的一切，等于整个教育过程90%的工作。"

把握做人的方向，奠定良好的思想品质基础是个性形成的重要方面。从小培养儿童的自信心、责任感和荣誉感也是儿童个性形成的重要方面。幼儿在与成人和同伴的交往中，自我意识有所发展，已对自己形成某种看法。如果一直受到周围人肯定的积极的评价，往往会对自己产生一种满意感、自信感，而受到周围人否定的消极的评价，就容易产生一种自卑感、孤独感。美国心理学家埃里克森认为，个人未来在社会中所能取得工作上、经济上的成就，都与幼儿阶段的自信感发展程度有关。另外，幼儿期末，儿童已养成一套行为习惯，个性倾向性和个性心理特征已初步形成并很难破坏。

3 岁至 6、7 岁幼儿期的主导活动是游戏。游戏不仅可以扩大儿童的知识面，掌握必要的生活和学习技能，还可以调节和治疗儿童情绪失调的行为问题。可以促进儿童的想象力、创造性、耐力和持久性、灵活性以及人与人的交往能力，儿童最初的智力和社会认知是在游戏中得到发展的。因此，作为家长应当与儿童多开展丰富多样的游戏活动和形象化教育。通过游戏活动，培养幼儿与同伴友好合作、谦让，为别人着想、讲礼貌等优良品德，在活动中使幼儿学会控制自己的情绪和欲望。同时，还要为他们提供丰富而适宜的智力玩具，耐心热情地回答幼儿提出的各种问题，并经常结合幼儿实际向他们提出一些智力问题，培养他们从小爱思考、爱观察的习惯；还要通过听故事、讲故事以及各种文化课培养幼儿言语表达能力，丰富词汇量，发展连贯性语言；在完善句子结构的同时，可以有计划地学习一些书面语言。

五　学习品质和道德品质培养
关键期的特点与教育

六七岁至十一二岁是童年期，是儿童学习品质和道德品质培养的关键期。

进入小学阶段，儿童开始接受系统正规的学校教育，他们的生活环境发生了一次重大变动。从备受家长和成人保护的幼儿一下子成为独立完成学习任务、承担一定社会义务的小学生。社会地位的变化、承受环境压力的变化，都促进了儿童心理品质产生质的飞跃。在学习过程中，教师虽起指导作用，而学生是学习的主人。小学阶段是打基础阶段，是培养学生学习品质、养成良好学习习惯的关键期。

综合国内外众多对学习心理的研究，我们认为学生的学习品质有：
（1）学习的目的性和方向性；（2）学习的主动性和计划性；（3）学习

的广阔性和深刻性；（4）学习的灵活性和批判性；（5）学习的实践性和创造性。这五个学习品质分别是从学习动机理论、知识结构理论、学习迁移理论、学习内部矛盾转化理论，以及理论和实践的关系等一系列规律中总结出来的，其中最重要的品质是学习的主动性。学生一旦具有良好的学习品质，才能真正成为学习的主人。埃里克森认为，许多将来对学习和工作的态度和习惯，都来源于幼儿阶段。作为家长，应了解和理解学生学习品质形成的这些规律和特点，在配合学校进行教育工作时，重点把学习习惯和学习品质的养成作为重中之重的大事。因为，良好的习惯将是成功的一半。

道德品质的形成是各种心理成分协调发展的过程。皮亚杰通过大量研究，认为儿童道德发展大致分为两个阶段：10岁前儿童对道德行为的思维判断主要是依据他人设定的外在标准，称为他律道德；10岁之后，儿童对道德行为的思维判断主要是依据自己的内在标准，称为自律道德。儿童的品德发展有如下特点：（1）逐步形成自觉运用道德认识来评价和调节行为的能力；（2）自觉纪律的形成和发展在小学品德发展中占有相当显著的地位；（3）三年级下学期是小学品德整体发展的转折期，即小学品德发展的关键期。由于人类道德认知发展是先他律后自律，因此要培养儿童的优秀品德，应先教儿童遵守既定的行为规范，教他们在适当的场合表现适当的行为。对于家庭来讲，父母应首先制定出明确可行的道德规范和规则，让儿童照着去做。随着认知发展接近成熟，儿童具有判断是非的自律性道德认知，才能懂得道德的含义。

六　自我意识发展关键期的特点与教育

十二三岁至十四五岁是少年期，是个体从童年向青年过渡的时期，是其自我意识发展的关键期。

自我意识是一个人对自身的意识以及自身与周围关系的意识，是一个具有多维度、多层次的复杂心理系统。从形式上看，自我意识表现为认知的、情感的和意志的三种形式，分别称为自我认识、自我体验和自我调节；从内容上看，自我意识又分为生理自我、社会自我和心理自我。心理学家从人格发展的角度提出自我意识发展模式是，个体从出生到3岁这一阶段属于生理自我，又称为自我中心；从3岁到十三四岁是社会自我，个体在社会化的过程中产生自我实现的需要，在成就动机的推动下努力学习，以实现符合社会期望的社会自我，这是个体接受社会文化影响最深的阶段，也称为客观化时期；从青春期到成年大约10年时间是心理自我阶段，故称为主观化时期。

少年期的儿童半成熟、半幼稚，是独立性与依存性并存交错的时期，生理上的急剧变化和学习活动的变化，使少年期的自我意识有新的觉醒，从一定意义上说，是个体的"第二次诞生"。此时少年会提出：我是一个怎样的人？我从哪里来？我要到哪里去？来了要做什么？会意识到要客观地解剖自己，分析自己人格形成的原因，确定自己的发展方向并拟定自己的人生规划及实现措施。少年期提出的以上四个问题具有重要意义，用苏联心理学家维果斯基的话说就是"自我意识的发展是过渡年龄的精髓和主要成果"。它对个性在青少年期乃至整个人生历程的发展具有深刻的影响，是制约人格形成发展和重建的关键。

在此关键期，家长应特别注意尊重孩子的独立性和自尊性，充分调动起学习和活动的积极性和创造性，利用自我意识发展的有利条件，引导孩子自己教育自己；也可以利用现实生活中和艺术作品中的优秀形象来教育孩子，逐步完善他们的个性，帮助他们健康地实现人的社会化过程。

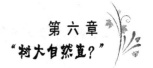

七　价值观、人生观形成关键期的特点与教育

十四五岁至十七八岁是青年初期，是价值观形成的关键期。

价值观是个体对自然、社会、人生问题带有根本性的观点。它的形成是由人的知识水平、生活环境等决定，同时受到人的情感、意志、理想动机、立场态度等个性因素制约。心理学家的调查研究表明，小学阶段的儿童已经开始对人类、自然及社会产生兴趣与疑问，但尚未形成价值观。到少年时期开始对人生意义做一些零散的具体的探索，价值观开始萌芽。进入高中以后，随着社会接触面的扩大，生活阅历的积累及文化知识的增长，随着自我意识的发展和理论思维的形成，青年初期会引起对自我在社会中应肩负的历史使命的认识，会不断加深对人生观的思考，会经常把社会中所接触到的现象提高到社会价值和社会意义上来衡量，并为此不断地开展争论，表现为对理论问题产生越来越浓厚的兴趣。高中生价值观的核心意义是人生意义问题，他们逐渐学会将个人生活目标与社会发展的总体方向相联系。

价值观的确立在青年初期的学习和生活中有巨大作用。在学生学习的动力上，童年、少年比较单纯的好奇心已失去支配地位，代之以信念和理想起支配作用。其主要原因是价值观、人生观的制约作用。正确的价值观、人生观会使学生树立远大理想、坚定信念，并进而转化为强大的学习动力，并将近期计划和远期计划较好地结合起来，朝着预定的目标奋进。而缺乏正确价值观和人生观的学生就容易随波逐流，稍有干扰就失去继续前进的动力和目标。

为把握好青年初期价值观、人生观教育的关键期，作为家长应从以下两个方面做好工作：

（1）进一步发展孩子思维的逻辑性、独立性和批判性，从"经验型"的抽象概括上升到"理论型"的抽象概括。注重培养孩子的自学能力，扩大知识面，坚定正确的价值取向。

（2）通过理想教育、学习动机教育以及日常的思想品德教育，不断增强孩子自身的社会责任感，更加自觉地把工作和学习跟国家的前途与命运以及社会的发展与进步联系起来，并不断引导他们经常按照社会化的目标来评定自己的个性，塑造良好的个性。

以上概述了人们从不同年龄阶段社会化过程的各自侧重面以及关键期教育的一般规律。但是，由于人们身体素质发育不同、家庭和生活条件不同、文化素养不同以及他们在各年龄阶段表现出的社会化特征具体到个人身上会有各自特点，家长在把握社会化关键期教育时要具体问题具体分析，因势利导，才能取得丰硕的教育成果。

启迪与指导：

1. 人类对自然界、人类社会的研究取得了丰硕的成果，但是人类对自己本身的研究是缺乏的。正如俗语所说"人贵有自知之明"。人类应加强对自己本身的认知和研究。

2. 同自然界中所有的生物一样，人类自己本身的成长和发展也是有客观规律的。遵循规律就会促进人的发展，反之，则阻碍人的发展。

3. 所有的父母都期望孩子早成人、早成事、早成才、早成功，而遵循孩子成长和发展的规律是唯一可行的途径和方法。而关键期理论就是促进儿童健康发展的重要规律。

4. 尝试学习、探究学习、体验学习等学习模式都是必要的。但人的成功和发展往往是站在前人的肩膀之上，学习人类的间接经验是孩子学习的主要任务。人类没有必要、也不可能全部采用尝试、探究、体验等学习方式学习人类的间接经验。

5. 家长必须有一个清醒的认识：几乎所有的文化学习过程都是艰

苦的、艰难的，费时费力，是枯燥的。我们能做的是让孩子用快乐、开心的态度对待艰辛和枯燥的学习；学会享受学习过程中进步的喜悦，以及对知识的重构、重建而带来的新的发现和创造带来的惊喜；还要学会等待——艰辛的努力和耕耘之后必有欣喜的收获和成果。

第 七 章

"老子英雄儿好汉?"
——父母的榜样示范作用

摘要：主要介绍家长的示范作用以及良好亲子关系的营造。

故事与资料：

莫言成长轨迹与其母亲的影响

在莫言的回忆当中，母亲是他成长中最重要的人。下面是莫言回忆母亲对自己影响的几件"关键事件"：

记忆中最早的一件事。在莫言记忆中最早的一件事，是莫言提着家里唯一的一把热水壶去公共食堂打开水。因为饥饿无力，失手将热水瓶打碎，莫言吓得要命，钻进草垛，一天没敢出来。傍晚的时候莫言听到母亲呼唤他的乳名，莫言从草垛里钻出来，以为会受到打骂，但莫言的母亲没有打他也没有骂他，只是抚摸着他的头，口中发出长长的叹息。这件事使莫言懂得母亲希望自己成为一个勇于担当有责任心的孩子。

记忆中最痛苦的一件事。莫言记忆中最痛苦的一件事，就是跟着母亲去集体的地里捡麦穗，看守麦田的人来了，捡麦穗的人纷纷逃跑，莫言的母亲是小脚，跑不快，被捉住，那个身材高大的看守人扇了她一个耳光，她摇晃着身体跌倒在地，看守人没收了他们捡到的麦穗，吹着口哨扬长而去。莫言的母亲嘴角流血，坐在地上，脸上那种绝望的神情使莫言终生难忘。多年之后，当那个看守麦田的人成为一个白发苍苍的老人，在集市上与莫言相逢，莫言想冲上去找他报仇，但莫言的母亲拉住了莫言，平静地对莫言说："儿子，那个打我的人，与这个老人，并不是一个人。"这件事让莫言明白母亲希望自己成为一个有宽广胸怀的人。

记忆最深刻的一件事。莫言记忆中最深刻的一件事，是一个中秋节的中午，莫言全家难得地包了一顿饺子，每人只有一碗。正当他们吃饺子时，一个乞讨的老人来到了他们家门口，莫言端起半碗红薯干打发他，他却愤愤不平地说："我是一个老人，你们吃饺子，却让我吃红薯干。你们的心是怎么长的？"莫言生气地说："我们一年也吃不了几次饺子，一人一小碗，连半饱都吃不了！给你红薯干就不错了，你要就要，不要就滚！"母亲训斥了莫言，然后端起她那半碗饺子，倒进了老人碗里。这件事使莫言懂得了自己要做一个充满爱心和同情心的孩子。

最后悔的一件事。莫言最后悔的一件事，就是跟着母亲去卖白菜，有意无意地多算了一位买白菜的老人一毛钱。算完钱莫言就去了学校。当莫言放学回家时，看到很少流泪的母亲泪流满面。母亲并没有骂莫言，只是轻轻地说："儿子，你让娘丢了脸。"这让莫言懂得母亲希望自己成为一个正直的人。

最担心的一件事。莫言十几岁时，莫言的母亲患了严重的肺病，饥饿、病痛、劳累，使莫言一家陷入了困境，看不到光明和希望。莫言产生了一种强烈的不祥之兆，以为母亲随时都会自己寻短见。每当莫言劳动归来，一进大门就高喊母亲，听到她的回应，心中才感到一块石头落了地。如果一时听不到她的回应，莫言就心惊胆战，跑到厨房和磨坊里寻找。有一次找遍了所有的房间也没有见到母亲的身影，莫言便坐在院子里大哭。这时母亲背着一捆柴草从外面走进来。她对莫言的哭很不满，但莫言又不能对母亲说出他的担忧。母亲看出了他的心思，她说："孩子你放心；尽管我活着没有一点乐趣，但只要阎王爷不叫我，我是不会去的。"这件事让莫言从母亲身上学会了坚强。

最纠结的一件事。莫言生来相貌丑陋，村子里很多人当面嘲笑他，学校里有几个性格霸蛮的同学甚至为此打莫言。莫言回家后很痛苦，母亲对莫言说："儿子，你不丑，你不缺鼻子不缺眼，四肢健全，丑在哪里？而且只要你心存善良，多做好事，即便是丑也能变美。"这件事让莫言学会了自信和自尊。

最放心的一件事。莫言的母亲不识字，但对识字的人十分敬重。莫言家生活困难，经常吃了上顿没下顿。但只要莫言对母亲提出买书买文具的要求，母亲总是会满足他。莫言的母亲是个勤劳的人，讨厌懒惰的孩子，但只要是莫言因为看书耽误了干活，她从来没批评过他。这件事使莫言成为一个爱学习的孩子。

（资料来源：陈思和：《在讲故事背后——莫言〈讲故事的人〉解读》，《学术月刊》2013 年第 1 期）

解析：

从莫言的成长经历看，母亲的影响可能对他更大一些。其实，在孩子的成长中，父母都具有不可替代的作用和意义。一般来讲，孩子年龄偏小的时候，母亲养育的任务更多一些，可能对孩子的影响更大一些，这些影响可能更多地表现在生活的习惯、性格等方面。随着年龄的增长，父亲对孩子的影响逐步加大，可能更多地表现在世界观、人生观等方面。当然，对有些家庭也不尽然。如单亲家庭，可能一方的家长承担了父母双方的责任。但不管怎样，父母在孩子的成长和发展过程中，分别起着不可替代的不同作用。这既是父母无法推卸的责任，也是法律赋予父母应尽的义务。

一　父母在孩子成长中的不同作用

人们常说：父亲是高山，母亲是大海。追溯中国的家庭教育史，我们可以了解到，中国家庭教育传统中十分重视父亲和母亲的地位和作用。但近年来，由于受家庭分工观念、父亲工作压力较大等诸多原因，父亲的教育职责开始逐步在家庭中隐退，这是十分错误的。其实在孩子的成长过程中，父亲和母亲都起着重要的不可替代的作用。

（一）父亲对子女教育的独特影响

父亲作为子女亲子关系中的"重要他人"，在子女童年期的人格发展、社会认知等方面以及在青少年期的社会性交往能力、独立性、创造性发展过程中起着重要作用。[①]

1. 父亲对子女在童年期的成长有重要作用

（1）父亲在儿童性别角色形成中扮演着重要角色

性别角色的发展是儿童社会化发展中的一个重要方面，儿童性别角色的发展过程是指儿童形成与自己的生理性别相同的社会价值期望的性别认知和性别行为的过程。几乎所有的发展理论都认为，在儿童性别化过程中，父亲在儿童性别角色认同中起关键作用。男孩通过对父亲性别的认同和模仿可以发展出更多的性别角色行为，在日常生活中，父亲通过自己的言谈举止、穿着打扮、气质风度来表现阳刚之美

---

① 张晶：《父亲在子女教育中的缺失及重建》，《中小学心理健康教育》2010 年 5 月（下半月刊）。

而影响孩子。女孩也能在与父亲的相处和关爱中获得安全感和特有的保护性心理，并且从父亲身上获得关于异性品质的参照；同时，父亲作为女孩生命中的第一个异性，对孩子成人后的性别行为和婚姻关系具有重要的影响。

（2）父亲是儿童个性品质形成的重要源泉

父亲作为家庭中的核心对儿童的成长有着决定性作用。有学者研究认为，父亲过多的干涉对儿童人格因素的影响极大。如干涉型父亲管教下的子女，一般身心发展迟缓、情绪不稳定、忍耐力差、爱推卸责任且依赖性强、缺乏远大目标和理想。父亲太过关心和溺爱的孩子，一方面可能使孩子变得任性、娇惯、易动情绪等，使人格发展受阻，缺乏自控力，缺乏独立性和创造性，表现出较多的失控行为；另一方面会使孩子缺乏对公正的理解，表现出飞扬跋扈、不能忍受挫折等行为。还有研究表明，一天与父亲接触不少于2小时的男孩比起那些一星期内接触不到6小时者，人际关系更融洽，能从事的活动风格更开放，并具有进取精神甚至冒险精神，更富于男子汉气概。

（3）父亲对儿童认知发展有促进作用

在家庭中，由于父亲性格、能力等特点，特别是父亲与儿童交往的独特性，儿童从父亲和母亲处得到认知上的收获是不完全相同的。儿童从父亲那里可以学到更丰富、更广阔的知识，并能通过探索各种游戏活动，使儿童逐步培养起动手操作能力，丰富儿童的想象力，培养思考和创新意识，发展求知欲和好奇心。很多研究表明，由父亲带大的孩子智商更高，有更好的学习成绩，在社会上更容易成功。

2. 父亲对子女在青少年期成长有重要作用

（1）父亲是子女青春期教育必不可少的角色

孩子进入青春期，开始关注社会和自己的理想，常常对妈妈的唠叨非常反感，父亲在这一时期成为他们成长过程中不可或缺的重要角色。所以，父亲应该尽早成为孩子可依赖的靠山。以女孩为例，有调查表明：与父亲关系特别好的女孩，青春期发育迟于那些与父亲关系一般或不太好的女孩。女生对异性的价值判断，往往是从认识父亲开始的，家长务必以身作则，并教给女儿一些与异性交往的技巧和方法。此外，研究认为，缺少父爱的孩子在青春期容易产生心理障碍：一是情绪不稳定，容易忧郁、恐惧、紧张、焦虑；二是自卑心理严重，安全感差，胆小怯懦；三是与母亲关系容易紧张，甚至对母亲产生反感或敌意；四是意志薄弱，动手能力差，做事缺乏毅力等。

（2）父亲在子女青少年期社会化发展有促进作用

到了青少年期，由于子女的社会性有所发展，与父亲的关系显得十分重要。在此期间，子女若失去父母的任何一方，越轨行为的几率都较大。据社会学研究表明，父亲对子女青少年期社会化的作用，在一定条件下比母亲的作用更显著。出现这一结果的可能原因是：第一，青少年随着社会性的发展，认识水平的提高和自我意识的增强等原因，他们的关注点逐渐转向社会的存在、发展和人生的意义等问题上。他们希望学习社会生活知识、经验，向往参与社会活动，发展人格的独立性与自主性。而父亲正好符合这一角色要求。第二，父亲既是教养者又是社会活动的主要参与者，还是家庭重大问题的决策者。在我国的多数家庭中，一般父亲比母亲的文化水平和社会地位高，接触社会广，在家庭对外活动中担任主要角色，因此父亲的角色举足轻重。第三，母亲对青少年的教养态度方面的问题比父亲相对严重。母亲的干涉、唠叨、溺爱，使强烈要求独立的青少年期孩子特别反感。因而，青少年对母亲管教态度的意见比对父亲的更大，进而削弱了母亲的教育影响作用，相对增强了父亲的教育影响作用。

（3）父亲在青少年道德发展中的作用

父亲作为社会文化的主体，在孩子眼里是社会力量和规则的象征，是家庭和社会关系的纽带。随着孩子的成长，他们意识到父亲的权威和力量，就会对父亲产生敬畏的心理，从而去模仿父亲的行为，并掌握社会道德规范。国内外研究表明，父亲的形象是青少年认识世界的窗口，持续而深刻的父爱和良好的父子关系有助于子女个性的健康发展；而消极的父子关系和父亲形象将大大地促使子女在日后的不利情境中产生各种消极的动机。父亲的存在和父爱以及良好的父子（女）关系，是青少年心理发展和个性发展的源泉之一，对子女性别角色发展尤其是双性化发展，社会化、青春期的顺利过渡以及道德发展都起着重要作用。

（二）母亲在孩子成长中的作用

家庭教育在孩子一生的成长中起着奠基作用。母亲教育在家庭教育中同样起着最基础的无可替代的作用。母亲对子女的健康情感、良好行为习惯的养成、知识启蒙、价值观的形成都起着最初的启蒙者、引导者和教养者的作用。

1. 母亲在家庭亲子教育中的角色

（1）母亲是子女健康情感的第一培育者

母亲对孩子的爱，会成为对孩子爱的教育的直接样本。母亲的情感会在孩子的内心培育出类似的情感。一个情感健康的母亲往往会培养出情感健康的孩子———懂得爱别人、懂得长幼尊卑、懂得同情与怜悯等。母亲对子女的情感教育是他人不能取代的。

（2）母亲是子女习惯养成的第一引导者

常言说：父母是孩子最早、最好的老师。从受孕开始母亲就是孩子的孕育者、保护神，出生后仍然会与孩子形影不离相伴数年。在此期间，母亲的一举一动都会成为孩子的学习内容。因此，母亲的行为方式会在很大程度上影响孩子的行为方式，母亲的生活方式及习惯直接影响孩子的生活方式和习惯。

（3）母亲是子女文化教育的第一启蒙者

母亲接触孩子最早，在孩子养育阶段接触时间也最长。所以，母亲是孩子文化教育的第一启蒙者，从语言习得、数的概念的建立、图形和色彩的辨认、亲缘关系的识别等各方面均能够在第一时间为孩子提供帮助。

（4）母亲是子女基本价值生成的第一推动者

人与动物的一个重要区别就是人具有价值判断能力。而这种能力不是先天获得的，而是首先由母亲传授的。比如说，即使是婴儿，母亲也会和他说许多话，告诉他很多的规矩（尽管他还不能有效辨识，更不可能听取并改正自己的行为）。通过长时间的积累，这些要求也会逐渐内化，由最初的条件反射，升级为有意识的、自主的行为。这实际上就是价值灌输。正常情况下，一个孩子总是最早从母亲那里获得最基本的价值观念并在后来的实践中加以贯彻，而父亲或其他人员也可能很重要，但在子女成长的初始阶段，其相对于母亲的作用都会显得逊色。

2. 母亲素质对子女素质形成的作用

（1）行为方式

母亲的行为方式会在很大程度上影响孩子的行为方式。因为一个人最初的生存状态会在他的一生中留下深刻印记。母亲的优雅、整洁会让孩子自然而然地以此为标准作为评判生活质量的依据，并逐步成为自己的标准。如果一个母亲总是粗言恶语，这种恶习就会在不知不觉中影响孩子，他就很可能也会变得与其母亲一样。因此，作为母亲首先就必须严格要求自己，时刻注意自己的言行，以免对孩子造成负面的影响。

（2）道德品质

母亲是孩子的第一个道德楷模。一个新生儿既不会有什么道德污点，也不会有什么特别的道德成就。他的道德体系是在家长的帮助之下建立的。母亲与孩子有天然的亲近关系，她的价值判断在很早时就通过她的言行深入到孩子的内心。比如，从一个对长辈不敬的母亲那里，孩子很难学会善待自己的父母。宗教中讲的轮回就是这个道理，孩子如果效仿的是一个品德有问题的母亲，那就很难期望他有多大程度的超越，除非他在母亲之外存在一个非常强大的足以与其母亲抗衡的道德楷模对他施加正面影响，而这种奇迹只可能发生在孩子受过启蒙教育之后。所以，想让孩子成为有道德的人，母亲首先应成为一心向善的好人。

（3）情感与心理

母亲的健康情感与健康心理会在子女身上发生正向迁移。母亲的特殊身份使她与孩子肌肤相亲，感情沟通充分，有机会对孩子施加最为有效的心理和情感影响，这是孩子从母亲那里继承生命之外的最为重要的特质。母亲的情感偏向和心理偏差一般来讲都会在孩子身上产生或多或少的影响。当然，后天影响、学校教育都会对孩子施加很大的影响，但母亲给孩子的基础不同，会使得学校教育的过程和效果与付出的努力之间的比率发生很大的变化。

（4）知识启蒙

幼童的知识启蒙，是通过家人与孩子的游戏特别是母亲的亲子行为来实施的。母亲的文化水平和对教育的理解会影响她的施教方式和施教内容，而在这两个方面的差异往往会影响孩子未来正规的学校学习。所以，如果以社会竞争的视角来看待教育的目的，那么，母亲的竞争是学生整个教育竞争过程中的第一回合。父亲虽然也会起非常大的作用，但这种作用可能还不具备普遍性，或者说会发生得稍晚一些。

（5）价值观念

价值观念是后天形成的，并对人的行为产生支配性的作用。母亲作为子女的第一位启蒙老师，其价值观也会在有意与无意之间作用于孩子，并成为他最初的价值判断依据和行为法则。我们每个人的处世准则其实最初都来自于家庭特别是母亲的影响，只是随着后来教育程度的提升获得了相应的自我批判、自主提高的能力，并不断修正自己从家庭获得的价值观，使自己得到超越。

二 父母言传身教对孩子成长的影响

言传,即用言语讲解、传授;身教,以行动示范。言传身教就是指父母在思想和行动上给子女做出表率,潜移默化地影响孩子。具体来讲,就是父母用自己的语言教育人,用自己的行动带动人,用自己的做法感动人,用自己的表现启发人。

1. 言传与身教的辩证关系

言传与身教作为我们指导教育的相互关系是对立统一的辩证关系。[①]

(1) 言教与身教是对立的

首先,言教与身教的含义不同。所谓言教,就是通过口头或书面的语言对教育对象灌输教育内容。所谓身教,就是用自己的实际行动和模范行为给教育对象做出榜样,结合教育内容身体力行,以此影响和感化教育对象,引导他们按照教育者的要求进行实践。其次,进行言教与身教的方式不同。言教靠的是真理的力量,家长讲的东西,必须符合实际,必须反映客观事物的本质和历史发展的趋势;身教靠的则是人格的力量,即家长必须以身作则,言行一致,带头实践自己提倡的道德标准和价值观念,以自己的模范行动影响和教育孩子。

(2) 言教与身教又是统一的

首先,身教离不开言教。言教是身教的内涵、纲领、路标。没有言教这一旗帜的引导,身教就会失去目标和动力。其次,言教离不开身教,身教是言教的释义、实践、行动。身教比言教来得具体、生动、形象,是对言教最生动、最逼真、最权威的解释,是一种无声的命令,是

---

① 朱春梅:《浅析家庭教育中言传与身教的教育策略》,《辽宁行政学院学报》2010 年第 4 期。

最有说服力的教育。

2. 言传身教的策略①

（1）以恰当的方式言教

家长应不断加强学习，提升个人理论素养，尝试运用以下策略：

说得有理——道理正确，符合事物发展规律，符合孩子实际；

说得有力——话语不能枯燥乏味，要符合孩子年龄特点，生动、形象，有实际例证；

说得精要——不啰唆，重要的内容可以重复，但不能啰唆；

说得适时——不能盲目地有机会就说，应该选择合适的时机；

说得有新意——说，应该有新的内容、新的信息，让孩子有新鲜感。

（2）从小事做起，做好榜样

"勿以善小而不为，勿以恶小而为之"。家长应从身边小事做起，给孩子做出榜样。要求孩子做到的，自己首先要做到；要求孩子不做的，自己坚决不做。同时，家长要特别注意，身教虽然重要，但绝不应该单独应用，而应与言教有机地结合起来。父母要善于自觉地控制自己的情绪，在发生争吵时，尽量避开孩子，有不愉快的事情，尽量不带回到家庭中来，以便营造一个和谐的家庭氛围。

（3）创造一个民主、和谐的家庭氛围

要做到以下几点：

一是不要滥施家长权威。父母不要总是禁止孩子做这做那，不能要求孩子无条件服从，重要的是鼓励孩子去做有益的事情。

二是父母要信任自己的孩子。父母不要胡乱猜测，武断地下结论。如果发生不愉快的事情，要耐心听孩子讲出事情的前因后果。否则，孩子会因为受委屈，慢慢地和父母疏远，变得不信任别人，不愿说真话。

---

① 朱春梅：《浅析家庭教育中言传与身教的教育策略》，《辽宁行政学院学报》2010 年第 4 期。

三是父母要尊重孩子的人格。父母切莫粗暴地伤害孩子的自尊心。由于孩子年龄小，容易把幻想当现实，父母要帮助孩子分清是非。父母不能采用讥笑的态度，更不能在生人面前伤害孩子的自尊心，久而久之，孩子就会变成一个不求上进、自暴自弃的人。

四是父母要多和孩子接触。父母要抽出一定的时间和孩子在一起，或在柔和动听的音乐声中，相互交流一天的见闻。也可和孩子一起画画、讲故事、做游戏等。

孩子在成长过程中离不开教育。教育孩子是父母的第一责任。作为父母，要处理好言传和身教之间的辩证统一的关系，将二者与境教有机结合起来，在要求孩子好好学习的同时，更不能忘记自己，天天向上。要多学习、多思考，有效地与孩子沟通，充分认识与发现孩子的兴趣和潜力，引导他最大可能地去实现自己的人生价值。

启迪与指导：

1. 父爱和母爱是孩子健康成长必需的不可替代的精神营养，缺少任何一方，都会在孩子成长历程中留下无法弥补的遗憾，给孩子后天人格的养成带来深刻的影响。

2. "其身正，不令而从；其身不正，虽令而不从"的古训，同样适应于家庭教育。

3. 言传身教是家庭教育的基本原则。言传是前提，身教是根本，二者缺一不可；身教重于言教；要将言教、身教和境教有机结合起来，使三者共同发挥作用。

4. "身教重于言教"，说说容易，做到难。父母是孩子的第一任老师，是孩子心目中崇拜的偶像。作为父母，应以高度的责任感、坚定的信念和足够的耐心，履行好在孩子心目中"高大偶像"的职责。

第二编

分论

第 八 章

"家贫出孝子?"

——家庭物质财富极大丰富情况下孩子的思想道德教育

摘要：家庭贫富差异中，如何应对家庭富裕带来的问题？贫困家庭该怎样面对攀比等现象？主要介绍改革开放之后，家庭物质财富极大丰富以及贫富不均的情况下，未成年人思想道德现状及应对策略。

故事与资料：

(一) 家贫出孝子?

"家贫出孝子"，出自南宋《名贤集》。大致的意思是，穷人家的孩子早当家，贫穷的人家出孝顺的孩子。在物质极大丰富的今天，对于子女的教育是摆在家庭的头等大事，我们应该重新审视对这句话的理解。

所谓家贫，总爱被狭义地理解为贫困的家庭，但是想想，贫困家庭中也并不都是孝子，所谓"穷汉养娇子"例子一点也不少。而富庶家庭里也不都是败家子，继承家业的顶梁柱也不少。看来，并不一定是家境贫困才能培养出好孩子。不论家财万贯，还是小康之家，抑或贫困家庭，对于孩子来讲，是不可能很完整地意识到自己的家境如何，他只会从自己的物质需求是否得到满足来判断。因此，对于孩子的需求一概满足，要星星不给月亮，这样的家庭即使再贫困也是"富家"。对于孩子的物质需求，有限地满足，则可以说是"贫家"。由此看来"家贫出孝子"应该说的是这个道理。

也就是说，对于孩子的物质要求不能一概满足，否则，说白了就会惯坏孩子。孩子在心理发育时总会有一段对于自己主见的伸张时期（大概是3—6岁的幼儿期）。这一段时期，如果他（她）的要求，不论是否合理的都被满足了（一般采取哭闹等形式来争取），则会容易造成"骄、娇"二气，所谓的"小皇帝""小公主"也就这样诞生了。所以，在这段时间内一定要加倍小心，做一个"贫家"，对于孩子不合理的要求坚决说"不"。其实这是一个心酸且需要勇气才能做出的决定。但是家长应该明白，如果今天给孩子开了这个活口，今后将一发不可收，后果不堪设想。

（二）物质刺激下的中国家庭教育

在21世纪，对于为人父母者，最大的成功就是教育孩子的成功，在当下的中国社会中，这一观点已得到了绝大多数人的认可。

正是基于这一观点，才有教育专家一针见血地指出：在21世纪，最有价值的投资，就是对教育孩子的投资。特别是当我们的物质生活水平有了大幅度的提高时，家长对孩子的投资就开始停留在近乎泛滥的物质层面之上了，而在这种投资当中，家长给予孩子的物质刺激，就会呈现出严重扭曲的面貌。

所谓的物质刺激，指的是运用物质的手段，让受刺激者得到物质上的满足，从而进一步调动其积极性、主动性与创造性。这种以物质为主要导向的激励模式，目前被广泛移植到家庭教育中，希望借此来完成对孩子的正面引导。

于是我们看到，在许多家庭中，年轻的父母们从孩子降生起，就开始频频用物质刺激为诱饵，希望用满足孩子物质欲望的方法，来引导孩子向父母希望的方向发展。

在中国的家庭中，这样的现象甚为普遍，我们常常可以听到这样的句式。

"如果你考上重点学校，那么爸爸奖励你……"

"如果你考了前三名，那么妈妈就给你买……"

"如果你弹熟这首曲子，我就带你去……"

这样的话语在我们的家庭中频频出现，我们甚至可以毫不怀疑地说，以物质刺激作为孩子教育手段的现象，已经成为中国家庭教育中的常态。

物质刺激的手段是简单的，但这种模式之所以会成为常态，在于这一模式的确存在着合理之处。就孩子的天性而言，面对着高档的玩具、精美的食物、漂亮的衣服，要让他控制住自己的内心欲望，这种要求明显是缺乏人性的。因此，如果没有父母在这一方面给予适当的保障，或者是父母对孩子的欲望缺乏足够的重视时，其结果必定导致孩子在成长过程中出现不快乐的负面情绪。

这样的结果，既是孩子难以承受的，也是我们的家长不愿看到的。而当物质刺激以激励模式的面目存在时，既能够满足孩子对于物质的欲望，同时又能够成为家长实施教育的手段，自然也就容易被万千家长广为接受了。

然而，看似两全其美的方案，往往会带来负面的问题，当我们的家长把物质刺激与激励模式结合在一起的时候，就意味着家庭教育中新困境的开端。

解析：

物质财富的极大丰富，无疑是社会文明和进步的标志。但这也是一把"双刃剑"。如果人们忽视对精神和信仰的追求，导致物质文明和精神文明"一手硬、一手软"，整个社会就会出现严重的思想道德问题。古今中外社会发展的历史，已经证明了这一点。

这一现象也直接影响到当今的家庭教育。许多父母将物质刺激作为激励孩子成长的主要手段和方式方法，表面上看，达到了一定的教育效果。其实不然，由于忽视了对孩子思想道德等精神方面追求的教育和引导，或者说忽视了"做人教育"，导致孩子出现严重的思想道德、人格障碍等问题，影响孩子健康成长和发展。这是长期以来人们"重智轻德""重物质轻精神"等违背人成长和发展的规律所导致的结果。对此，今天的家长应有清醒的认识。

作为家长个人，无力也不可能改变整个社会的进程和发展，但是，我们能做到的是从改变自己做起。在物质财富极大丰富的今天，自己拥有符合社会主流的核心价值观，能够明辨是非，懂得应该坚持什么、反对什么。同时，通过自己的言传身教，给孩子的成长和发展以积极的正面的影响和引导，促使孩子健康成长。

一 新"财富观"对未成年人思想道德养成的影响

（一）中国传统财富观

中华民族，历史悠久，其文化博大精深。其传统优良的文化，是中华民族几千年的沉淀和结晶。中国传统社会的财富观主要集中表现在封建时期，形成了以儒家文化为核心，以维护封建统治阶级的财富思想。它在价值取向、分配观和消费观方面都具有自己的特征。具体表现在以下三方面：[①]

1. 中国传统财富观的价值取向："义利观"

中国传统"义利观"最早出现于先秦时期。孔子是儒家学派的创始人，他对"义利"的认识在中国经济思想史上具有重大意义。孔子义利观的典型语言被认为是"君子喻于义，小人喻于利"。孔子认为对财富和权贵的获得，应该"以其道得之"，即获取财富和权贵必须来路清白，途径正确，手段和方法都必须光明正大。什么是获得财富的正当途径呢？孔子认为获利的行为应当符合道德行为，要求以"义"来节制取利，主张"不义而富且贵，于我如浮云"。把"不义的富贵"看得像浮云那样没有重量，那样微不足道，那样可有可无。孟子则提出"何必曰利？亦有仁义而已矣"的观点，把孔子的义利观推向极致。

在历史发展进程中，以"义利观"为价值基础的传统财富观虽然不断加入了新的观点，但以"重义轻利"为核心内容和"君子爱财，取之有道"的正当途径始终没有大的变化。

2. 中国传统财富分配观："均贫富"

在中国古代，春秋时期的晏婴提出"幅利"的观念。所谓"幅利"，即要求人们对财富追求要限定一个幅度，这样，既可以得到一定的满足，但也不可以过头。在此基础上，他提出"均贫富"的思想。后来，孔子也提出"闻有国有家者，不患寡而患不均，不患贫而患不安。盖均无贫，和无寡，安无倾"的观点。从总体上来看，中国古代的财富分配观中有鲜明的治世功能，在维护社会秩序、促进社会发展方面具有重要的价值。

此外，历代农民运动领袖也往往以"均贫富"作为革命口号。如

---

① 谢丹：《改革开放以来社会主义财富观的研究》，硕士学位论文，江西师范大学，2011年，第7—9页。

唐末农民起义军首领黄巢提出的口号是"天补均平"，北宋农民起义领袖王小波提出的"吾疾贫富不均，今为汝辈均之"，南宋初农民起义军领袖钟相提出"法分贵贱贫富，非善法也。我行法，当等贵贱，均贫富"，明末农民大起义提出的口号则有"贵贱均田之制"和"均田免粮"等。历史证明，"均贫富"是我国传统的财富分配观。

3. 中国传统财富消费观："崇俭节用"

"崇俭节用"是我国传统财富观的核心内容。虽经历朝数代增加了不少的内容和观点，但其宗旨几乎未变。其主要观点主要体现在孔子关于"崇俭节用"的论述中。如，孔子主张在消费行为上应节俭守礼，通过比较奢与俭的不同，强调节俭的道德要求；并且从奢侈与节俭两种消费观的比较中论述了节俭对稳固国家社稷的重要意义。在孔子看来，节俭是美德的源泉，它既体现对劳动的热爱和对他人劳动成果的尊重，也是个人道德修养与人格完美的必要条件。对于具体的消费行为而言，孔子主张个人应从道德上加强自律，这种自律的道德观要求人们通过对"仁"的追求，来抑制自身的物质欲望，并使自己的行为符合"礼"的道德规定。与此同时，他还强调通过简单朴实的生活来体悟生活的乐趣，并认为只要追求仁，合乎礼，虽贫亦乐。在孔子看来，统治者首先应该身体力行以"仁义"来约束自己的消费行为，并以此来教化民众。

（二）改革开放以来的"新财富观"

改革开放以来，中国发生了翻天覆地的变化，取得了举世瞩目的成就。目前，我国已经成为世界第二大经济体，综合国力大幅提升，国际地位和影响力不断提高，人民生活水平得到显著改善，教育取得了长足发展，而最显著最突出的成就莫过于经济的迅速发展，社会财富的不断增长，与之相伴随的是社会财富观的巨大转变。[①]

---

① 谢丹：《改革开放以来社会主义财富观的研究》，硕士学位论文，江西师范大学，2011年，第22—25页。

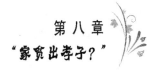

1. 对待财富的态度：由"怕富、不敢富"到"致富光荣"

在新中国成立后相当长的一段时间里，由于"贫穷社会主义"观和"贫即德"的财富观的影响，人们对财富和物质利益的追求总被认为是资产阶级和不道德的，试图以片面的精神追求来否定人的基本物质需要。这不仅扼杀了人们求富的正当欲望，同时也抑制了人们创造物质财富的积极性和能动性，从而严重阻碍了社会主义经济的发展。特别是在"文化大革命"时期，强调阶级斗争，忽视经济建设，在"左"倾思想支配下，人们怕富、不敢富。

1978 年党的十一届三中全会召开，我国进入了改革开放和社会主义现代化建设的新时期，党的工作重心转移到经济建设上来。这一时期，提出"贫穷不是社会主义"的观点，并根据中国的客观情况，提出勤劳致富是正当的，允许一部分人和一部分地区先富起来并最终达到共同富裕，为"富"进行了理直气壮的伦理和道德支撑，肯定了人们求富、致富的正当性。

1987 年党的十三大系统地阐述了关于社会主义初级阶段的理论，提出了以经济建设为中心。党和国家发展经济、富民强国的信念昭示着人们。在这样一种大背景下，追求财富成为人们的目标。1984 年、1987 年和 1992 年三次"下海"经商浪潮就是最好的证明。大批官员和知识分子投身于工商界，人们不再回避"钱"字，"恭喜发财"成了口头禅。

2002 年党的十六大在思想理论上第一次提出民富国强的概念，把"民富"摆在"国强"前面，强调了"民众富裕才能有国家富强"的新思维。在我国，以前我们总是片面地强调国强，排斥和限制民富，认为民富不利于国家的强大，结果反而束缚了生产力的发展。有一句话足以形象地说明民富和国强的关系，即"小河涨水大河满，小河无水大河干"。因此，解放思想、加快发展，放手富起来、大胆富起来、尽快富起来成为当时时代的主旋律。

2. 财富的构成：由重视"有形财富"到重视"无形财富"

财富可以分为两类：一是有形财富，比如土地、厂房、设施、资金等；二是无形财富，如个人的技能水平、思维方式，企业的品牌、形象等。改革开放之初，由于我国生产力水平较低，人们的财富观带有传统农耕经济时代的特点，经济发展主要依靠劳动力和土地，重视有形财富，轻视无形财富。如在中国有些企业，只顾着用漂亮的厂房、新颖的设备来吸引投资，忽视了创新的技术和管理，自主的品牌同样是获得和保持竞争力的重要因素。

改革开放后，人们不仅看到有形财富的重要性，而且也开始认识到无形财富的重要作用。人们对无形财富的重视最直接地就是体现在对学习的态度上。中国人民大学做了调查，当他们提到"改革开放以来，人们越来越重视知识和学习，终生学习的意识越来越强"时，有84.4%的人赞成这一观点，只有1.2%的人不同意这种观点。这就表明，人们对积累无形财富的观念很普遍。

3. 对财富分配的认识：由"平均主义"到"效率与公平的兼顾"

新中国成立以后，我国进行社会主义现代化建设过程中，以追求全体人民共同富裕为目标，以按劳分配作为社会主义分配的基本原则。但在实践中却背离了这一原则，贯彻了带有平均主义色彩的均衡致富原则。这严重挫伤了人民群众的积极性、主动性和创造性。

改革开放以后，强调必须正确贯彻按劳分配的原则，即要按劳动的数量和质量进行分配。从提高劳动生产率的角度出发，承认个人收入适度差距的合理性，是对平均主义直接、全面地否定。"先富"带动"共同富裕"政策，被实践证明是一项正确的、符合我国基本国情的政策。

在十四大上，我党提出了"效率优先，兼顾公平"的原则。这就将个人收入分配制度与市场公平原则结合起来。党的十六大报告在分配理论上有了一个重大突破："确立劳动、资本、技术和管理等生产要素按贡献参与分配的原则，完善按劳分配为主体，各种分配方式并存的分

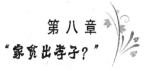

配制度。"另一方面则提出"坚持效率优先，兼顾公平。初次分配重视效率，再次分配注重公平"的原则。党的十七大报告则提出要深化收入分配制度改革，强调初次分配和再次分配都要处理好效率与公平的关系。这是收入分配制度改革的又一次重大突破，反映了社会财富分配理论的与时俱进，体现了党关注民生、朝着实现共同富裕的目标前进的坚定信念。

（三）新"财富观"对未成年人思想道德养成的影响

改革开放给社会带来极大财富的同时，人们的思维方式和生活方式发生了极其深刻的变化。整个社会进入新的时代，赋予了人们新的人生观、价值观和财富观。但是，一些与社会主义本质相背离的消极落后的价值观和财富观，如拜金主义、享受主义、仇富心理、攀比心理等也逐步蔓延开来，侵蚀和影响着成长中的青少年学生。

1. 拜金主义泛滥

拜金主义是指像崇拜神一样地崇拜金钱——货币的一种思想和行为，是一种把获取金钱视为人生最根本的生活目的和原则的思想观念，它集中表现为"金钱至上"和"一切向钱看"。已对青少年思想观念和行为的发展造成了明显的影响和危害。主要表现在：[1]

（1）阻碍未成年人社会主义核心价值观教育的接受与内化

青少年社会主义核心价值观的教育与培养离不开社会环境，离不开社会提供的教化条件，只有在良好的文化氛围和社会风气中，才能顺利实施社会主义核心价值观教育。同时，青少年正确思想形成和内化的另一个关键环节——实践，也是在社会环境中进行的。然而，社会上滋生和扩散的拜金主义思想和风气，却使社会主义核心价值观在青少年成长的环境中难以形成一种气候。社会上种种拜金主义的现象，冲击着学校

---

[1] 董娅、石雪：《拜金主义对青少年思想的影响及抵御对策》，《中国青年研究》2006年第7期。

的社会核心价值观教育，形成学校教育与社会现实的反差，使得青少年对学校提倡的核心价值观产生怀疑，极大地阻碍了青少年对社会主导价值观的接受和内化。

（2）强化了未成年人生活动的功利至上倾向

一是学习上出现错位。不愿学习诸如政治和人文学科的理论知识，只愿意学习能直接产生经济效益尤其是获取金钱的知识和技能。这种过于功利和实用主义的学习取向，已在一定程度上影响了青少年学生素质能力的全面发展。

二是庸俗的金钱关系开始侵入青少年人际交往生活。有的青少年把商品经济中的等价交换原则不知不觉地运用于人与人的关系，传统的情义为重的同学之交，出现了向有利可图的方向倾斜。

三是在职业选择上出现偏差。相当一部分青年学生不是把是否有利于自己才能的发挥、发展和社会的需要作为择业的主要标准，而是把经济收入的高低作为考虑的首要因素。这种过分注重就业的物质待遇，不考虑是否有利于自己兴趣专长的发挥，是否有利于国家和社会的进步的倾向，已成为阻碍大学生顺利就业的思想障碍。

（3）造成未成年人价值观向金钱倾斜

青少年价值观向金钱至上倾斜，必然导致他们只对金钱感兴趣，胸无大志，目光短浅，缺乏对智慧、道德以及美好情感和友爱人际关系的追求。在一些信奉金钱至上观念的青少年学生身上，往往有着非正常的性格特点，比如对人冷漠、好吃懒做、对新潮和奢侈消费的极端羡慕、不关心集体、自我为中心等，可见拜金主义对青少年健康的成长危害极大。

（4）诱发未成年人财物型犯罪率上升

金钱和财富至上、享乐至上的观念不同程度地进入青少年的个人生活价值领域，他们的基本观念和行为出现背离社会规范要求的畸变。严重时还会引发不择手段获利以满足物质需要的行为。青少年经济没有独立，同学间互相攀比追逐不断涌现的新潮享乐，必然造成他们膨胀的物质享乐需要与有限的支付之间的矛盾，当这种矛盾在个别道德意识薄弱的青少年心理上达到难以控制时，强烈的物质享乐和金钱需要就会导致他们走上犯罪道路。

2. 享乐主义滋长

享乐主义是一种物质主义。就其要义而言，是将人生快乐简单地等同于物质快乐，所以，对幸福的追求就自然地演化为对物质享乐的追求。它的价值导向不是去追求什么神圣的东西，而是那些能满足人们物质需求与感官欲求的东西。它对未成年人学生思想道德养成的主要危害是：①

（1）助长了未成年人的享乐思想

享乐主义主张只要自己快活就好，至于自己的幸福、享受是否建立在对他人幸福的损害基础上，不必考虑。同时，追求肆意、放纵的精神感受。有些未成年人为了追求感官刺激和精神享受，而试图去尝试吸毒、酗酒、看色情网站等，接触低俗的事物，满足自己的好奇、享受。

（2）腐蚀了未成年人的价值观

享乐主义这种消极的人生观，把人与人彼此之间的帮助、关怀的关系严重扭曲，而演变为赤裸裸的金钱关系、利益关系。主张利益至上，为了自己的利益，可以把深厚的同学情、师生情弃之于不顾，甚至兄弟姐妹都可以反目成仇。由于享乐主义在社会各个角落的蔓延，给这一特殊群体的生活理念、行为方式带来严重的危害，进而腐蚀了未成年人的价值观。主要表现为强化了未成年人的功利至上倾向以及使未成年人对金钱产生"光环效应"。

（3）扭曲了未成年人的消费观

在享乐主义人生观的误导下，消费已成为未成年人自我表达与认同

① 宜瑞：《享乐主义思潮对我国当代大学生的主要影响研究》，硕士学位论文，延安大学，2012年，第9—13页。

的重要方式，这就在更大程度上刺激了抵制能力弱、易受大众消费吸引的未成年人的消费欲望。从而使得各种不良的消费行为在大学校园里不断蔓延，如强烈的炫耀消费、失衡的超前消费、严重的攀比消费等。

（4）危害了未成年人健全人格的形成

享乐主义主张的过于追求自己的满足与享受，诱发未成年人在价值取向和理想信念方面出现滑坡。一个主张享乐的人，必然也会成为一个利己主义者；作为一个利己主义者，很难拥有高尚的道德情操、崇高的人生理想、坚定的信仰等。

3. 仇富心理蔓延

人们仇富心理的实质在于对富人财富来源的怀疑，这种现象在当今中国社会层出不穷。不仅农民有，城镇居民也有；不仅穷人有，工薪阶层也有。这种现象的蔓延直接影响到未成年人的健康成长。主要表现在以下几个方面：[1]

（1）影响未成年人的身心健康

仇富心理属于一种嫉妒心理，是对财富和物质的嫉妒。这种心理会使未成年人容易发生身心反应性疾病，长期处于消极不良的心理状态中，情绪上产生一种压抑感，久而久之会导致器官功能衰减，机体协调出现障碍，产生劣性情绪，继而诱发躯体症状，引起机体免疫功能紊乱，大脑机能失调防御疾病机能下降，严重损害身心健康。

（2）破坏人际关系

在人际交往中，持有仇富心理的孩子人为地将身边同学划分为有钱的和没钱的两个阵营，以家庭情况决定自己交往的对象。在对待家境富裕的同学时往往具有强烈的排他性，并伴有严重的情绪色彩，表现为不满和仇恨。

---

[1] 邰永琳：《大学生仇富心理初探》，《青少年研究》2004 年第 2 期。

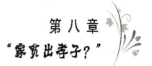

（3）诱发家庭矛盾，影响社会安定

持有仇富心理的未成年人容易对家庭和社会产生不满。同样的人，有的艰难求学，有的轻松度日。家境贫寒的学生在心理极度失衡的情况下，非但不体谅父母养育自己的艰辛，还会对父母产生怨恨之心。同时，持有仇富心理的未成年人认为是社会不公导致贫富差距拉大，从而对整个社会不满，散步消极言论，影响社会安定团结。

（4）容易导致犯罪

与社会上"富人被抢"事件相比，家境富裕的未成年人遭受财物损失的事件在校内也时有耳闻，这是仇富心理作祟而引发的，是仇富心理发展到极端的表现。具有仇富心理的未成年人从小偷小摸发展到绑架勒索，逐步滑向犯罪的深渊。

4. 攀比心理盛行

攀比是指不满足于现状，不甘落后于他人而想追求拥有甚至超越他人的心理意识，是一种不愿落后于人、超群好强、物欲性强的内心综合流露。这种心理在特定情况下能起着积极性作用。但是如果把握不好其程度，攀比心理会给学生的身心健康成长带来消极负面的影响。这主要表现在以下几个方面：

（1）对学生自身学业成绩的影响

学生攀比受影响最大的就是自身，最直接表现在学业上。因为学生在攀比过程中，他们的心理负担很重，有的学生经常担心自己比不过别人，有的学生只想让人家永远比不过自己，自己永远是最好的，等等。于是费尽心机，茶饭不思，上课不认真听讲，导致学习成绩的下降。同时，学生由于没有经济来源，想要攀比却没有经济基础时，他为了满足自己的需要就会采取极端的手段，这不利于学生身心和谐的发展。

（2）对家庭经济的影响

孩子的盲目攀比，直接造成了家庭经济负担的加重。有的父母怕孩子在学校被人看低，自己省吃俭用，尽量满足孩子的需要。特别是对原本就不是很富裕的家庭来说，满足孩子的攀比心理就更是需要一笔开支。同时，家长也知道孩子的这种攀比不好，但是由于对孩子的溺爱，又不会过多地干涉，这样就加重了家长的心理负担。

（3）对他人的影响

由于学生的模仿意识比较强，但对事物缺乏判断力，因此对新鲜事物总喜欢弄个究竟，看到别人有什么新鲜的东西，自己也想有一个，拿来研究研究，赶赶时髦。因此，一个同学有攀比的现象就会带动周围的同学，这就引起周围同学的攀比心理，不利于自己及他人的心理健康。与此同时，同学之间的这种攀比加入了"金钱"的成分，同学间的友谊就会变质，交友也会变成交易。

启迪与指导：

1. 中国传统财富观是中国传统文化的重要成果之一，其需要继承和发扬的精华之处主要表现在：

（1）当人的物质需要和追求与人的精神需要和追求发生矛盾和碰撞时，要提倡重义轻利，取之有道。因为物质的需要仅能保证人的基本生存权利，而只有精神的追求和信仰才能使人活得有尊严、有价值。人们通常讲的"某某永远活在人们的心里"，实质是指他的精神永远活在人们的心里，并一直激励着人们，影响着社会的进程和发展。

（2）"崇俭节用"的财富观一直影响着当今人们对财富的使用观。如"该花的钱，借钱也要花；不该花的钱，一分钱也不能花"；"好钢（钱）要用在刀刃上"等观点。

（3）传统的财富观反对贫富悬殊、提倡"均贫富"的观点，符合经济学上关于社会阶层收入模型学说。也就是人们常讲的"橄榄球"模型，即高收入人群和低收入人群数占的比例就像橄榄球的上下两端，属于少数，绝大部分中产阶级应处于中等收入水平，属于橄榄球的中间

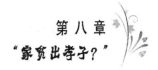

大部分。

像所有的传统文化一样，中国传统财富观也有其局限性。如提倡"学而优则仕"的观点，轻视劳动，轻视通过勤奋的劳动去创造社会财富和价值；在财富的占有上，过分强调平均主义，忽视调动不同人群的劳动创造财富的积极性、主动性和创造性。

2. 在新的社会历史形势下产生的"新财富观"，对于推动社会发展与进步具有重要价值和意义：

（1）提倡和鼓励人们通过辛勤劳动获得财富、创造财富，极大地调动了人们劳动创造财富的主动性和积极性，极大地推动了社会的发展和进步。

（2）重视有形财富，更加重视无形财富，提倡知识改变命运。将知识、理想、信仰等无形财富作为人们精神追求的重要内容，符合人成长和发展的规律和社会发展规律，并将推动人的发展和社会的进步。

当然，"新财富观"也有其历史的局限性。如鼓励通过劳动致富，但社会公平、公正制度不健全，有些人钻了制度的空子，非法致富；对人的发展的精神要求和对社会进步道德层面的要求"一手软"，而对人的发展和社会进步所需要的物质追求"一手硬"，导致二者发展失衡，导致人和社会发展的畸形，导致享乐主义、拜金主义、个人主义以及攀比、仇富等心理和倾向，在一定时期、一定人群中占有主导地位，直接影响了青少年的成长和发展，阻碍了社会的进步和发展。对此，每位家长应保持清醒的认识，并在改革大潮中，明辨是非，做人的发展表率、社会进步的楷模。

二 富裕时代怎样教育孩子

"富裕时代怎么教子"是一个非常棘手的问题。按道理，我们应该坚持原则，不能随意满足孩子的要求，让孩子每天生活在校园、家庭两点一线是最安全、最让人放心的了。但是，社会上存在的拜金主义、享乐主义、仇富和攀比心理等消极思想无时无刻不在影响着未成年人。作为家长，能做的就是要做好自己的家庭教育。①

（一）纠正错误认识和做法

1. 给钱越多，学习积极性就越高

一般来说，孩子的物质欲望越多、越强，则学习的欲望就越少、越弱；家长越是尽量满足孩子的一切要求，孩子反而越是不知满足，胃口越来越大，以致欲壑难填。另外，有的家长不惜重金花钱买教育，想以"爱"为武器，逼迫孩子考名牌学校，成龙成凤，实现成人的"战略部署"，其口头禅是："我这是为你好！"孩子则以"爱"为武器，伸手向家长要钱、要物、要享受，其口头禅是："人家父母都给孩子买了，你们不给我买，就表明你们根本不爱我。"家长拿孩子当工具，孩子也拿家长当工具，这样的教育结果，很可能使孩子成为无德无才或有才无德的人。

2. 从小有大款派头，长大就会是大款

一些家庭在饭店请人吃饭，孩子入座、点菜、召唤服务员，甚至买单都非常熟练，俨然一个小"大款"。他们的父母竟然兴致勃勃地看着孩子摆阔的架势。他们的逻辑是，从小就有大款的派，长大定是富翁无疑。作为孩子，他们吃的是"免费的午餐"，他们花的钱不是自己挣的，他们花钱摆阔和他们的挣钱能力没有必然联系。如果把这种成人的因果关系套到孩子身上，不仅是自欺欺人，还会造成严重的恶果。

3. 孩子是债权人，家长是债务人，花钱是应该的

我们身边的好多家长，都是"如牛负重"，横向：什么都管；纵

---

① 萧于：《富裕时代该怎样教育孩子？———王晓春老师访谈录》，《家教指南》2006年第8期。

向：管一辈子。许多孩子胡吃海喝，不但不感谢家长，反而埋怨家长富得不够，满足不了他们日新月异的消费欲和虚荣心。有的孩子向家长要钱，家长稍有异议，孩子就不高兴。他的逻辑是："你不是整天说每天辛辛苦苦挣钱都是为了我吗？你的就是我的。"完全不承认家长的私有产权。家长说这样的话，本意是想讨好孩子，激励孩子好好学习，而孩子却把它理解成"产权转让"了，随便怎么享受家长的财产都是应该的。

（二）树立富裕时代教子的新观念——给孩子机会而不是剥夺其成长的机会

为了孩子的健康成长，凡是孩子自己能做到的事情，家长绝不要帮忙，否则就是在培养孩子的自卑和无能；即便不清楚孩子能不能做到，也应该让他先试一试，家长不要急于插手，企图抱着他们跳过前进路上的一切障碍，拽着他们闪躲沿途的各种磨砺。要知道，那是在剥夺孩子成长的机会，因此要做到以下几点：

1. 舍得摔打、磨砺孩子，促使孩子自立

现在许多家长，除了学习，什么也舍不得让孩子去做，甚至连体育锻炼也觉得是多余的，导致孩子四体不勤，缺乏运动。怪事也就自然出现了：生活水平提高了，家庭生活富裕了，孩子的身体素质反而下降了。

这样的孩子从小缺乏自立精神和自立能力，长大以后当白领学历不够，做蓝领工作又没有体力，只好赖在家里继续"吃"家长。所以，家长一定要培养孩子的自立能力，绝不可以犯糊涂，花大把的钱把孩子培养成"手捧高学历的身体废人"。

2. 孩子做了错事一定要他自己负责

孩子会做错事，这很正常，但是孩子的错误要家长来负责、来买单就有问题。凡是孩子的错误，就应该让孩子自己承担。如果家长替孩子受过，其实就是在培养孩子的软弱、自卑和不负责任。很多不懂事、不讲道理、没规矩的孩子就是因为自己不承担犯错的责任，养成了经常胡闹的习惯。

3. 邀请孩子分担家务并长期坚持

培养孩子做家务的习惯，最好不要简单地命令孩子分担家务，要邀请，而且要不断邀请，用充满快乐和期待的语气，让孩子明白这是乐事、大事、有意义的事，值得孩子去做。体力劳动能培养人的良好性格，而良好的性格是学习好的必不可少的心理基础。家长为培养孩子的劳动习惯，邀请孩子分担家务，或者在假期鼓励孩子打点儿零工，目的不是为了节约钱，更不是为了挣钱，而是为了培养孩子的劳动观念，锻炼孩子吃苦耐劳的精神。孩子自己的事情自己做，劳动不分高低贵贱，人也不分高低贵贱，这是孩子做人的根本。

（三）如何对待孩子在物质方面的要求

1. 孩子的物质要求，凡是过分的一概不满足

过分的要求，严格地说，是指除了基本的生活需要之外的要求。比如说鞋子是属于基本的生活需要。但是，有十几元、几十元钱一双的鞋，也有几百上千元一双的鞋。好多孩子愿意买名牌，他会说"这是需要"。其实不然，可以明确地告诉他：这不叫需要而叫奢侈；家长有责任满足你的需要，但没有义务满足你的奢侈。

也有的孩子会反驳："别人能给孩子买，你们为什么不能给孩子买，不买就是不爱！"家长可以理直气壮地告诉他：爱孩子不是做买卖，不能以钱来衡量。若硬要把爱兑换成金钱，就等于说只有富人才有资格爱孩子，穷人根本就没有资格爱孩子，这不是很荒谬的事吗？满足孩子的所有要求不是在爱孩子，而是在害孩子。

2. 只要不是急需的合理要求，最好不要立即满足

对于孩子的某些合理要求，只要不是急需的，最好不要立刻满足，

可以拖一拖时间。这样做的目的不是故意刁难孩子，而是让孩子学会忍耐和等待。这在心理学上叫作"延迟满足"，是非常重要的教育方法。如果孩子的所有要求都能在短时间里得到全部满足，孩子没有忍耐力，在家勉强还能生存，但离开家庭就绝对受不了。在学校，听讲、写作业、参加各种活动，无一不需要忍耐；将来参加工作更需要忍耐：且不说给人家打工，就是自己当老板，也绝不会那么容易"心想事成"。总之，人生处处需忍耐，社会需要的是有忍耐力的人才。我们许多家长在家里实施的是"无忍耐"教育，这怎么能教育好孩子？

3. 在满足孩子愿望的过程中"设置障碍"并学会与孩子谈判

处处顺心的孩子是不会懂得生活的，也不会通情达理。所以，在孩子的要求面前，有时必须"跟孩子过不去"，一定要在满足他们要求的过程中"设置障碍"，让他们经受一些磨炼。这需要家长心肠硬一点儿，态度果断一点儿。心软的家长，不讲原则和方法的家长是教不出好孩子的。

同时，还要学会和孩子谈判，提出满足其需要应达到的条件。比如，可以告诉孩子，如果你不做家务，就不带你去麦当劳；如果你没有做出相应的努力，就不满足你的要求。这种谈判，既可以锻炼孩子的协商能力，也可以让孩子学会用更加积极的态度去争取自己想要得到的东西。当然，在谈判的过程中，家长也要有一定的灵活性，不要顽固地坚持自己的主张，一点儿缓冲的机会也不给孩子。否则，下次孩子就不会和你做任何协商了。

4. 在孩子面前宁可装穷也不要露富

在孩子小的时候，建议不给他零花钱，理由是"你爸爸妈妈没有钱，我们是穷人"。如果孩子相信这是真的，就不会随意向家长要零花钱。这样，孩子打小就认定了自己家庭是穷人。孩子到了青春期开始考虑自己的未来规划时，让他自己意识到，要想变成一个有钱人，只有将来凭自己的本事去努力争取。长大以后，孩子才知道爸爸、妈妈并不像当初所说的那么穷，会更加感激父母的良苦用心。当然，也可以明确告知孩子家庭的存款和财富，但要明确告知他："这些钱不是你的，你无权支配。只有将来你自己挣来的钱才是你的。"孩子只有在指望不上家长，依赖不上家长的时候，才会自己努力去奋斗。

启迪与指导：

1. 有句口号是"再苦不能苦孩子，再穷不能穷教育"。对其后半句本人举双手赞成，对于其前半句实在不敢苟同。这充分说明了在物质条件极大丰富的情况下，人们如何教子的困惑。其实不然，根据人的成长和发展的规律，物质需要是其生存的前提，精神需要是其发展的根本。也就是说，如果只关注人的物质需要，而忽视其精神需要的满足和追求，这样的人是很难成大事的。所以，即便现在物质生活丰富了，也要让孩子养成节俭的品质，学会吃苦。因为学会吃苦，不仅是对孩子的锻炼，更是对艰苦、顽强等非智力因素培养的重要途径，也是孩子一生难得的财富。

2. 在中国传统的学校教育中，有些领域是属于空白的。如，如何培养孩子成为平常人，如何进行家庭理财，如何经营家庭、婚姻、爱情等等。尤其是在当前家庭物质财富极大丰富的前提下，如何对孩子进行较好的家庭理财教育，是家长和学校必须给孩子补上的一课。这就首先要求我们的家长和老师改变观念，加强学习，以身作则。这样，对孩子的教育才有可能奏效。希望引起家长和老师的高度重视。

第 九 章

"网络是祸根?"

——家庭生活日益信息化条件下孩子的教育

摘要：主要介绍电影、广播、报纸、杂志、网络、电视等传播媒体对孩子成长积极与负面的影响及应对策略。

故事与资料：

《互联网时代》观后感

2014 年一部纪录片《互联网时代》热播，同时 49 岁的阿里巴巴创始人马云凭借 218 亿美元的个人资产被彭博亿万富翁指数评为中国富翁（9 月 19 日马云亲自赴美为阿里巴巴集团融资，寻求通过 IPO 筹集约 210 亿美元）引起了震动，而排名前三的另两个人分别是腾讯和百度的 CEO 马化腾和李彦宏。阿里巴巴、腾讯和百度都是中国互联网中的佼佼者。

中国人知道互联网是在 1994 年。那年的 4 月 20 日，通过一条 64K

的国际专线，中国全功能接入国际互联网。而那一年，英国的计算机接入互联网已有21年；绝大多数中国人还只能从《人民日报》和新华社的报道中了解刚刚动工的三峡工程和南非新当选的黑人总统；超市进入中国，带来一种全新的购物体验；多数中国人才开始接触个人计算机；而阿里巴巴帝国的缔造者马云正在浙江经营一家翻译社，勉强收支平衡。

20年过去了，以"追随者"姿态进入网络时代的中国，今天已是互联网巨浪中的弄潮儿。6亿多的中国网民和腾讯、百度等中国网络公司正在重划世界互联网版图（www.lz13.cn）。中国创造的4G网络标准已经成为国际标准之一；全球最大的15个社交网站中，6个来自中国，其中包括已在纳斯达克上市的新浪微博和不到3年就拥有4亿多用户的微信。

因此可以说，互联网影响、改变着全世界民众的生活，或者说，全世界已经离不开互联网了。

互联网将我们所说的地球村更早地实现了！地理位置上的距离对互联网来说都不是问题。互联网引发的问题是，两个人相隔最远的不是千山万水，而是各拿着智能手机忘情相向而坐的人。

解析：

互联网从心灵上拉近了全人类的距离，深刻改变了人类社会的结构，改变了几百年甚至几千年来人类生活、工作、学习的方式。互联网同样给家庭教育提出了新的课题和挑战。面对新生事物，我们不能回避，也无法回避。作为家长不仅要积极学习去迎接挑战，更要最大限度地利用好互联网给家庭生活和家庭教育带来的极大便利和条件；同时，还要将这一新生事物给人们带来的负面影响降到最低。这对每一个家庭、每一对父母都是一个全新的课题，全新的挑战。让孩子在"互联网+"时代能够健康快乐地成长，每一个家庭、每一位家长都责无旁贷。

一　传统家庭教育与网络家庭教育的联系与区别

网络技术的迅猛发展及其在生活领域的广泛应用，彻底改变了人类的生存媒介环境，重塑了人与人之间的交往活动关系，家庭教育亦不例外。

这里提出的传统家庭教育与网络家庭教育，并非指家庭教育的"古老"与"现代"、"保守"与"进步"等通常意义，而是以网络媒介作为家庭成员生活、生存基本方式的临界点，将家庭教育区分为传统家庭教育与网络家庭教育。因此，所谓的传统家庭教育，意指前网络时代的家庭教育，也就是说，网络尚未进入家庭，家庭与家庭之间，家庭成员内部之间交往关系、教育关系的建构主要依赖于常规化媒介手段，比如面对面交流、电话交流、向电视学习教子育女之道等；所谓网络家庭教育，意指人类社会普遍进入信息化时代，家庭与家庭之间，家庭成员内部之间交往关系、教育关系的建构主要依赖于网络媒介而引发的家庭教育活动。二者既有联系也有区别，主要表现在以下三个方面：[①]

1. 家庭教育发展的环境媒介

在传统家庭教育中，教育环境具有封闭性，家长和长辈在教育中具有权威地位，家长总是扮演着教化者的角色，子女总是扮演着被教化者的角色，这决定了双方在社会教化上的不平等性，社会教化中的"父为子纲"称得上是一切文明社会文化传承的基本法则。但是随着网络时代的到来，电脑互联网的广泛运用，传统的家庭教育环境将发生根本

---

① 王盛峰、林琦、朱旭慧、薛云：《传统家庭教育与网络家庭教育比较研究》，《教育教学论坛》2013 年第 16 期。

性的变化。家长在孩子面前不可能永远保持权威者的形象，因为互联网所营造的网络世界使他们的权威受到严峻的挑战，而网络的开放性、交互性使家庭教育环境由封闭性、权威性向开放性、民主性转变。

无论是在传统家庭教育中还是在网络家庭教育中，家长在家庭教育中仍然有着重要的作用，家庭教育环境是家庭教育的基本要素，在个体成长过程中起重要作用。但是，网络具有一定的隐蔽性，孩子接触到什么样的信息家长一般不易察觉，这就在无形中加大了家庭教育的难度。

2. 家庭教育的内容

在传统的家庭教育中，中国古代家庭教育主要是以伦理道德规范的教育为主，并且从具体的礼节入手，主张在日常生活中进行日常行为规范的教育。而到了现代，传统家庭教育中的家长为了孩子以后能够立足社会，获得较好的社会地位和职业声望，把家庭教育的重心放在子女的智力发展和学业成绩上来，认为只要孩子在考试中有好分数，能够进入重点中学，考上重点大学就行，渐渐忽略了对孩子良好品德和创新能力的培养。而在网络时代，素质教育成为时代的主题，不仅要求一个人有较高的智力水平，而且还要求一个人具有良好的道德素质、合作精神以及较强的创新能力。因此，网络时代的家庭教育不再局限于品德教育或是知识技能教育，而是将两者完美结合，从而促进孩子的全面发展和个性发展。

然而不论时代如何发展，家长教育的主要任务应该是从孩子的品德教育抓起，教育孩子学做人开始。在一个科技发达的时代，需要大量具有创新能力的人才。能够创新的人不仅仅要有丰富的知识，还要具备良好的人格特征和人际交往能力，而品德是良好人格和人际交往能力形成的重要影响因素。因此，传统家庭教育中对品德的重视是值得现代教育借鉴的。

3. 家庭教育的基本运作方式

中国家长在长期的家庭教育实践中总结出了一系列行之有效的方

法。在传统家庭教育中，首先主张家风对儿童的陶冶，很多家庭都重视家风的培养，把家庭和睦、孝敬父母、敬业守法作为家风培养的内容，并以家训家规的形式保留下来，对后代进行教育。其次，主张以正确、正面、正当的内容与方法教育儿童，重视以身作则，潜移默化地影响儿童。可以看出，传统的家庭教育主要是以父母的教导言行为主。

网络时代社会多元化的发展趋势促使我们必须对传统家庭教育方式进行改革，家庭教育方式开始向民主化、个性化、多元化变革。在网络时代，父母与孩子们面临的是同一崭新的世界，同一全新的知识体系，孩子们在学，父母们更要学而且要有勇气和孩子们一起学，甚至向子女们学，只有这样才有可能成为孩子们的良师益友。网络技术使家长们能通过电脑互联网为孩子们解决他们在学习、生活中的各种问题，指导他们从电脑网络中利用各种资源，逐渐成为孩子们学习和运用信息技术解决问题的督促者、辅导者甚至咨询者。家长在教育孩子时，不能再把自己作为权威，因为信息时代的到来使孩子对家长不再是盲目地遵从和依赖，他们可以根据自己的爱好和需要从互联网上获取大量的信息和知识，自主学习，塑造自我。

但是家长的榜样作用是从古至今都不能否认的，不管是在传统家庭教育中还是在网络家庭教育中，家长都要树立良好的形象，做好孩子们的榜样。

交流与指导：

1. 数字化时代，个别教育、远程教育和终身教育将成为现实，教育的数字化使得传统的家庭教育环境和教学模式受到了剧烈的冲击，也使得家庭教育方式更加多样化。

2. 数字化时代，使家庭中孩子的传统的受教育角色发生了根本的实质性的改变，如孩子可以大致充当以下七种角色：多媒体技术的学习者、知识的主动获取者和筛选者、自主学习者、知识的探究者、学习的主动参与者、自我评估者、合作者等等。与此同时，家庭教育中的家长的角色和职责也应该相应地发生改变，如其主要职责应从"教"孩子，转变为"导"孩子。

二 网络时代对家庭教育的影响及家庭教育面临的新挑战

（一）网络时代对家庭教育的影响

网络改变了社会生活，同时也改变了我们的家庭。家庭的结构、家庭的功能、家庭的运作方式、家庭的发展无不打上了网络时代的烙印。网络时代的亲子关系、教育主体、教育目标、教育价值观等均产生了新的变化。①

1. 亲子关系的改变

传统亲子关系中父母权威逐渐丧失，父母对儿童的教育影响方式发生了改变，平等对话、民主交流成为最受孩子们欢迎的亲子交往方式。孩子最欣赏的是能够理解他人、换位思考、与时俱进的父母。儿童生活中的重要他人日益多样，亲子冲突日渐增多，亲子互动方式发生改变。亲子之间对话与交流减少，许多孩子情愿在网上寻找自己的知音，对网络伙伴吐露自己的心声。代沟现象日益凸显，代沟的年龄界限日益缩短，由过去的 20 年一代演变为今天的 10 年一代或 5 年一代……亲子关系状态决定了家庭教育的质量。改进不良亲子关系，构建和谐的亲子关系是开展家庭教育实践的重要前提。

---

① 缪建东：《论网络时代的家庭教育》，《成人教育》2009 年第 6 期。

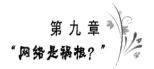

2. 教育主体的改变

教育只有与自我教育相结合才能达到理想的状态。外在的教育影响，只有通过不断的内化才能转化为个人成长的力量。今天，人们自我教育的内在需求日益增强，自我教育的能力大为拓展。借助于网络，人们的自我概念日益丰富，自我发展的动机水平不断提升，个体的心理健康素养愈益增强。互联网时代，年轻人正在以平衡和复杂的方式利用技术来开发和改善他们的社会关系，开阔自己的眼界。

3. 对教育目标的反思

心理健康、人格健全理应成为教育的理想目标之一。行为异常、心理异常、人格障碍、色情信息、暴力信息等都是网络时代教育的副产品。胸怀大局、心存理想、关注社会、心系未来，集责任意识、历史意识、民族意识、时代意识于一身的人，积极健康的人，具有丰富心灵和美好向上的人，有创新精神的人，是网络时代教育追寻的目标。传统的教育目标更多地指向外部的目标，目标的构成之间相对机械与分割，而网络时代的教育目标更多地指向内部的目标，目标的构成之间倾向于有机与整合。

4. 教育价值观的改变

网络时代教育价值更多地强调：全球意识与本土意识的统一、效率意识与公平意识的统一、学习意识与创新意识的统一、自我发展与社会发展的统一、开放意识与竞争意识的统一、权利意识与责任意识的统一、权威意识与民主意识的统一。在网络时代，共享与分享、依赖与独立、互助与自律、关怀与自主，取代了传统学校教育一贯强调的自强不息、独立人格、他律为主等价值取向。网络时代的教育价值比较于传统学校教育强调的教育价值更为全面具体。

（二）家庭教育面临的新挑战

网络条件下，家庭教育面临着新的挑战，有人形象地把这些挑战称

为"五色"威胁和挑战：①

1. 白色：垃圾信息

互联网上的信息每时每刻都在更新变化，其中有正确的也有错误的，有积极的也有消极的，有使人增长知识、陶冶情操的信息，也有低级下流、诱人犯罪的信息。如果能对互联网信息加以正确地筛选和过滤，那互联网就是一座"知识宝库"，如若不然，那它就是一个"信息垃圾场"。

2. 黄色：色情信息

巨大的利益链条和各国政府对色情不同的法律界定，使无国界的互联网根本无法完全消除色情信息对青少年的危害。浏览网络色情信息不但会导致青少年性道德认识弱化、性取向选择混乱、性心理情感淡漠，更有可能导致性犯罪。值得警惕的是，手机网络色情也一直泛滥成灾，对部分"拇指一族"的青少年而言，浏览色情信息变得更加便捷和隐蔽。

3. 红色：血腥与暴力

血腥与暴力的场面往往会使人情绪激动、心跳加快，产生视觉上和心理上的刺激。玩网络暴力游戏或者浏览网络血腥与暴力网站，不但会增强青少年的攻击性和暴虐性，而且容易沉浸其中，不断追求刺激，将之作为发泄个人仇恨的渠道，甚至于为了追求真实的体验和兴奋感，而去实践种种血腥和暴力行为。在这种情境下，可能会因为生活中微不足道的失意、挫折或者江湖义气，做出暴力行为，最终走上犯罪的道路。

4. 灰色：消极思想与诈骗

互联网的开放性使网络上的消极思想和诈骗信息随处可见。缺乏根据的推理、以点带面的看法、对问题过度引申、对问题事件夸大或缩小，与自己进行消极性的联系等等，这些消极思想都将引导青少年步入

---

① 罗志刚：《浅析家庭教育在网络时代面临的挑战和对策》，《才智》2012 年第 25 期。

思想的死胡同。比如"我什么都比不上别人"、"这事情根本就解决不了"、"我这辈子没救了"等等。另外，对是非辨别能力较差、缺乏生活经验而又想一鸣惊人的青少年来说，他们更容易成为网络诈骗团伙的"猎物"。

5. 黑色：非法与危险

利用网络散布谣言、传播非法言论和邪教思想无疑是恐怖敌对分子和邪教组织最便利、最快捷的传播途径之一。他们往往在互联网中刻意制造社会政治、经济等谣言信息以混淆视听，扰乱正常社会秩序。或者通过伪造图片、视频等多种形式宣扬迷信思想和邪恶宗教信息，而这些非法勾当针对的最佳对象就是知识不健全、是非判断能力较弱、容易动摇信念的青少年群体。

交流与启迪：

现代社会正日益走向网络化和信息化。无孔不入的数字化信息，在某种意义上正改变着人们的生存状态，以至于有人提出"数字化时代"这一新名词，用以指称现代社会中以网络技术为基础的人们的新的生存环境。信息网络是一个开放的系统，没有国界和地域，整个世界成了一个"地球村"，全球各地的人都可以迅速通过网络进行交流，各种信息得以迅速地扩散，信息自然成了便于共享的资源，纷繁的信息像汹涌的大潮跨国流动，人们不再受时空的限制而自由交往，其间不同的思想观念、价值取向、宗教信仰、风俗习惯和生活方式等相互渗透，甚至会带来激烈的碰撞和斗争。数字化对社会的各个领域均产生了深远的影响，家庭教育也不例外。作为家长，不仅要做到洁身自好，更要做好孩子面对网络的引导、指导等工作。

三　网络时代家庭教育的应对策略

网络是一把"双刃剑"。作为家长应率先垂范，不断提高自身素质，面对网络大潮给孩子做出榜样，为孩子成为网络大潮的"弄潮儿"而身体力行。①

1. 父母要加强学习，提高自身的教育素质

家庭是儿童成长的重要环境，父母承担着在学校之外对学生的主要监督和教育职能。父母的任何不当或不检点的行为都可能成为孩子出现不良行为的诱因，提高家庭教育水平、改善家庭教育模式是极其必要的。为此，父母要进一步增强责任意识，与孩子同学习、共成长。要注重学习网络等新知识，掌握科学的教子方法，增强家庭教育的针对性、科学性和实效性。要加强自我约束，重视言传身教，以自身良好的品德修养、行为习惯影响子女。

2. 父母要主动配合学校加强对孩子的网络知识教育

父母对孩子正确使用网络负有义不容辞的教育、引导和监督的责任，父母要更新家庭教育观念，从网络环境的新视角来重新审视家庭教育的内涵。随着家庭电脑及互联网的迅速普及，家庭正成为学生接触网络最便捷、时间最长的场所。父母要注重与学校的配合，及时对孩子进行网络指导。

一要培养孩子的自我管理能力，配合学校学习和执行"网络安全规则"等相关规定，了解使用哪种搜索引擎、进入哪些网站更安全，学会处理不良信息，保护孩子不受侵害。

二要帮助孩子有效地利用网络资源，促进自我发展。指导孩子利用

---

① 青岛市妇联课题组：《网络对家庭教育的冲击与对策》，《中国青年研究》2006年第10期。

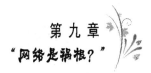

网络查询资料、学习绘画，参与健康有益的网络活动。

三要加强孩子的道德自律和伦理规范。要加强对孩子的道德责任教育，形成道德良心，自觉遵守网络规范，做文明网民。

四要鼓励孩子多参加社会实践活动。鼓励孩子参加形式多样的社会实践，不断提高他们对社会的认知和适应能力，正确对待"虚拟"与"现实"的差距，确立积极向上的人际关系。

3. 父母要掌握和学会使用孩子网络心理问题的简单干预策略

未成年人沉迷于网络有百害而无一利，针对已经沉迷于网络的未成年人，父母要及时采取不同的措施，对其进行心理干预。

一要改变网络成瘾孩子的认知模式。与孩子一起分析沉迷于网络的危害，帮助孩子矫正错误的认识，正确评判网络与现实的差距，不要一味地将网络作为精神寄托。

二要对孩子进行自信心的训练。产生网瘾往往会影响孩子的学习，使其对学习丧失信心，在这种情况下，父母不能武断地给他们贴上失败的标签，要在感情上对他们多加关怀，及时鼓励，帮助其在学业上获得成就感，重新找回自信心和上进的勇气。

三要进行人际沟通技能的训练。具备良好的人际沟通技巧，建立起良好的人际关系，就不会沉迷于在网络上寻求虚幻的友情。为此，父母要与孩子重新建立起彼此间良好的沟通和信任，积极为孩子的社会交往创造条件。

四要对孩子进行自我时间管理的训练。上网成瘾的孩子往往都存在时间管理的问题，因此，进行有效的时间管理就显得尤为重要。①在上网前要明确上网的目的，估计所需时间；②下载和使用一个时间管理软件，设定好每次上网的时间，只要时间一到，就自动关闭网页；③帮孩子预先设计操作的流程，严格按照流程执行；④建立奖罚机制，如果超出了预计时间没有完成计划任务，将在下次上网时间里扣除，如果节余了时间，可按比例延长下次网上娱乐时间，对孩子进行规划能力和自我控制能力的锻炼。

五要不断改善家庭环境。上网成瘾的孩子有 1/3 父母关系不良或亲子关系紧张。研究表明，具有网络成瘾倾向者和没有网络成瘾倾向者的父母教养方式存在明显差异，具有网络成瘾倾向者的父母显现出更少的情感温暖、理解，更多的拒绝、否认和严厉惩罚。因此，可以通过家庭治疗，尝试改善父母教养方式、家庭关系和氛围，帮助孩子转移其对网络的依恋。在经济条件允许的情况下，可考虑购买计算机，使孩子在家里上网，以便于父母对其进行监督和指导。另外，要加强家庭成员间的沟通和交流，改善家庭的精神环境，建立良好的夫妻、亲子关系，创建平等、民主、和谐的家庭氛围。

启迪与指导：

网络信息时代，家长的角色将不再以信息的传播者或组织良好的知识体系的呈现者为主，其主要职责应从"教"孩子，转变为"导"孩子。其形式可表现为以下几种：

（1）引导：帮助孩子建立适当的家庭教育学习目标，并确认和选择达到目标的最佳途径；

（2）指导：指导孩子形成良好的家庭学习习惯，掌握学习策略和认知能力；

（3）诱导：创造丰富的家庭教育环境，激发孩子的学习兴趣，充分调动其学习的积极性和主动性；

（4）辅导：辅导孩子利用各种便利手段获取所需信息，并利用这些信息完成家庭教育的学习任务；

（5）教导：父母应做孩子的朋友和榜样，教导其养成高尚的道德、完善的人格和健康的心理等各种优秀品质，培养其区分良莠信息的能力。

第 十 章

"谁该是家里的老大?"

——家庭结构日益简单情况下孩子的教育

摘要：介绍联合家庭、主干家庭、核心家庭等不同家庭结构对孩子成长影响的利与弊及应对策略。

故事与资料：

致家长的第二封信——家中谁是老大?

家长朋友你们好：

我们是中国科学院心理研究所什邡工作站、中国红十字会心灵阳光工程及什邡青鸟心理咨询中心的全体同事，很高兴，我们又"见面"了。这是我们家长学校的家庭教育手册的"致家长的第二封信"，这一次我们讨论的主题是"谁是家中的司令官"。

谁是老大? 谁该在家中发号施令?

这些问题听起来就觉得陈腐，让人联想到"一言堂"、"办事不合理"、"不民主"等。许多年轻的父母想起自己小时候在家中受到的严厉惩罚，以及当时自己心中的委屈和挫折感，可能还想起《致家长的一封信（1）》中提到的"教育，爱，从倾听开始"等，所以答案是非常肯定的——父母和孩子是平等的朋友关系，家中的事应共同决定。

遇到重大的争执时您怎么办？

家中来了重要客人，但您 5 岁的孩子却哭着闹着不让您得到安宁，您怎么办？夜里 11 点了，您 8 岁的孩子却还要坚持看电视您怎么办？该上学了，您 15 岁的孩子却和一帮孩子在家里打牌，您怎么办？

您会不会这样做？

自己当孩子时受到的粗暴对待至今让您记忆犹新，您想严厉管教他，但又怕伤了孩子，于是您温和地劝他，可是没有效果。这时您不知道怎么办才好，由于怕犯错误，您放弃了，不跟孩子发生直接冲突，您希望孩子自己领悟自己的错误，对自己的行为负责，慢慢地学会好的行为。

这样做的最终结果是什么？

后来，您会发现，5 岁的孩子成了小皇帝，凡事都要按他的意愿才行，否则就要大哭大闹，也可能发现 8 岁或 15 岁的孩子经常地逃学，甚至还养成了偷窃的毛病。

您伤心欲绝，扪心自问："老天那，我做错了什么，我避开了我父辈的粗暴，我充满了耐心，我按书上告诉我的方法来教孩子，可为什么结果会是这样？"

出现这种结果的原因是什么？

因为您放弃了作为父母的责任，因为您当了父母，您就不能犹豫不决，三心二意，您必须快刀斩乱麻，果断地做出决定，您必须为自己、为别人的行为负责。这个"别人"，不是别人，正是您年幼的还不成熟的儿女。

我们试想孩子来到这个世上，他们是多么的无知和幼小，周围有多少事需要他们去学习、去了解，有多少事需要他们去适应、去同化。正像我们只身来到一个遥远的陌生神秘的地方，有荒凉的沙漠，有无底的沼泽，有我们一无所知的原始部落，甚至还有到处出没的狼群。

我们多么希望向导给我们指点迷津，然而向导由于心虚，却借口让我们自己去探索，这是一种多么可怕绝望的景象呀！也许我们最终找到了出路，然而仍有大部分人会在沙漠中迷失了方向，或陷入了没顶的沼泽，或为狼群所吞噬，再也走不出来了。

父母是老大！家长是司令官！

对于还不成熟的年幼的孩子，父母负有不可推卸的指导和"发号施令"的责任。因为孩子要适应这个社会，要适应现实，但他们又不知道该怎么做。父母的指导和命令应该代表社会和现实的声音。

作为父母，您必须发号施令。生活中有很多很多"必须"，您必须让孩子知道。如果您不能填平湖海，您就必须禁止孩子随便跳入。如果您不能让所有的汽车停开，您必须让孩子当心汽车。如果您不能杜绝所有客人的到来，您就应当告诉孩子适当的礼貌。

解析:

1. 从教育学的角度讲，教育过程中的主要矛盾是教育者和受教育者之间的矛盾，其中教育者是矛盾的主要方面。也就是说，任何情况下，不管家庭结构状况如何，父母都是家庭中的"老大"。父母如果放弃了这一最重要的角色，就违背了这一教育规律，就会出现上述故事和资料中家庭教育的结果。

2. 从社会学的角度讲，家庭是社会最基本、最微小的细胞组织。既然是一个社会组织，就应具有基本的组织结构。在这一结构中，居最上层的组织单位就是父母。从这一意义上讲，父母也应该是家庭中的"老大"。

3. 从心理学的角度讲，教育者取得教育奏效的必要条件之一，就是教育者和受教育者必须具有民主、平等的伙伴关系。如何协调和处理家庭中父母和孩子的"老大关系"与民主、平等的"伙伴关系"呢？本章将介绍不同家庭结构中的父母如何履行好与孩子之间的"老大关系"和"伙伴关系"的双层关系。

4. 家庭结构是指家庭成员的序列和数量。家庭结构决定儿童生活所面临的家庭成员关系的复杂程度，是儿童实现社会化的重要过程和途径，是影响儿童教育工作和儿童身心发展的一个重要因素。按照家庭成员的完整情况，一般将家庭结构分为完整型家庭和缺陷型家庭。完全型家庭包括联合家庭、主干家庭和核心家庭等；缺陷型家庭包括单亲家庭、再建家庭和空巢家庭等。本章主要介绍完全家庭结构对孩子成长的影响，缺陷型家庭对孩子成长的影响将在第十一章中详述。

5. 联合家庭指父母与多对已婚子女组成的家庭，或者已婚同辈联合组成的家庭。这种家庭主要靠成员间的相互尊重、接纳、包容而存在。一方面，家庭成员间的沟通方式以及富有弹性的家庭生活规范能够使子女学到如何分辨不同的价值观，并学会运用多角度的处世态度，利于孩子的社会化。从另一方面说，联合家庭之间出现矛盾与摩擦对子女习性的形成与发展也将产生深远的影响。这类家庭在中国当代已经极少，本章主要介绍核心家庭和主干家庭中孩子成长的利与弊。

一 核心家庭对子女成长的影响及教育策略

1. 中国核心家庭的特点

核心家庭是指由一对夫妻及其未婚子女组成的家庭。它包含了两种最主要的家庭关系——夫妻关系与亲子关系。核心家庭是西方国家尤其是美国的主流家庭模式，而根据我国"2005 年全国 1% 人口抽样调查主要数据公报"，平均每户家庭的人口为 3.13 人，其中城镇平均每户家庭的人口为 2.97 人，农村为 3.27 人，这充分说明核心家庭现在也已成为我国占主流地位的家庭模式。

由于中西国情不同，中国的核心家庭具有自身的特征。[①]

首先，中国的核心家庭中祖辈居住地距离较远，联系较为稀疏。改革开放以来，特别是近十年来，我国城市化进程越来越快，城市的外来人口越来越成为城市的主要组成部分，使得越来越多的农村居民来到城市并安家立业，使越来越多的小城市居民来到大中城市定居下来，由于经济、交通、年纪和生活习惯等多种原因，导致祖辈与儿孙的交往稀疏，甚至只能在逢年过节的时候相聚。

其次，中国的核心家庭大都只有一个孩子，即父亲、母亲和孩子共三口人。这跟我国在 20 世纪 70 年代末实施的计划生育政策有很大的关系，虽然在 2007 年新修订的《宪法》中取消了计划生育的国策地位，但已经形成的生育观念与其他因素的影响可能会使夫妻们坚持一个孩子的生育计划。

再次，中国的核心家庭中父母双方均需要工作，妇女受教育水平的提高以及经济发展水平相对低下等原因，迫使父母双方必须同时在外工作才能够使一个家庭得以维持和发展。

2. 核心家庭结构对子女成长影响的积极作用

核心家庭在子女教育方面的优势，主要表现在以下几个方面：[②]

（1）核心家庭的特点是人口数量少，成员层次（即辈分数）少，家庭成员之间的关系密切，家庭的内聚力比较大。

（2）这种家庭里家长的权威较高，家庭成员之间的关系较容易协调，有利于矛盾的解决和处理。

（3）父母接触孩子的机会多，直接交往多，教育者和受教育者的

---

① 牛楠森：《试论核心家庭在儿童价值品质养成上的困境与出路》，《少年儿童研究》2010 年第 14 期（理论版）。

② 赵忠心：《家庭教育学》，人民教育出版社 2001 年第 2 版，第 147 页。

关系更为接近，教育者的思想容易统一，步调容易达成一致。

（4）家庭规模小，成员组成简单，父母对子女的教育比较顺利，受外界的干扰较少。

（5）子女和父母关系密切，根本利益一致，利害攸关，子女的身心发展状况、前途命运直接关系到父母的切身利益。因此，父母对子女的身心发展状况特别关心，教育工作抓得紧，能全力以赴，肯于投资，有教育的自觉性和迫切性。

（6）核心家庭中，父母是子女的教育者，必须对孩子的管理和教育全面负责，没有别的人可以依赖，因此，家长管理和教育子女的责任心更强。

由于核心家庭在子女教育方面有以上优势，所以孩子在个性成长方面也具有一些优良特点与品质，如：知识性因子较高，好奇心、自信心、坚持性、独立性、自尊心、情绪稳定性等方面均优于其他家庭结构中的儿童；思维敏捷、兴趣爱好广泛、敢为性、诚实自尊、有强烈的安全和归属感、遇到问题独立思考等等。

3. 核心家庭结构对子女成长影响的消极作用

核心家庭结构也同样存在着对孩子教育不足的方面，需要诸位家长有清醒的认识，并在家教实践中能够扬长避短，善于化消极因素为积极因素，做智慧家长。其消极影响主要表现在以下四个方面：

（1）祖辈缺位致使"孝道"的缺位

"三口之家"成为主要的家庭存在方式，传统的以老人、长辈为核心的家庭伦理逐步让位于以孩子为核心的家庭伦理。结构的变化必然引起功能的改变，祖辈的缺位使父母虽有孝心，但难有孝行，而行为的长期缺失必然会销蚀孝心，久而久之进入恶性循环，孝道在不知不觉中被忽视和遗忘。对儿童来说，看不到"孝"又如何知"孝"、行"孝"。依据班杜拉的社会学习理论，某种行为被模仿是需要条件的，首先是行为的主体进行了某种行为，其次是行为的对象是现实可见的。核心家庭的儿童既看不到父母行孝的行为，也看不到行孝的对象。对他们而言，"孝顺"只是会使电话里的爷爷奶奶、外公外婆高兴的说辞，是能够增加压岁钱的好手段。

在现代核心家庭中，因为祖辈的缺位，核心家庭中父母的单一角色，使其为人儿女的角色难以体现，必然会掩盖其有关孝道的认识与行为，那么孩子自然无从得知自己是否必要和如何学习孝敬这一基本价值品质。就连从反面学习的机会都没有。[①]

（2）同辈缺失导致"友悌"的落空

传统家庭中讲究"友悌"，"兄友弟恭"，指年龄稍长者要关爱、保护幼者，幼者要尊重长者。这种长幼之间的"友悌"既是同辈交往的原则，也是同辈交往的结果。因为同辈之间的横向交往主体在年龄、认识能力、思维水平和行为能力方面基本持平，相互之间不存在交往上的先天优势或劣势。由于人具有归属感的生命需要，儿童要想在同辈中得到认可和接纳，就必须学会遵循交往的基本原则，控制自己不被认可的需要，并且在交往中互相模仿那些被表扬的行为，在这个过程中，关爱与尊重的品质日渐形成。

在核心家庭中只有一个孩子，不存在兄弟姐妹关系，也就没有了同辈之间的横向交往，他们最主要的交往对象是其父母。但是成人的言行与儿童的言行距离太大，许多成人认为理所当然的内容对儿童而言是无法理解的，甚至无法用他的语言表达出自己的迷惑，这样的交往对儿童是没有意义的。同时，父母在与孩子的纵向交往中，往往以孩子的天然弱势为理由不自觉地迁就孩子，导致孩子误以为自己的交往原则和方式是正确的，并把其迁移到与家庭之外的玩伴、同学交往中。如此一来，必然会导致儿童之间交往的不可进行。结果是一部分儿童会因此而惧怕与同辈的交往，失去了在同辈交往中养成关爱与尊重品质的机会；而另

---

① 牛楠森：《试论核心家庭在儿童价值品质养成上的困境与出路》，《少年儿童研究》2010年第14期（理论版）。

一部分儿童，会自行修改在家庭中形成的交往策略使自己与同伴的交往得以进行下去，这种有意识的策略修改行为是有重要意义的。不过，这也有可能导致儿童"双重人格"的产生，即儿童在与父母交往、与同伴交往中采取两种截然不同的交往原则，比如我们经常会看到在学校表现优异、与同学相处融洽的孩子在家里却对父母出言不逊。[1]

（3）家庭结构简单加剧儿童孤独感

中国核心家庭的特殊性之一就是父母双职工化，繁忙的工作日程与巨大的工作压力使父母缺少时间和精力了解孩子、照顾孩子，又因为对社会安全的不信任感，唯有孩子待在"安全"的家里才能使父母放心。又由于家中既无祖辈、又无同辈，冷寂无人的家庭环境使儿童陷入孤独之中。陪伴他们的只有电视、电脑、各种玩具，与这些没有情感的虚拟世界的交往只会加剧儿童的孤独感。

（4）家庭人际关系简单影响交际能力

核心家庭的人际关系过于简单，家庭代际上存在缺陷，所以使儿童在家庭和社会中无法领会到各种复杂的人际交往关系，使他们变得拘谨、焦虑，致使儿童形成自我为中心，不善于交际的个性特点，进而影响和制约了儿童的个性发展。

总之，在核心家庭中，提倡改革核心家庭模式，纳入祖辈组成主干家庭，以弥补由于祖辈缺位导致的"孝道"的缺位；提倡和鼓励在国家政策允许下，父母生育自己的子女或收养子女，形成多子女家庭，弥补同辈缺失而导致的"友悌"的落空。如果不能从根本上改革核心家庭模式，家长应学习和掌握核心家庭对孩子成长的利与弊，做到扬长避短。

---

① 牛楠森：《试论核心家庭在儿童价值品质养成上的困境与出路》，《少年儿童研究》2010 年第 14 期（理论版）。

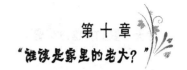

启迪与交流：

核心家庭结构的教育优势已经不言而喻，在当今家庭中起着越来越重要、越来越突出的地位和作用。作为家长，如何最大限度地规避其消极影响，是摆在每一位核心家庭家长面前关键的和首要的责任和任务。在此，提出三点建议供参考：

1. 既然核心家庭在孩子孝、悌这两个最基本的价值品质养成上无法作为，就必须改革现在的核心家庭模式，增加家庭中的社会角色身份。有两种途径可供选择：一是纳入祖辈组成主干家庭；二是响应国家号召，生育或收养形成多子女家庭。

2. 发挥学校教育的弥补作用。在学校中，既有处于不同年龄阶段的青年、中年及老年教师，也有来自不同地方具有不同经验的同龄人，所以在弥补由核心家庭的特征所导致的儿童价值品质养成的弊端上必然会有很好的效果。

3. 营造温馨的"社区—家"。社区应该利用对居民们的了解，利用各种方式，调动社区居民参与社区建设的积极性，对社区的未来与发展献策，尽力举办各种具有针对性的娱乐、教育活动，把核心家庭及其成员从"家城堡"中解放出来，逐渐走近，最后走进社区这个大家庭，最终形成充满温情的、关注每一个家庭的"社区—家"。让每位社区成员产生对社区的归属感和依恋感，把社区当作家，把其他社区成员当作家庭成员，使原本"陌生的社区"变成"熟悉的家"。

二 主干家庭对子女成长的影响及教育策略

主干家庭是我国较为普遍的家庭结构之一。一般是由一对父母和一对已婚子女（或者再加其他亲属）组成的家庭。在主干家庭中，为数较多的是祖父母（外祖父母）、父母和其未婚子女三代组成的家庭。由于人口多，其中不仅有夫妻关系、亲子关系，还有婆媳关系或翁婿关系、祖孙关系等，因此主干家庭的层次关系较核心家庭复杂得多。在主干家庭教育中，孩子一般要与三代人打交道，孩子的教育者，至少包括父母和祖父母两代人。所以，主干家庭教育对孩子的成长同样具有利弊两个方面。

1. 主干家庭对子女成长影响的有利之处

主干家庭对子女成长影响的有利之处主要表现在以下几个方面：①

（1）主干家庭中，祖父母（或外祖父母）可以协助父母照顾、管理和教育第三代，孩子可以得到更多的爱和更充分的教育，生活上的教育和日常的管理也比较周到。

（2）老年人一般比较耐心、细心，能较细致地体察孩子的心情，教育工作会做得深入细致。

（3）家庭中的老人，也需要儿女照顾，孩子们容易从父母身上学到关心、照顾老人的好品质。

（4）主干家庭人口多，人际关系复杂，家庭生活的内容更加丰富，有利于锻炼孩子处理各种关系的能力，有利于培养孩子社会化意识，培养孩子适应复杂社会生活的能力。

（5）家庭成员都经历了多年的磨合，存在的矛盾冲突较少，这有利于培养孩子的角色意识、尊老爱幼的品德及对环境的适应能力；主干家庭成员比较善于控制冲动情绪，让孩子学会忍耐等好的意志品质。

2. 主干家庭对子女成长影响的不利之处

主干家庭对子女成长影响的不利之处主要表现在以下几个方面：

（1）这种家庭里，家庭成员的层次比较多，教育者和受教育者的

---

① 赵忠心：《家庭教育学》，人民教育出版社 2001 年第 2 版，第 148 页。

关系不同,有父母子女关系、祖孙关系、夫妻关系、婆媳(翁婿)关系等;这些关系若协调得好,将对孩子成长极其有利,但若协调不好,将对孩子的成长极为不利。

(2)这种家庭里,教育者的年龄差距比较大,经历不同,思想观念不同,在教育思想、教育态度、管理方式、教育内容和教育方法等方面出现差别和矛盾,往往不利于对孩子进行教育,甚至相互抵消、削弱教育效果。

(3)如果两代教育者思想、教育方式不一致,你这样要求,他那样要求,孩子会无所适从,长此以往可能养成"双面"人格,对其将来的成长和发展造成无法挽回的影响。

(4)"隔代亲"是主干家庭中存在的普遍现象。祖辈过分溺爱和袒护孩子,孩子犯错后总是在祖辈这里寻求庇护,长此以往,必然形成孩子有恃无恐,不以为然,父母在家庭中缺乏权威,不利于儿童的社会化。

总之,在主干家庭中,教育者应协调好祖辈和父辈的关系,提倡以父辈为主、祖辈为辅的原则;同时,教育者务必做到在教育思想和教育方法上协调一致,共同进退,不能一个唱"红脸",一个唱"白脸"。

启迪与指导:

做好主干家庭结构的家庭教育,需要把握两个"关键点":

1. 做好祖辈和父辈教育的协调一致性工作,贯彻父辈为主、祖辈为辅的原则。父辈要主动听取祖辈对孩子教育好的意见和建议,并把自己对孩子教育的理念、方式和方法等主动向祖辈说明、解释,以取得他们的理解和支持。其中父辈教育思想和理念以及教育方式与方法的科学性和可操作性至关重要。

2. 做好主干家庭结构家庭教育的第二个"关键点"是处理好家庭

中的婆媳关系或翁婿关系。后者关系，相对来说比较容易取得协调和一致，而婆媳关系则是我国家庭关系中比较难处理的关系之一。处理好这一关系的关键和根本，在于父亲要妥善处理好两位对自己至亲的"女人"的关系问题，发挥好"中轴"和"润滑剂"的作用。人们常认为婆媳关系处理好的主要原因是有一个"好婆婆"或"好媳妇"，这仅是表面现象，其实质是她们中间有一个"好儿子""好丈夫"，这才是根本和关键。每一位父亲都应该做好既是"好儿子"，又是"好丈夫"这篇大文章。

第十一章

"离婚只是大人的事?"

——家庭稳定程度降低对孩子成长的影响

摘要：介绍单亲家庭、重组家庭和空巢家庭对孩子成长影响的利与弊及应对策略。

故事与资料:

大人离婚后会影响小孩以后的命运吗?

当今社会，离婚已成为很正常的一件事。有人甚至认为，离婚是社会进步和文明的标志。这些人认为，幸福就在一起过，不幸福就散，没有谁伤害谁，谁制约谁。对此，笔者不敢苟同。如果说没有孩子，倒可以理解的，那么一旦有了孩子，我们是否还应该有这样的婚姻观？从研究来看，不管离婚的原因是怎么样的，都对孩子一生成长有深刻的影响，而且总体来看是弊大于利。下面是不同年龄段的孩子对父母离婚不同的反应。

婴儿时期。此时孩子虽然不太会说话，但他们的感觉是非常敏感的，他们能觉察到周围人和环境的改变。父母的离婚，家庭人员的变动、关系的变化以及生活方式等的变化，都会给他们带来极大的困扰和不适。

幼儿时期。这个年龄段的孩子是想象力高度发展的时期，他们常常分不清哪些是真实的，哪些是想象的，所以往往会认为是自己不懂事给父母带来了麻烦才离婚的，常常会陷入深深的自责中，直接影响其身心健康。

小学阶段。这个时期的孩子是最不能接受父母离婚的，他们受到的伤害也最大。因为，他们不能像幼儿园的孩子那样用想象来安慰自己，也不能成熟到可以自己调整自己的恐惧、焦虑的情绪。尤其是有继母或继父走进家门或新的兄弟姐妹闯入家中的时候，他们会惶恐不安、困惑不已、无所适从。

中学阶段。这时的孩子，能够正确认识事物的变化，认为是正常的，但还不能摆脱情绪的困扰，亲情的不完整加上青春期的焦虑与困惑，会让他们陷入深深的痛苦中，进而仇恨父母，恨他们抛弃了自己，生了自己却不能给自己完整的爱。

解析：

1. 离婚真的是社会进步和文明的标志吗？答案是否定的。恩格斯认为，人类具有两大属性：一是其自然属性（或称生理属性），这是人和所有动物所共有的；二是其社会属性，这是人之所以为"人"的本质属性，其中责任感是社会属性中最重要的因素。一个人如果连自己的亲生骨肉都不能负责任的话，其"人"性是不是应该大打折扣？

2. 人无完人，人也不都是圣人。在社会生活的各个领域、在个人成长的不同阶段，人们出现过错和偏差也是正常的。问题的关键是应该如何正确面对，并发挥个人聪明才智，化消极因素为积极因素，最大限度地将其负面影响降低到最小。

一 单亲家庭对子女成长的
影响及教育策略

单亲家庭是指以男性或女性为家长，同被抚养子女生活在一起的家庭，这样的家庭多由死亡、离婚、分居、抛弃或者未婚所形成。其主要类型包括离异式单亲家庭、丧偶式单亲家庭、未婚式单亲家庭和分居式单亲家庭。其中，离异式单亲家庭是指夫妻双方经法定程序解除婚约，夫妻一方与其未成年子女共同生活的家庭。随着社会经济的发展和女性独立意识的增强，离异式的单亲家庭成为目前单亲家庭的主要形式。本部分主要介绍离异式单亲家庭对孩子成长的影响及教育策略。

（一）离异式单亲家庭对子女成长的影响

任何一种家庭结构类型对孩子的成长都有利有弊，离异家庭也不例外。离异家庭对子女成长的不利影响主要表现在以下方面：[①]

1. 易滋长悲观厌世情绪

在单亲家庭中，悲观厌世是一种突出的消极情绪。由于父母离异，孩子往往只与一方父母生活在一起（另一方只交规定的抚养费），家庭失去了往日的欢笑。特别是许多单亲家庭发生变故时，恰恰是在子女处于儿童或者青少年时期，他们有着比同龄孩子更敏感的一面。受家庭离异前的种种冲突甚至家庭暴力的影响，单亲家庭子女容易模仿也容易受到暗示，单亲家长的消极或悲观情绪往往更容易感染给单亲子女，滋长悲观情绪，在个别极端的情况下，一些单亲家庭的子女还容易产生厌世

---

① 李泽志：《城市单亲家庭亲子关系特征研究》，硕士学位论文，四川大学，2006年，第28—30页。

情绪。这些负面的情绪体验容易导致单亲子女人际交往能力下降，与同伴结成友谊关系困难，如果得不到及时地调整和帮助，这些不良情感会逐步积累起来，导致心理上的交往障碍。

2. 易形成消极自卑心理

单亲家庭子女在集体生活中更容易表现出怯懦自卑、狭隘自私的一面。由于家庭的不健全，造成了单亲孩子心理上的欠缺，他们常常感到不如别人，感到让人瞧不起。在很多情况下，他们常常认为自己是多余的人，认为命运对他们不公平，致使他们不信任别人，也不信任自己，生活中充满了迷茫和悲伤。单亲子女一般缺少较好的生活和学习上的指导，又加上家庭破裂给他们的心理带来的创伤，容易丧失生活与学习的信心。

在不和谐的单亲家庭亲子关系中，孩子更容易产生强烈的自卑感、被遗弃感、怨恨感等消极情感。离异家庭的子女由于在家庭得不到父母离异之前那种完整的温馨亲情，在学校里又常常受到同学的轻视，甚至讥笑和嘲弄，社会的传统偏见和舆论又往往使得他们抬不起头，他们为父母的离异感到羞耻，总觉得自己处处低人一等，由此产生了消极的自卑心理。

3. 导致个性发展不健全

父母是子女个性形成的首任老师，也是最重要的老师，二者不可或缺。一个父亲缺位的单亲家庭，孩子往往缺乏安全感，家庭活动空间较小，孩子尤其是男孩子更容易被社会不良诱因所吸引染上恶习。一个母亲缺位的单亲家庭，对子女心理健康的影响也很大，如果一个人幼年就生活在无母的家庭，会造成情感能力退化。一个母亲的良好影响可以促使子女的身心健康发展；反之，可能造成孩子情感障碍，形成自我封闭，或产生其他负面的心理倾向。

有研究表明，儿童的个性是在生活过程中形成的，成人的态度和行为直接影响着儿童性格的形成。离婚的家庭，从父母情感破裂开始，家庭人际关系失和，父母整日无休止地争吵，直至离婚的整个过程，既是对孩子施加各种不良影响，造成严重心理创伤的过程，也是使孩子形成不良性格特征的过程。有的孩子因长期抑郁而逐渐形成孤僻、怯懦的性格，成为对他人、对社会都极端冷漠、缺乏信任感的人；有的孩子由于长期生活在争吵打骂的环境中，变得情绪暴躁而形成蛮横、粗野和冷酷的性格；还有的则可能由于父母常迁怒于孩子，经常无故殴打孩子，使孩子经常在恐惧中度日而变得神经质；有的孩子由于对家庭、父母感到失望而逐渐产生厌恶、敌视以致形成双重人格。这些消极的性格特征，最终影响到孩子的个性发展问题。

4. 容易引发问题行为

单亲家庭子女如果生活在一种并不能令他（她）感到安全或者满意的家庭环境中，问题行为的发生率往往比较高。由于家庭的破裂，导致家庭教育的残缺不全，生活在单亲家庭中的子女往往缺乏较好的生活教养和学习上的指导。同时，由于家庭破裂给他们的心灵蒙上一层阴影，致使他们丧失生活与学习的信心，在行为上具有与社会和周围的发展不相适应的异常现象，问题行为的发生率较高。由于父母离异，子女身心受到严重伤害，也很难较快地适应新的生活。

由于家庭的缺损，孩子在家庭里得不到足够的温暖，产生一些心理失衡。既然父母不能给自己足够的关心，那么只能靠自己来寻求快乐了。于是他们就到家庭以外去寻求慰藉，经常进网吧、录像厅、歌舞厅等场所。在校表现为：不能严格遵守学校、班级的各项规章制度，比如迟到、早退、旷课、打架、不思进取、扰乱班级秩序等。

当然，有研究认为，也有的单亲家庭子女学习成绩非常优良，个性发展也很好，并不亚于完整家庭的子女。所以离异家庭的诸多不足，如果利用得好，也许能成为孩子成长的有利因素。比如：[①]

第一，孩子的自立愿望得到加强。单亲家庭的经济条件较差、社会

---

① 王世军：《单亲家庭及其对子女成长的影响》，《学海》2002 年第 4 期。

地位较低、缺乏双亲的有力保护，孩子常常有着切肤之痛，有的子女从小就立下改善环境、地位的志向，成就感也更强烈、迫切。

第二，有利于父母与子女的情感交流。有些单亲家庭子女能体谅父（母）的艰辛，与单亲父母的情感依恋较强，更能善解人意，在日常生活中，成熟较早，更易为单亲父母分忧解难。

第三，部分子女的生活技能更多。由于单亲家庭子女在生活方面从父母处得到的帮助、指导较少，很多事情（包括生活上的）他们只能依靠自己，因此多数单亲家庭子女经历一段单亲生活后，都会在一定程度上对单亲家庭生活有所适应，并培养起较强的生活自理能力。

第四，有利于孩子的身心发育。离婚式单亲家庭的孩子，摆脱了离婚前的纷扰状态，反而为子女身心健康成长创造了较好的条件。

（二）单亲家庭的教育策略

作为单亲家庭的家长，一方面要多给孩子以相互沟通交流的机会，另一方面要让孩子多为家长分忧解难，使孩子能够健康茁壮成长。父母作为亲子关系中的关键角色，在孩子的社会性情感、社会性认知、社会性交往行为发展过程中，起着重要作用。重视发挥不在位家长的教子作用，父亲与母亲优势互补，共同参与家庭教育，利用各自的优点和特点协同教育孩子，建立和谐、安全的亲子关系，有利于促进儿童身心和谐、健康的发展。如果是离异家庭，不管哪一方带孩子，都应该让孩子与另一方有接触与交流的时间，平等地感觉父母之爱。单亲家长要正确处理好亲子关系，应做到以下几个方面：①

1. 引导孩子正确接受单亲家庭的存在

单亲家长正确处理好亲子关系的第一步，就是自身要对家庭离异有一个正确的认识，然后帮助孩子调整思想认识、调整心态和情绪，引导

---

① 李泽志：《城市单亲家庭亲子关系特征研究》，硕士学位论文，四川大学，2006年，第39—41页。

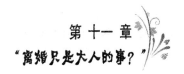

孩子对变化后的家庭环境有一个正确的认识。

首先，家长自身要调整好心态，这是引导孩子接受单亲家庭存在的关键。家长自己切不可忧烦重重，自己在感觉上就认为低人一等。离异并不等于失去尊严，要努力让孩子坚强，让孩子有一个开阔的胸怀，对未来的生活树立信心。

其次，要帮助孩子调整好心态。单亲家长要能够用一些比较技巧化的方式帮助孩子接受现实，乐观地面对生活。面对新问题，应当帮助孩子敢于正视，并逐步去解决。

2. 运用恰当的教育方法与亲子沟通

运用恰当的教育方法与亲子沟通，关键要做到以下几个方面：

（1）从孩子的优点切入，不失时机地与之交流。单亲家庭的孩子并不等于就是"问题孩子"，每一个孩子都有他的优点。作为单亲家长，应当及时捕捉孩子的优点或者闪光点，及时肯定和表扬，哪怕是一点点优点，都能有效地打消孩子的自卑感，唤起孩子的信心，增强孩子与单亲家长交流的愿望。

（2）关注孩子的感受，帮助孩子克服挫折。单亲家长在日常生活中应当关注孩子的感受，尤其是在孩子遇到不如意的事情的时候，更应该了解他（她），帮助他（她）。让孩子懂得，每个人的一生都不可能一帆风顺，遇到挫折在所难免，关键是如何战胜挫折，只有战胜挫折，才能克服自卑成为生活的强者。

（3）让孩子明白什么是正确的亲子之爱。一般的单亲家长，在心理上总觉得对孩子有负疚感，认为夫妻离异对孩子造成了伤害，因此，作为补偿，对孩子格外迁就，对他们的要求，不管合理不合理，都尽量满足。这样的结果，使孩子老觉得父母欠了他什么，因此，很难以平等的态度对待单亲家长，久而久之，就会在家里蛮不讲理，对家长及周围的人颐指气使，甚至发展到为所欲为的地步。实际上，应该使孩子理解单亲家长因为离异而遭受的感情挫折，让孩子懂得因单身带孩子在生活上的艰辛，让孩子主动为家庭承担一部分责任。不要无原则地迁就、溺爱孩子，否则，孩子会变得缺乏同情心和责任感，不懂得尊重他人，往往瞧不起含辛茹苦养育他们的父母。

（4）帮助孩子学会自立自强。在条件允许的情况下，单亲家长应当教育孩子自立自强。要让孩子逐步懂得，外部环境绝不是一个人失败或成功的主要条件，只要自己不轻视自己，就可以做到自强不息。

（5）用善意和微笑与孩子沟通。对单亲家庭来说，善意的表达、适当的微笑，既是一种温暖的交流氛围，又是一种必要的亲子沟通技巧。单身家长在与孩子沟通的过程中调整好自己的心态，无论生活中单亲家长感受到多么大的挫折与不公平，都要以自信的微笑面对孩子。这一点在亲子关系中，许多单亲家长认为很难做到，但事实上，对于那些和谐健康的亲子关系来说，他们基本上都是可以做到这一点的，那就是——用善意和微笑与孩子沟通。

启迪与指导：

离异式家庭也是社会生活中的重要组织，但绝不是社会进步和文明的标志。有研究认为，如果两个人到了非离不可的地步，建议选择离婚的三个"最佳期"：

一是婚后没有孩子阶段，有人也称该阶段为"试婚"阶段。该阶段两人经过磨合，如果感觉双方不合适，好合好散，谁也不欠谁的。

二是婚后一旦有了孩子，应选择在孩子年龄尽可能小的情况下分手。这样重新组建家庭后，幼小的孩子得到"新"爸爸或妈妈的关心和爱护，此时孩子记忆不深刻，"新"爸爸妈妈很快就会成为真正爸妈的"替代品"，这样对孩子影响最小。

三是在孩子进入高中或大学以后选择分手。此时，孩子的世界观、价值观和人生观基本确立，也能体谅和理解父母的感受。如父母提出分手要求，孩子甚至感激父母，为了自己长大成人牺牲了自己半生的幸福，现在自己成人了，理应支持父母重新选择自己的幸福。

当然，以上时期也不是完全绝对的。作为每一个社会个体来讲，无论如何也不希望自己没有一个完整幸福的家庭。俗语说"家和万事兴"。每一位负责任的家长必须有这样清醒的认识！

二 重组家庭对子女成长的影响及教育策略

重组家庭属于完全型家庭，即父母离异或丧偶后再娶或再嫁，组成了另外一个新的家庭。在这种家庭里，父母中有一方和子女有血缘关系，是亲生的；另一方无血缘关系，是非亲生的。就是说，子女有继父或继母。同时，在这种家庭里，继父或继母和前妻或前夫留下的子女间，没有血缘关系。这种复杂的家庭结构和家庭中复杂的人际关系，给重组家庭子女教育带来诸多不利因素，大大增加了家庭教育的难度。

（一）重组家庭对子女成长的不利影响

重组使家庭结构发生重大变化，也使家庭中的人际关系更加复杂。在重组家庭中，继子女与继父母的情感关系敏感而脆弱，加之家庭成员间因教育观念、教育态度和管教方式等存在差别，这种教育的不一致对子女身心健康成长带来不利影响。

1. 重组家庭教育不一致现象的主要表现

重组家庭教育不一致现象主要表现在以下三个方面：[1]

（1）对孩子爱的方式不一致

每个父母对孩子爱的理解不同，爱的方式也不同。有的父母重视物

---

[1] 崔竹云：《重组家庭呼唤教育的一致性》，《中小学心理健康教育》2013 年第 9 期。

质给予，有的父母侧重精神方面。重组家庭中，情况更为复杂。除了祖父母和生父母的教育情况外，还需要考虑继父母的教育介入因素。这些家庭中，继父母一方面要和子女培养感情，形成良好的亲子关系，另一方面又要参与到子女的日常教育中来；一方面要处理与孩子的人际关系，另一方面又要处理与配偶、配偶父母及孩子生父母之间的关系；一方面会不可避免地体现自己的教育理念，另一方面又要顾及其他家庭成员的养育习惯。对孩子爱的方式，可能一味地讨好孩子，可能一味地顺从他人，可能冷漠无情，可能客观科学等。这使得孩子的教养环境更为复杂。因此，生父母一方不单单要坚持担负孩子的教育重任，还需要调动配偶的教育积极性，使夫妻形成合力共同养育子女。

（2）对孩子表达情感的方式不一致

每个家庭对孩子情感的表达方式都略有不同。有的父母强调严厉的作用，有的关注孩子独立性的培养，有的会根据孩子的年龄阶段调整策略，有的父母情感表达方式开放，有的父母情感表达方式内敛。重组家庭中，孩子的感受可能更加丰富。祖父母和生父母可能更倾向于强调给予和溺爱，试图弥补家庭创伤对孩子的伤害，甚至会纵容和迁就孩子的不良行为习惯；继父母可能会更加理性地面对孩子的成长。

在复杂的教养环境中，对生父母而言，孩子成为他们的"战利品"，他们将彼此的矛盾投射到孩子的教育上，相互争夺对孩子的控制权，而忽视孩子真正的需要；对于新家庭来说，孩子容易成为再婚夫妻矛盾的"导火索"，教育的不一致性常常酿成剧烈的冲突，使得孩子要么谨小慎微，要么任性叛逆。这种差异如果不能协调统一，就很难形成和谐的养育环境。

（3）隔代与父母对待孩子的教育态度不一致

隔代和父母对待孩子教育态度不一致的现象，在重组家庭中既特殊又关键。我们在现实家庭中看到的一般情况是祖父母与父母的教育态度、教育理念及教育行为有差异或冲突，重组家庭中除了有相似的情况外，还存在着更复杂的问题。如，祖父母和生父母的教育态度一致，而和继父母的教育态度有矛盾分歧。有些家庭中，祖父母和学校教育之间也存在着不一致。这些情况的存在，难以调动继父母教育孩子的积极性，造成继父母缺乏教育的责任意识。因此，隔代的教育态度在重组家庭中就显得格外关键。

2. 重组家庭教育不一致现象对子女成长的不利影响

重组家庭教育不一致现象对子女成长的不利影响主要表现在以下三个方面：①

（1）影响孩子健康的世界观、人生观和价值观的养成

孩子天生好奇，易受感染，其价值观念的养成与家长的关系密不可分，孩子的是非判断标准更是来源于成人。当家庭成员对孩子教育的理解和处理方式不同时，孩子的价值观念就很难健康养成。更糟糕的情况是，有些孩子会钻这个空子，利用成人的分歧和矛盾，或为自己的不当行为辩解，或为自己寻找"保护伞""避难所"，这样，不仅得不到正确的引导，还会是非不明，甚至误入歧途。

（2）对孩子心理健康和人格成长造成不利影响

"家长是孩子的一面镜子"，镜子中的景象和谐温暖，孩子感受到的自己是清晰统一的；镜子中的景象矛盾对立，孩子感受到的自己是冲突混乱的。这种情况在重组家庭中更为严重。家庭重组后，新的家庭结构对孩子来说已经不再完美，加之没有和谐统一的教育环境，孩子内心的惶恐迷惘可想而知。家人对孩子教育的理解和处理方式不同，会让年幼的孩子失去心理上的稳定感和安全感，会让孩子为了获得安全感而失去自我、讨好成人，孩子会无所适从。长此以往，孩子会在性格上形成依赖性强、情绪波动大、不合群、胆怯等个性特征；在不同的环境和不同的家人面前，有不同的行为表现，时而乖巧，时而放纵，进而形成双

---

① 崔竹云：《重组家庭呼唤教育的一致性》，《中小学心理健康教育》2013年第9期。

重人格。这样不仅影响他们今后的社会性发展，也不利于形成健康的社会性人格品质。

（3）削弱孩子自我控制能力的发展

家长对于孩子自控能力发展的最佳态度是既合理接受又有原则地控制。而重组家庭中不一致的教养方式，削弱了家长的权威，阻隔了亲子间的交流互动，这必然阻碍孩子自控能力的发展。同时，孩子自控能力的发展，还与父母的控制能力、亲子关系和家庭成员养育态度的一致性等因素有着密切的关系，而这些因素在重组家庭中的情况更多样、更复杂，尤其是当教养态度和教养行为存在种种分歧时，孩子不知道自己究竟该怎样做，更谈不上有意识地改正自己的错误行为，从而削弱了孩子自我控制能力的发展。当孩子面对相互矛盾的引导方式时，他们的心里更多地充满焦虑、迷惑，他们的行为中更多地体现出拒绝、退缩或是攻击的特点。

（二）重组家庭教育一致性方面的建议

离异家庭教育的核心问题是如何弥补父亲或母亲教育缺位的问题，而重组家庭教育的核心问题是父母或继父母对孩子教育一致性的问题。为此，提出以下五个方面的建议，以供家长们参考。[1]

1. 家庭成员间需要相互接纳与支持

重组家庭在探讨子女教育问题之前，首先要理顺成人之间的关系，祖父母、生父母与继父母之间要秉持为了孩子、教育孩子的前提，多交流沟通，相互消除心理芥蒂，形成一致的教育观念。重组使家庭成员间体验着新的情感，经历着新的融合、新的互动，而且是三代人之间的融合互动。这就需要家庭成员间相互认同与支持，增进家庭的向心力和凝聚力。其次，家庭教育离不开一个"家"字，家庭成员都是家庭教育

---

[1] 崔竹云：《重组家庭呼唤教育的一致性》，《中小学心理健康教育》2013 年第 9 期。

的一员，要尊重每一位成员的教育成果。总之，家人间需要抱着理性、积极的态度，向经营和建设好家庭的方向共同努力。在这个前提下，孩子的教育问题才容易达成一致。

2. 继父母要明确教育责任，提高教育能力

重组家庭中的父母要充分认识到自己家庭的特殊性，生父母与继父母要角色清晰，职责明确，生活中对子女的教育要格外关注，并倾注更多的心血。继父母要在家庭中酿造亲情，提高家教意识，把孩子的抚养教育当作自己义不容辞的责任，并培养高度的使命感。重组家庭中的孩子面临着适应新环境、与继父母建立互信关系以及与继兄弟姐妹和睦相处的挑战。要做好这项工作，需要配偶间相互支持，多谅解和聆听，继父母需要放下对继子女先入为主的看法，预留夫妻相处的空间，切勿急于建立亲子关系。同时，继父母需要敏锐地判断对继子女教育的介入于何时何地更适宜，并需要学习一些介入的技巧，讲求方法，合理施教。

3. 全家总动员，齐心协力教育孩子

重组家庭需要形成家庭合力，步调一致进行教育。孩子是聪明的外交家，如果家长间对待孩子不一致，他们就会无所适从，教育的效果就会削弱或抵消，长期下去，孩子就会在不同的家长面前表现出不同的行为，这种不良习惯一旦养成，将不利于孩子的身心发展。

如何实现一致的要求呢？这需要家庭成员达成一致后，在孩子的参与下，明确地表达某些期望，如制定一些有益的限制、不可逾越的界限以及必须坚持的原则，并尽可能地去发挥这些规则对孩子的教导和约束作用。同时，家人需要知道他们比孩子更需要学会坚持原则，尤其是在执行的过程中，更需要严格自律，只有这样才能赢得孩子的尊重和信赖。

4. 关注孩子的同伴环境

孩子融入新家庭需要时间，一般来说，他们对继父母的认识会经历这样一个过程：观察→理解→信任→尊重。在这个过程中（尤其是在

观察期），孩子与家庭成员的互动不是非常频繁，他们可能更愿意和同伴待在一起，因此家长要注意到孩子的这些细微变化，一方面要了解孩子的心理过程，循循善诱，弥补他们的心理创伤；另一方面又要关注孩子的同伴环境，新的家庭增加了"新"的伙伴，而这些伙伴又与自己具有特殊的关系。如果关系处理得好，将享受到新家庭带给自己的开心和快乐；如果处理不好，将增加其烦恼和郁闷，对新的家庭产生抵触，甚至对抗。作为家长应及时了解孩子交友动向，及时地帮助孩子建立健康的同伴关系，通过同伴来给予孩子积极的影响，从而在家庭和孩子的社会环境中形成一致的教育环境。

5. 共同学习教育知识，提高教育能力

在家庭教育中家长首先要接受教育，才能教育好孩子，重组家庭也是如此。重组家庭中教育的不一致，与家人的文化程度、教育知识的多寡及教育理念的交流互动有关，尤其是老一辈的家长，教育多凭借经验，只继承传统而缺少创新，很难适用重组家庭教育的需要。因此，家庭成员间要形成学习的氛围，文化程度高的家长要主动担起责任，向其他家人普及教育知识；同时，可以通过订阅杂志、购买教育光盘、加入家长学校等多种途径，学习必要的心理知识和教育知识。总之，家人要积极调动各种教育资源，加强对孩子的积极影响，让孩子在家庭重组后收获自信。有责任，有关怀，有学习，在这样的条件下，重组家庭必能为孩子的成长提供一个健康、温暖的环境！

启迪与交流：

重组家庭教育虽有不少不利的因素，但如果关系处理得好，对孩子的生活会有显著的改善，具有天然的优越性。比如：一是除了受到父母的教育和关注外，还会受到继父母的关心和关注，增加了教育者的力量；二是生活中增加了更多的兄弟姐妹，丰富了同伴关系，弥补了独生

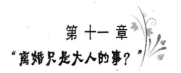

子女家庭的不足；三是最为重要的，就是从此有了一个完整的新家。

作为家长，既然选择了重组家庭，就应该承担起重组家庭父母和继父母的责任与义务。如以上所述，如果关系处理得好，对个人将是新的人生经历，对孩子将提供更多的教育机会和条件，对社会来讲也将是一道亮丽的风景线。相信家长通过共同努力，一定能够创造孩子健康成长的空间，引导孩子以积极的心态面对生活。

三 "空巢"家庭对子女成长的影响及教育策略

随着我国经济和社会的不断发展，在城市和农村都出现了一种"新"的家庭结构。在城市中，由于年轻的父母忙于工作，几乎无暇顾及孩子，孩子大都是祖父母或外祖父母代替接送，孩子和父母见面的机会很少，孩子的教育以隔代抚养为主。在农村，大量的农民工外出打工，孩子成为留守儿童，有的几月、几年见不到父母，这类家庭有的是隔代监护，有的由亲朋监护，还有的由同辈监护。无论是在城市还是农村，由于这两类家庭孩子长时期不能和父母团聚，得到父母监护的比较少，我们把以上两类家庭都称为"空巢家庭"。这种新的家庭结构的变化，对孩子的成长发展带来新的影响，给孩子的教育提出了新的课题。

（一）城市"空巢家庭"对孩子成长的影响及教育策略

城市"空巢家庭"的主要教养模式是隔代照顾，而不是隔代抚养。

隔代照顾是指由爷爷奶奶或者外公外婆等上一辈老人参与照顾、教育孩子的家庭模式，也就是祖孙三代共同居住在一起，因为父母白天上班没空照顾孩子，而将孩子托付给祖辈代为照看，父母在经济与生活中承担抚养孩子的主要责任，祖辈辅助父母照顾孩子的家庭模式。

隔代抚养是父母把孩子寄放在祖辈家中，由祖辈代为养育的家庭模式。隔代抚养中的祖辈不仅要照顾孩子，还要在经济上承担养育孩子的责任。所以，隔代抚养实质上是祖辈代替父母承担孩子的抚养责任。而隔代照顾仅仅是祖辈辅助父母照顾孩子，父母仍然承担抚养孩子的主要责任。我们这里讨论的主要是隔代照顾家庭对孩子成长的影响以及教育策略。

1. 隔代家庭照顾对孩子成长的正面影响

隔代家庭照顾对孩子成长的正面影响主要表现在以下四个方面：[①]

（1）家庭关系更加密切

随着时代发展，过去三代同堂、四世同堂的大家庭已日渐被核心家庭所替代。城市住房条件的改善与观念的改变，使得越来越多的年轻人结婚要买婚房，买不起的有些也要租房结婚。繁忙的工作与社交，或者是由于距离遥远，使得年轻人与父母的相聚频率在变少。隔代照顾使得小夫妻与祖辈的距离又重新拉近了，密切了家庭关系，如果擅于处理家庭关系，就会使家庭关系其乐融融，每一位成员都能充分享受家庭的温馨。

（2）老人的育子经验利于孩子健康成长

老年人在养育自己孩子的过程中，处理过许多孩子成长中的问题，亲眼看见并参与了一个或几个孩子从呱呱坠地到长大成人的全过程，既有成功的经验也有失败的教训，积累了丰富的育儿经验。尤其是在孩子健康发育、做人道德等方面，祖辈的经验教育仍大有可为。祖辈家长所具有的吃苦耐劳、勤俭朴素、谦虚礼让等优良传统和作风都会深刻地影响孩子。另外，教育孩子是一件需要耐心的工作，祖辈家长经历了人事的纷繁，步入了晚年，生活安定，心气平和，他们对孩子的教育有更多的耐心；同时，许多年轻父母外出工作，早出晚归，时间紧张，而祖辈

---

① 石翎：《隔代照顾下扩展家庭的冲突与和谐探析》，硕士学位论文，华东理工大学，2012 年，第 14—15 页。

家长大多退休了，时间充裕，精力充沛并专一，对孩子的看护和照料更有充分的时间保证。

（3）祖辈身心健康利于孩子成长

对于中国的老年人来说，能够子孙绕膝，享受天伦是一种莫大的幸福。然而，随着社会的发展，人口的流动，如今的老年人空巢家庭越来越多。虽然时代发展，令老年人能够发展更多的兴趣爱好，老有所乐，但是心里的空虚与寂寞只有家人的陪伴才能够消除。隔代照顾给老年人提供了与子孙相伴的机会，良好的家庭氛围，有利于老年人的身心健康。这种健康的身心状态直接对孩子具有潜移默化的作用和良好的榜样作用。

（4）夫妻家庭压力减轻，情绪稳定，利于对孩子成长的关注

由自己长辈照顾孩子，年轻的夫妻家庭压力减轻，对家庭事务更加放心，工作更加安心，从而情绪稳定，身心愉悦，更有利于考虑和关注孩子的成长和发展。

2. 隔代家庭照顾对孩子成长的负面影响

隔代家庭照顾对孩子成长同样具有负面影响，主要表现为以下两个方面：①

（1）抚养观念不同导致冲突

代际冲突，主要是年轻父母和祖辈之间的冲突。这种冲突主要来自于年轻父母的担忧：祖辈能否在孩子的早期教育中发挥积极作用，而不仅仅是照顾好孩子的饮食起居。其实质是抚养观念的冲突，它体现的是祖辈传统的重养轻教的观念，与现代科学育儿，尤其是重视早期开发智力教育观念的冲突。也是两代人所接受的不同文化的熏陶和教育的冲突，是一种代沟，比较难以直接通过两代人的沟通弥合。有些老人甚至非常反感子女对自己照顾孩子提意见，态度强硬，难以沟通。

---

① 石翎：《隔代照顾下扩展家庭的冲突与和谐探析》，硕士学位论文，华东理工大学，2012年，第15—16页。

同辈冲突，也就是亲家之间的矛盾和冲突。作为来自不同文化背景和生活环境下的两亲家，爷爷奶奶、外公外婆面对孙辈，在教养观念和方法上的碰撞与冲突是不可避免的；同时，两亲家在生活习惯方面互不适应与互相看不惯的情况也是非常普遍的，也容易导致矛盾冲突。

（2）争夺隔代照顾权引发冲突

第二代独生子女诞生，使得三个家庭、四个老人只能围绕着一个孩子转，这种倒挂式的家庭结构使得人们的心理发生了转变。把家庭中的独苗看作是全家人的命根子，当成家族的延续，全家人倍加珍惜与疼爱。还有些祖辈具有偏激心态，过分注重自己的小家庭，而没有意识到家庭是一个有机的系统，家庭成员间的行为与家庭关系息息相关，并且会相互影响。孩子不是属于哪一方家庭的，而是大家庭共同的结晶。

3. 城市"空巢家庭"（隔代家庭照顾）教育策略

城市"空巢家庭"（隔代家庭照顾）是当代社会发展过程中出现的一种新的家庭结构，对孩子成长和教育同样具有正面影响和负面影响。作为该种类型家庭的家长，更应该主动学习，积极探索，认真分析，把握新的家庭结构下家长的教育策略。为此，提出以下六点建议，以供参考。①

（1）树立正确的婚姻观和家庭观

树立正确的婚姻观和家庭观至关重要，现代家庭出现各种问题的主要原因在于很多人缺乏正确的婚姻观和家庭观。婚姻的本质在于两个人以互爱互信为纽带结合为一个伦理共同体，并且由于产生新生命使之更牢固。由此，婚姻是有舍有得的，舍弃的是一部分独立和自由，得到的是共同创造的爱的港湾。如果选择生育，那么这份爱会随着新生命的降生继续延续下去。婚姻虽然是美好的，也要付出自由的代价，选择了婚姻，也等于选择了一份责任。

---

① 石翎：《隔代照顾下扩展家庭的冲突与和谐探析》，硕士学位论文，华东理工大学，2012年，第29—35页。

家庭是基于婚姻和血缘关系而形成的群体，在一定的空间范围内活动并发生持久的关系。当人们组成家庭后，要和基于婚姻和血缘结合到一起的人共同生活，同时要去面对因此而发生的各种家庭关系。基于婚姻而发生的除了夫妻关系之外，还包括了各种姻亲关系，基于血缘而发生的是亲子关系与其他的诸如兄弟姐妹等的亲属关系。

因此，选择婚姻与家庭便意味着要独立承担起一份责任，要成熟地去面对和处理各种家庭事务和家庭关系，同时也意味着接下去要选择是否哺育下一代。如果选择了生育，就要承担起为人父母的职责。

（2）树立现代家庭观念

民主平等、互敬互爱、尊老爱幼、互相尊重应当成为现代社会和谐家庭的准则。但是，在我国传统社会中，由于传统权威型的家庭仍然大量存在，"男主外、女主内"的传统观念仍然大行其道，有些年轻父母结婚生孩子后，逃避责任，将孩子完全交给长辈抚养等原因，真正要做到家庭成员之间民主平等、互相尊重恐怕还有很长的路要走。

但是，作为家长至少在观念上应该十分清楚，要建设幸福、和谐家庭，不仅在于每个个体，更是每一个家庭和社会的责任。每一个个体都是从家庭中走出来，从孩子成长为成人，继而组成新的家庭。因而，在家庭教育中就要将民主平等、互敬互爱、尊老爱幼、相互尊重的观念贯彻到日常生活和行动中，从而对孩子形成潜移默化的良好示范和影响。除了家庭教育，学校教育在重视孩子智力发展的同时也应该注重对家庭美德的教育、责任意识的培养。社会媒体也应该起到正确的舆论引导的作用，弘扬家庭美德，主张民主平等。只有多方合力，才能将正确的家庭观念植入人心，最终开花结果。

（3）维护好夫妻关系

城市隔代照顾家庭得以实现和睦的核心是夫妻关系和睦，夫妻双方同时承担起责任并发挥好中间人的作用，将时间合理分配在夫妻相处、孩子养育与关心长辈之上，真正做到尊老爱幼，协调好各方关系。而亲子关系、婆媳关系、岳婿关系的和睦是夫妻关系和睦乃至家庭和睦的重要保障。长辈应以家庭和睦为大局，在照顾与爱护幼辈的同时，也要体谅和关心年轻父母。

（4）改善好代际关系

一是发挥夫妻情感润滑剂作用。

在隔代照顾家庭中，夫妻二人作为家庭的核心，应当成为情感的纽带，发挥凝聚家庭成员、维持良好家庭关系的积极作用。就丈夫而言，他是一个情感的纽带，他的一头是和他发生夫妻关系的妻子，另一头是和他发生亲子关系的妈妈，而妻子和妈妈都是因为他才发生婆媳关系的，所以，丈夫应该学会放下"大男人"的架子，真正融入家庭日常生活中来，配合妻子处理好婆媳关系，同时承担起父亲的责任，共同照顾孩子，体会其中的乐趣，给妻子以精神上的支持与慰藉，共同分担甘苦。当然，作为妻子也应当为良好的岳婿关系付诸努力，也要体谅与关心丈夫的感受，同时也要关心长辈，建立良好的代际关系。

二是要稳固亲子关系。

在隔代照顾家庭内部，有两重亲子关系：一重是年轻夫妻与各自父母间的亲子关系，另一重是年轻夫妻与孩子间的亲子关系。影响第一重亲子关系的因素主要为代沟或者抚养观念、生活与消费习惯。现代的亲子关系更趋向于平等化和民主化，再加上年轻人更易接受新生事物，对信息的获取与先进技术的掌握远胜于长辈。作为长辈不应是高高在上，而是应该和年轻人共同交流，增进理解，互相取长补短，以平等和民主的心态与年轻人共同商讨家庭事务，共同营造和谐的家庭氛围。

另一重亲子关系是年轻夫妻与孩子间的亲子关系。隔代照顾进入核心家庭，最终是为了帮助年轻夫妻使第三代更好地成长。良好与亲密的亲子关系能够给予孩子充分的安全感，帮助他们更快、更好地实现社会化。而如果亲子关系疏离或不良则最终会体现在孩子的不良行为上。导致这一重亲子关系不良的因素有教养方式、家庭氛围、夫妻关系、第一

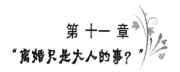

重亲子关系等其他的家庭关系。

以上两重亲子关系是息息相关的，它们之间相互影响，相互作用。构建第一重良好的亲子关系，有示范的作用，能够潜移默化地影响到孩子，有利于建立第二重良好的亲子关系。

（5）优化家庭模式

一是要适度倚重女系亲属照顾家庭和子女。

以女方长辈为主参与隔代照顾可以有效规避婆媳矛盾，有利于家庭的和谐。婆媳关系之所以难处，主要是因为婆婆和媳妇不像母女关系有长期的感情基础，也不像夫妻关系，有爱情的基础。她们来自两个不同的家庭，年龄差距大，彼此还不了解，就成了一家人。正是由于互相不了解，而在日常事务中极易发生摩擦与矛盾。但若是以女方的母亲为主导参与隔代照顾，情况就不一样了。母女之间彼此了解，感情比较好，遇到问题可以相互商量，不用担心会心生芥蒂，即使母女间因意见不合起了矛盾，也便于解决，时间一长，过去的不愉快也就忘了。如此一来，妻子能够不受约束，实现自己的想法，自然心情舒畅，愿意营造融洽的夫妻关系，形成其乐融融的家庭氛围。

二是采取"分而不远"或者"疏而不离"的居住方式。

有条件的年轻夫妻婚后大都选择独立居住，许多长辈也能坦然接受，并且表示两代人生活习惯确实存在许多差异，分开住能够规避矛盾，彼此都更自在。这就为隔代照顾"分而不远"的模式提供了现实的土壤。这样的家庭，既能互相支持，又能保持相对独立，可以有效地促进家庭的和谐。

由于各种原因无法实现"分而不远"家庭模式的，可以退而求其次，在直系家庭内采取"疏而不离"的家庭模式。中老年夫妻与青年夫妻因饮食与生活习惯不同，采取经济独立、分灶而食的方式。一些三代同堂的家庭同煮一锅饭却自备菜肴，或者平时分食，节假日同桌共食。家庭成员间的互动"有分有合、分而不离"，有相对的独立和自主权，对于因日常琐事尤其是饮食习惯等引起的家庭矛盾能够有效地减免。

（6）弘扬尊老文化

在隔代照顾家庭中，最为常见的就是一家人都围绕着孩子这个中心转。爱幼没错，但我们也要关心长辈的生活质量。许多长辈宁愿舍弃自己的自由享福的时间，投入大量精力，自觉自愿地主动配合子女去完成下一代的抚养。他们的操劳和付出是无私和伟大的。作为子女要充分尊重长辈，凡事多包容，多体谅，在可能的情况下多关心长辈，照顾好他们的饮食起居，满足他们的情感需要。在他们付出辛劳的同时，最大限度地享受天伦之乐。

（二）农村"空巢家庭"对孩子成长的影响及教育策略

1. 农村"空巢家庭"不同监护类型及特点

（1）隔代监护农村"空巢家庭"儿童的家庭教育——"无力管"

在我国农村，父母双方外出后由祖辈照顾留守儿童所占的比例是最高的，而隔代亲人监护留守儿童的类型，也是家庭教育存在问题最多最明显的一种。其主要问题表现在：隔代监护人与留守儿童有明显代沟，不能有效沟通；隔代监护人年龄大精力有限，不能周全照顾留守儿童；隔代监护人文化水平低，无力辅导留守儿童的学习；隔代监护人对留守儿童过于溺爱，不能正确教导留守儿童。

（2）亲朋监护农村"空巢家庭"儿童的家庭教育——"不好管"

这种监护类型所占比例不大，但也出现了以下的问题：监护人角色尴尬，在处理留守儿童出现的问题时大都处于一个被动的角色，多采取粗放式的管理模式；寄宿在亲戚朋友家中的孩子总是有种寄人篱下的感觉，留守儿童缺少关爱，难以找到归属感。

（3）同辈监护农村"空巢家庭"儿童的家庭教育——"不能管"

这种监护类型的"空巢家庭"儿童家庭教育存在的问题也比较严

重，主要表现在两个方面：同辈监护人生活阅历和经验都比较少，对问题的认识水平不高，处理事情的能力不强，所以留守儿童在心理上并不承认监护人的监护地位，因此同辈的监护人无法树立家长的权威；同辈监护人由于年龄小，社会阅历浅，分辨是非能力差等，在安全方面也有很大的隐患。

2. 农村"空巢家庭"对留守儿童成长的影响

农村"空巢家庭"是我国经济进程和社会发展过程中出现的一种特殊社会现象。从目前了解到的整体情况看，对孩子的消极影响还是占主导地位的，这必须引起我们整个社会的高度重视。当然，农村好多家庭也认为这是不得已而为之的"下策"。作为家长，既然做了这样的选择，就应该敢于面对，把其消极影响降到最低，而适时地发挥其正面影响和作用。

农村"空巢家庭"对留守儿童成长的消极影响主要表现在以下五个方面：

（1）学习容易出现障碍。农村留守儿童缺乏家庭教育，学习上存在比较大的困难，并且很少得到辅导。由于与父母较长时间的亲子分离，缺乏沟通，农村留守儿童在学习方面所出现的困难，得不到重视和有效解决。

（2）生活满意度低。对农村留守儿童而言，虽然父母的外出务工改善了家庭经济状况，但他们的生活满意度并不高。留守儿童不希望父母外出打工，他们对家庭情感有强烈的渴望，需要与父母交流和沟通，向父母倾诉自己的困难与困惑。

（3）心理容易出现问题。由于外出务工的父母回家次数较少，亲子互动较少，他们对孩子的教育大多是物质满足型的，觉得给孩子更好的物质享受就能够弥补家庭教育的缺失，因此缺乏对孩子成长足够的关注与指导。同时，由于孩子长期与父母分离，很容易使他们的性格变得内向、自卑、孤僻、焦虑、紧张，并缺乏安全感，人际交往能力较差等。

（4）品行上易失范。由于父母长期不在身边，留守儿童和监护人之间的关系特殊，只要不犯大错，监护人对孩子的行为一般都采取迁就或不管不问的态度。在这种情况下留守儿童面对良莠不齐的社会现象，缺乏判断能力，又得不到父母在思想认识及价值的观念上的帮助，他们很容易就会产生价值观念的偏离，并在这些错误观念的影响下行为产生偏差，甚至会走上违法犯罪的道路。

（5）安全方面存在隐患。农村留守儿童的安全问题主要表现为交通安全、活动安全、饮食安全和健康安全等方面。其中交通安全问题尤其值得关注。因为当前随着农村交通状况的不断改善，道路增多加宽，数量越来越多、速度越来越快的机动车已经成为威胁孩子生命安全的一大杀手。

当然，农村"空巢家庭"对留守儿童的成长也有积极的方面，主要表现如下：

（1）有利于农村留守儿童知识面的拓宽。农村父母外出打工大多会选择一些经济发达的大城市，有些父母不止在一个城市打过工。长久的打工生涯使他们了解了很多在农村从未见过的、接触过的新鲜事物，增长了见识，开阔了眼界。当他们回到家后，会把自己在城市的所见所闻告诉孩子，使孩子也能了解到更多的信息和知识，比起那些父母都在农村的同龄人，留守儿童的知识面更宽。

（2）有利于农村留守儿童技能的培养。农村留守儿童的父母通过在城市打工认识到在现代社会有一份稳定的工作需要具备一定的知识和技能，同时也了解到一份稳定的工作对自己和家人在生活、工作和学习方面会有极大的影响。因此，他们不仅自己积极主动地学知识和技能，而且在他们对子女进行教育时也会注重对孩子知识技能的培养。

（3）有利于农村留守儿童文明行为的养成。外出打工的农民在城市里生活和工作的时间越长，他们的思想和观念也会发生极大的改变，他们会逐渐了解城市生活的准则和相关的法律知识，同时，城市生活的价值观念和生活准则也会逐渐内化于农民工的思想和行为之中，使他们日益养成良好的文明习惯。当农民工返乡后，在与孩子直接的接触过程中会约束和教育孩子的不文明行为，会告诉孩子不能随口说脏话，不能乱扔垃圾等。

3. 农村"空巢家庭"家庭教育对策

作为父母如果别无选择，一定要外出打工，应尽量把孩子领到务工所在地就读，使孩子从小在良好的家庭环境中健康成长，做到务工和关心教育子女两不误。如果条件不允许，外出的父母也要尽量做到以下几点：①

（1）要克服各种困难，尽量留下一方在家里照顾孩子

古人云："父母之爱子，则为之计深远"。身为人父母，应努力协调好外出务工和照顾孩子两者之间的关系，尽量降低母亲的"外出率"，因为母亲对孩子的成长有着重要的角色意义，母亲通常是孩子早期最有意义的他人。另外，单亲（特别是母亲）照看的孩子至少在生活上是有保障的，可以让孩子在心理上多少有点依靠，对孩子心理健康有好处。另外，单亲监护型家庭应适当地调整家务时间和家务分量，要经常与孩子谈心，了解孩子的内心活动，一旦有问题应及时与在外的家长商量办法，争取用两人的力量来解决孩子的问题，如有条件可以与孩子一同去参加由学校或社区组织的各种亲子活动。

（2）双双外出打工的父母要选择好监护人

要选好监护人，留守儿童的家长必须了解监护人的基本情况：一是了解他们的教育观念、教育方法，同时在与监护人沟通交流的时候，也要让监护人充分了解亲生父母的要求和教育的目的以及孩子的性格特点，使他们能有的放矢地对留守儿童进行教育；二是要了解他们的家庭

---

① 袁凤琴、袁真强：《农村留守儿童家庭教育问题及对策研究》，《贵州师范学院学报》（社会科学版）2010年第2期。

经济情况，并商量好孩子代养的费用。因为经济状况相对好一些的监护人，可能会对孩子要宽容一些，如果再按时给予一定的代养费，让监护人觉得自己不是白养别人的孩子，使监护人能保持一个良好而平衡的心态，这样就可能让留守儿童有一个相对较好的学习环境，以确保父母外出后孩子能被有效照管，使留守儿童的日常生活和学习不至于受到太大的影响。

（3）要与孩子的班主任、监护人保持经常性的联系

留守儿童的父母要经常与班主任、监护人联系，共同商讨教育的策略与办法使孩子能在良好的心理环境和社会环境中健康成长。

（4）外出父母应尽量与孩子加强亲子互动，做到缺位不缺职

外出打工的父母在思想上和行动上都要重视子女的教育问题，要尽可能经常回家看望子女，关注子女的心理、学习和生活状况，让子女感受到亲情的温暖。如不能经常回家，父母也可以通过打电话、写信等方式经常与子女进行情感交流和亲子互动，使他们能够充分感受到父母的爱。多鼓励孩子写信，多听听孩子的倾诉，特别是逢年过节时一定要记住给孩子心灵上的抚慰，别冷了孩子的心，真正做到缺位不缺职。

（5）尽量多与孩子团聚，增进相互感情

如果条件允许，父母最好能把孩子接到自己打工的地方和自己一起生活，一是和孩子增进感情，二是让孩子见见世面，三是让孩子了解父母的辛苦，以激励他们努力学习、奋发向上。如果寒暑假不能把孩子带在身边，每年春节应尽量回家与孩子团聚，让孩子感受到家的温暖。

（6）父母或监护人应端正教育思想，提高自身素质，改进家教方法，调整家教内容

父母或监护人应端正教育思想，树立正确的家教观念，深信"没有教育不了的孩子，只有不会教育的父母"。争取用较为民主和谐的教子方式教育孩子，摒弃"只有考试成绩得高分才能成名成家"的人才观，与孩子建立良好的亲子关系，加强对孩子的思想品德教育，重视孩

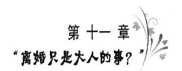

子全面素质的培养。对委托照管孩子的事实监护人来说，要努力树立角色意识，真正负起教养孩子的责任和义务，努力为其营造近似完整结构家庭的家庭氛围，在条件允许的情况下，尽可能地给留守儿童一个好的教育环境。

家庭教育的成功与否与父母或监护人的教育观念息息相关。应该相信，要教育好孩子，父母或监护人首先要通过自我教育不断地完善自己，应多学点家庭教育理论知识，了解孩子身心发展特征，遵循家庭教育的基本规律，实施有效的家庭教育。家庭教育的主要内容是教育孩子学会做人、学会做事、学会与他人相处。作为留守儿童的父母或监护人，应清楚地意识到这一点，同时还应与时俱进，对新事物有一定的了解，以便及时调整教育内容。

启迪与指导：

农村和城市"空巢家庭"的出现，是我国经济发展和社会进程中的特有现象，这为每一位"空巢家庭"的家长和广大教育工作者提出了新的课题和挑战。人的全面发展，既有其普遍规律，也有其特殊规律。人的潜能是无限的、不可预知的，甚至是神奇的。作为每一位家长和教育工作者首先要敢于面对，承认这是社会发展进程中出现的必然现象；其次，要研究这种特殊的现象，找出其存在的优势和不足；最后，有针对性地最大限度地发挥其优势，减少其不足，让每一个孩子像生活在正常家庭中一样，同样有发展、成才的机会和可能。广大家长和全社会对此应该有充分的信心，并对这一特殊现象给予宽容、理解、支持和帮助。

第十二章

"一个孩子输不起?"

——家长的期望值过度给孩子成长带来的影响

摘要：介绍家长对孩子的期望值过高，过度重视孩子的智力开发和文化学习对孩子成长的利与弊及应对策略。

故事与资料：

家长最期望孩子今后从事什么职业

全国妇联于 2007 年开展了全国未成人家庭教育状况抽样调查，该项调查得到了联合国儿童基金会的支持。在关于"家长最期望孩子今后从事什么职业"的调查中，从地区差异（东部、西部、中部）、城乡差异、性别差异、年龄差异（30 岁以下、31—40 岁、41—50 岁、51—60 岁、60 岁以上）、受教育程度（未上学、小学、初中、高中/中专、大专、大学本科及以上）、家庭收入等六个维度，对家长最希望孩子从事的职业进行了调查，汇总结果如下：

您最希望孩子今后从事什么职业① 　　　　（单位:%）

职业	地区	城乡	性别	年龄	受教育程度	家庭收入
未回答或不知道	16.0	16.0	16.0	16.0	16.0	15.1
各类技术人员	50.9	50.9	50.9	50.9	51	51.6
国家机关、党群组织、企事业单位负责人	9.1	9.1	9.1	9.1	9.1	9.2
办事人员和有关人员	6.1	6.1	6.1	6.1	6.1	6.1
商业工作人员	3.5	3.5	3.4	3.4	3.4	3.6
服务性工作人员	0.7	0.7	0.7	0.7	0.7	0.7
农林牧副渔劳动者	0.1	0.1	0.1	0.1	0.1	0.1
生产工人、运输工人和有关人员	1.1	1.1	1.1	1.1	1.1	1.1
不便分类的其他劳动者	3.9	3.9	3.9	3.9	3.9	3.8
顺其自然	8.6	8.6	8.7	8.7	8.6	8.7
合计	100	100	100	100	100	100

解析：

从以上调查统计数据看，不论家长的地区差异、城乡差异、性别差异、年龄差异、受教育程度差异、家庭收入差异等如何，其结果出现了惊人的相似：六个维度家长最希望孩子从事的职业前三位都是各类专业技术人员，国家机关、党群组织、企事业单位负责人，顺其自然，前两

_____

① 全国妇联儿童工作部：《全国家庭教育调查报告》，社会科学文献出版社 2011 年版，第 221—227 页。

项的比例高达60%，主张顺其自然的占8.7%左右，而且后两项所占比例大致相当。这一需求和整个社会对人才金字塔式结构的需求是相矛盾的，充分说明了不管何种类型的家长对孩子将来从事所谓的"白领"职业是充满期待的。而这一期待是否符合孩子个人成长的实际，却不得而知。所以，在家庭教育实践中，对于常常出现的家庭教育"极端"事件，就不再难理解。

一　家长期望的教育价值

期望是指人们对未来的事物或对人的发展前景的一种内心希望与等待。家长期望是父母心目中孩子的成长模式与蓝图和发展轨迹与目标，常常自觉不自觉地从家庭生活的方方面面中表现出来，成为家庭教育功能的核心与主效应，伴随和渗透在孩子的整个成长过程之中。

期望总是走在发展的前面，是以孩子的明天发展作为方向和目标的，对儿童青少年发展具有导向和定位作用。近几十年国内外学者研究发现：家长对子女期望水平在其总体上与子女的学习和教育成就呈正向相关，家长对子女的期望水平越高，则子女对自己学习成就的愿望越强烈，其学业成绩也普遍提高。三种不同的家长期望水平，使中学生的学习成绩呈现显著的差别：即被家长期望考上大学的学生，其成绩普遍高于家长期望考上中专的学生；而家长期望考上中专的学生成绩，又普遍高于家长期望中学毕业后随即就业的学生。这三种不同的家长期望，也使得学生的品德等出现依次的差异。家长对子女的较高期望通过家庭生活的各种形式（有形或无形的）表现出来，激励其子女产生求学上进的动机，因此家长的期望得到强化，从而影响他整个的学习与生活计划。

比如，据国内学者调查发现，100名7—15岁学生中50%的父母，

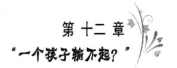
对他们期望目标占前三位的是：艺术家 23%，科学家 15%，企业家 12%；学生在回答"将来做什么"时，68% 填写了以下三项：艺术家 26%，科学家 25%，企业家 17%。父母期望竟与子女对未来职业理想达到惊人的一致。一项对独生子女学习目的的调查，填写"满足家长对我的期望"的有 64.5%。国内外调查显示：父母对子女教育期望、职业期望愈高，则子女大都对自己的教育期望和对未来的职业期望就愈高。[①]

家长期望能产生上述教育影响，是由家庭教育的特殊功能和丰富内涵决定的。父母从孕育小生命开始，即萌发与酝酿对子女未来期望的意向，随着孩子出生，期望也由意向进展为愿望乃至行动。于是，家长的期望在亲子互动过程中，主要通过暗示方式影响和引导子女，对这种先入为主的心理定式，加上亲子血缘、休戚与共的特定关系，父母本身对其子女具有一种现实而且巨大的控制力量和导向作用，这种影响力、作用力以及可能产生的效果是非常强大的。子女不仅将父母期望在无对抗的条件下接受下来，并依此做出了行为反应。如能把握好这一教育契机，还可运用感染方式，连续而潜移默化地进一步激起子女的相同情绪和行为，在家长期望与子女反应的互动中，不断反馈，不断调适，随时间推移，子女学业及取得好成绩的动机与抱负，越来越接近父母对他的期望。

家长期望不仅影响儿童早期经验和最初品质特征的形成，而且始终在子女乐于接受教育、提高学业成就及增强成就动机中有不可估量的教育价值。但在当前家庭教育和社会现实中发挥这一教育价值，具体落实到每个家庭，每个孩子，就有期望值的高低和期望水平是否合理和是否具有积极教育意义的问题。

---

① 宋保忠、蔡小明、杨珏玲：《家长期望教育价值的思考与探索》，《唐都学刊》2003 年第 3 期。

启迪与交流：

心理学中有一著名的现象，称为皮格马利翁效应（Pygmalion Effect），也称"罗森塔尔效应"或"期待效应"。这一效应最初来源于一个神话故事。意思是说，远古时候，塞浦路斯国王皮格马利翁喜爱雕塑。一天，他成功塑造了一个美女的形象，爱不释手，每天以深情的眼光观赏不止。看着看着，美女竟活了。

后来，该现象由美国著名心理学家罗森塔尔和雅各布森在小学教学中予以验证提出。意思是说，通过暗示，会使人的情感和观念不同程度地受到别人下意识的影响，会不自觉地接受自己喜欢、钦佩、信任和崇拜的人的影响和暗示。而这种暗示，正是让一个人梦想成真的基石之一。

这一心理学现象告诉我们，适当的持久的期望对人的成长是极大的鼓舞和激励，可以使人自信，催人奋进。作为家长应该理解好这一原理，并能智慧地运用到自己的家庭教育实践中。

二　家长过度期望的主要表现及成因分析

年轻的父母无不对子女寄予厚望、委以重任。家长的期望在使孩子的理想转化为现实过程中的作用是巨大的：它能催人奋进，使人更深层次的潜能得以发挥。但同时，我们在日常生活中也经常发现，并非所有的期望都会产生积极的效果。有些家长对子女的期望值过高，以致全然不顾孩子实际的智能条件、学力特点、身体状态等个体因素，结果父母的期望没能实现，反而引发儿童种种的心理问题。

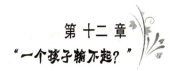

（一）父母过度期望的几种表现

父母对子女的过度期望在家庭教育目标、教育内容、教育方法、教育投资及家庭生活等五个方面表现突出：[1]

1. 教育目标不实际

所有的家长都望子成龙。但父母对自己的孩子却未必有全面正确的认识。他们对孩子的期望仅仅从社会价值取向和个人主观愿望出发，而不考虑儿童的客观实际，致使标准超过了孩子的实际能力。主要表现如下：

一是成人的要求与儿童的兴趣特长不一致。结果往往是儿童在父母的威逼利诱下，被迫放弃自己的喜好，被动地去做父母感兴趣而自己索然无味的事。

二是成人要求与儿童年龄相矛盾。做父母的急于求成，不考虑儿童的年龄特征，按成人的一套标准要求未成年的孩子，使得孩子小小年纪心事重重，体会不到童年的欢乐。

三是成人要求与儿童智力水平不相符。家长总幻想自己的孩子是神童，必须优于别人。因此他们按神童的标准要求孩子，盲目追求分数，孩子稍有失误就加以责怪，而孩子经过努力获得的点滴进步在父母眼里一文不值，却责令孩子去追求毫无希望的目标，致使儿童失败多于成功，形成心理上的高压，丧失学习信心。

2. 教育内容过于片面

重智轻德。家长把主要精力放在对儿童智力的开发上，却忽视了良好的思想品德、习惯的养成，尤其是基本生活能力的培养。家长们为了不让孩子输在人生的起跑线上，不顾他们的兴趣、意愿和能力，将自己的意愿强加给他们。只要孩子聪明，学什么会什么成为父母最大的心

---

① 滕兆玮：《父母期望与儿童心理发展浅析》，《社会科学心理》2004 年第 3 期。

愿，至于孩子的品德、行为习惯如何则很少注意。为了考试成绩的一分之差，父母可以绞尽脑汁分析原因，却无暇顾及孩子在品行上的一些不良表现。

重知识、轻能力。在智与德的关系上，家长片面追求智育，但对什么是智育也缺乏全面的认识，而单纯的把智育理解为知识的传授，忽视孩子能力的培养。过早地、片面地给孩子灌输知识而不考虑儿童本身的兴趣以及接受能力，并单纯以知识的多少、分数的高低来衡量儿童的聪明程度。

3. 教育方法不合理

家长对子女的期望值很高，却又不知如何去实现目标。一方面在生活上包办代替，百般照顾。家长尽量满足孩子的物质需要，对他们有求必应，不培养儿童的独立生活能力。儿童在这种溺爱包办的环境中，学习的目的是为了满足父母的要求，完成父母的任务，而学习的真正意义已毫无价值。另一方面，家长在思想上高度控制，要求儿童服帖顺从。父母对儿童过分严厉，一切高标准、严要求。为了实现过高的期望，制定了很多苛刻的培养措施，不允许儿童稍有闪失。儿童一旦达不到要求，就恨铁不成钢，讽刺挖苦，威逼孩子去执行家长的强硬命令。有些家长缺乏辅导孩子的知识，不注意对儿童学习方法和习惯的培养，而是急于求成。孩子有点成绩就沾沾自喜，稍有退步就怨天尤人，教育孩子仅凭一时兴趣和冲动，没有长远计划和恒心。

4. 家庭生活重心偏离

家长的一切日程围绕孩子来安排，自己所有的理想和追求都融入孩子的读写画练中，陪孩子学琴、学画，陪做功课、陪进考场。为了孩子，家长放弃了自己的爱好、娱乐。为了不影响孩子学习或怕孩子心理不平衡，家长可以不看电视。父母的情绪随着儿童的成绩变化而变化。成绩理想，全家欢乐；成绩不理想，全家悲哀。在一次学生家长调查中显示 100% 的家长认为最高兴的事是孩子学习成绩好，最不高兴的事，

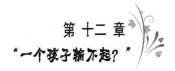

是孩子的学习成绩差。朋友、同事相聚谈论的主要话题就是孩子读书。大家羡慕读书用功、成绩优秀、考上重点中学或大学的学生家长，对自己不争气的子女恨铁不成钢。他们常常将这些情绪带回家去，弄得整个家庭气氛非常不愉快。

5. 教育投资数额巨大

许多家长在经济上不惜重金投资，首先表现在追求重点学校上。为了能让自己的独子独女"一只脚踏进大学"，有些家长宁愿想方设法到处托关系，花高价让子女到重点学校借读，也不想让孩子"埋没"在普通学校里。

其次，表现在家教热上。家长从小学开始就给儿童"开小灶"，每天制定严格的作息制度，让孩子成为解题的机器、分数的奴隶。

此外，家长充分利用空余时间安排孩子学琴棋书画，高价请名师指点，巴不得孩子成为"全能冠军"、超常儿童。尽管家教的行情看涨，但家长宁愿节衣缩食，不惜成本为孩子补课。他们认为，只有这样教育，才会在以后的竞争中稳操胜券。

（二）父母过度期望的心理原因分析

父母过度期望的心理原因大致表现在以下五个方面：①

1. 圆梦的补偿心理

补偿心理就是，由于某种原因，导致自己没有得到或失去的东西，期望在他人身上获得，以满足自身的心理需要，获得心理平衡。反映在教育孩子身上，就是把自己没有实现的人生梦想转嫁给孩子，希望由孩子来完成。这种心理主要由以下两个方面的因素造成：

一是历史时代因素影响。由于时代原因，不少父母失去读书、上大学深造的好机会，留下了一辈子的遗憾。当他们为人父母时，为了补偿

---

① 《父母过高期望的分析、危害及调适》，http：//blog. sina. com. cn/s/blog_ 66f5679b010 1i9dr. html。

自己未了的心愿，便把那种挥之不去的梦想嫁接到孩子身上，期待儿女来为他实现人生理想，并名曰"为孩子好"。

二是传统文化因素的影响。中国的传统儒家文化中，"书中自有黄金屋"、"万般皆下品，唯有读书高"的观念主宰着一代又一代人。在古代，读书成了唯一可以走上仕途的道路。而现在，"一人上大学，全村人光荣"，同样是传统文化观念的反映。上大学可以给整个家族带来荣耀。

很多父母意识不到自己的这些言行正是补偿心理在家庭教育中的运用，它以无意识的、自动化的形式借用言行表现出来，孩子成了实现父母个人愿望的工具。一个人的发展要受很多主客观因素制约，比如遗传基因、家庭环境、社会环境、学校教育、个体特点等，而家长全然不顾这些，一味地要求孩子要超过自己，瞄准高学历、名牌大学，让孩子来圆自己的梦，弥补个人人生的缺憾。孩子不是被父母复制的，不要期望能粘贴出父母的未来。

2. 虚荣的面子心理

中国人最爱面子，当父母的也把面子看得很重。如果孩子优秀，自己就有面子，脸上亮光光；如果孩子差劲，自己就没面子，怕被人看不起，在人前抬不起头。这里有两种意识体现：

一是群体意识的体现。中国文化的思想内核是群体意识。依照群体意识，每个人都不是单独的个体，而是生活在一定社会关系中的人。只要是社会的人，总是要处于一定的社会关系中，他不可能脱离这个社会。一个人的行为准则、道德规范会在这个关系网络中受到一定的约束，一个人的声望、地位、名誉、尊严等也会在这个关系网络中得以呈现。为了维护自己的自尊和面子，他或许会努力去做个符合社会标准的人，但同时也希望自己的孩子也能符合这个社会标准。由于他把孩子与自己"捆绑"到一起，所以，孩子的荣辱便成了自己的荣辱，一损俱损，一荣俱荣。

二是"母以子贵"意识的体现。"母以子贵"的意识植根于中国父母心中，这种意识也是爱面子的根源。中国传统社会是以家族为核心的，这就决定了一个人的荣辱与家族紧密相连，一个人的荣誉就是整个家族的面子。如果孩子学习好，自己就有面子，可以光宗耀祖；孩子学习不好，自己也丢尽颜面。为了维护这种虚假的自尊，脆弱的面子，父母势必抬高对孩子的期望。孩子的日子便与高压力、高期望为伴了。

3. 不安的忧虑心理

父母过分担心孩子的表现不佳，唯恐落后于他人，所以就用过高期望和要求来鞭策孩子前进，以期不输在起跑线上，认为这才是对孩子真正的负责。有几种因素正体现了父母的担忧心理和焦虑情绪，并影响到施教行为：

一是社会因素。社会的转型变革，知识的迅速更新，人才的竞争，就业的压力，使父母们迫切感到知识与人才的重要性。不少家长从孩子零岁开始就进行大量的智力投资，唯恐输在人生起跑线上。再加上应试教育的弊端，社会盲目攀比的风气，学校的考试排名，老师对优等生的偏爱等等，使家长不敢放松对孩子的期望和要求。

二是孩子本身因素。由于是独生子女，一个人寄托了几代人的期望，所以父母们输不起这个"唯一"的独苗。独生子女成了家庭生活的重心，维系着一家人的幸福和美满。孩子如果成绩不好，表现不良，就会扰乱父母的心情，造成父母的焦虑、不安、紧张，承受着巨大的精神压力。

三是生活工作因素。市场经济下现代社会快节奏的紧张生活，工作的繁重，竞争的压力，职业的不稳定和无保障，或婚姻解体、家庭不和等，也会加重家长的焦虑情绪、担忧心理以及对世界的不确定感和内心的不安定感，这些容易让父母产生过大的心理压力，使情绪失衡，动辄发火，把对生活的不满发泄到孩子身上，期望孩子将来能有满意幸福的人生，期望孩子能成为稳定父母内心世界的人。然而想从孩子这里得到内心安定的父母，必定是建立在对孩子的过高期望上。

四是个性因素。个体之间，人的遗传素质会存在明显的个体差异。如果父母具有焦虑的个性特征，那么在家庭教育的问题上，容易对孩子高度和过度关注，把没问题看成有问题，小问题看成大问题，把正常行为看成不正常行为。而高度和过度关注的行为正折射出了对孩子有过高期望的动机。

4. 挑错的完美心理

有一类父母对孩子期望特别高，求全责备，眼里容不得半点沙子，孩子不能出半点差错。不少家长成了挑错专家，只盯住孩子的缺点，而对优点视而不见。有一点小问题小错误都要指责，不给孩子犯错的机会。究其原因，是家长本身的完美主义思想在起作用。为什么会有这种求全责备的完美心理呢？

一是家长童年经验因素。童年经验就是一个人在童年的生活经历中所获得的心理体验的总和。当下的父母也是上代父母教育的结果。如果上代父母奉行的是"棍棒底下出孝子"的传统观念，采取的是专制型的教养方式，追求完美的心理，高期望的心态，刻板的生活方式，那么，这代父母也会把在早年吸收了的教育观念和态度、生活方式等，不知不觉地复制到自己的家庭教育当中，同样对孩子要求苛刻，管教严厉，追求完美，期望过高，教育行为刻板。

二是家长性格因素。有些父母天生具有追求完美、争强好胜的特点。总是戴着完美的"眼镜"，看孩子的时候自然百般挑剔，对孩子的期望显然通过挑剔、苛求、找缺点的方式凸显出来。

5. 无我的依赖心理

中国传统家庭文化中，认为孩子生来就是属于自己的，儿女是父母人格的延续，也正因为有这样的"私有"观念，所以才会你我不分，没有界限，看似父母在照顾弱小的孩子，其实在精神上是非常依赖孩子，让孩子来照顾自己的情绪，让自己寄生在孩子身上，把自我投进孩

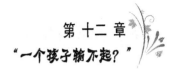

子的生活中。也就是说，在他的生命中，没有了自己，只有孩子。以孩子为圆心，以依赖为半径，用期望作笔，画满他自己人生的圆。因为要有所依赖，所以才会抱有期望。现在我们来看看，什么样的父母，什么样的家庭反映出他的这种依赖心理。

一是缺损家庭中存在较强的依赖心理。抚养孩子的一方，因为失去了另一半而感觉失去了生活的重心，便把生活的重心向孩子倾斜。相依为命的感觉让孩子成为支撑父母精神世界的唯一支柱，为孩子而活成为生活的意义。拼命挣钱是为了孩子，给好吃好喝是为了不亏欠孩子，而这样的爱是有个条件的，那就是：你要学习好，要出头人地。于是他们为自己的过高期望找到了一个冠冕堂皇的理由。

二是没有经济保障的家庭会依赖孩子。由于我国社会保障体系还很不健全，不完善，再加上人们有养儿防老的传统思想，很多家长会把孩子当作经济和生活上的依赖。然而正是这样从物质到精神上的依赖，让父母给孩子的期望加重了砝码。

三是父母的自我牺牲导致对孩子过度依赖。一些父母其牺牲精神"可嘉"，为了全方位地照料好孩子的学习和生活，放弃了发挥自己才干的事业或工作，甚至牺牲了自己的兴趣、爱好、健康，一切围着"小太阳"转。然而孩子并不是橡皮泥，按父母的模式捏出理想的造型。让孩子为父母的大量付出和牺牲埋单实在太冒险。孩子如果没有达到自己的期望，就会变本加厉地管教孩子，控制孩子。而孩子如果达到了父母的期望，又会进一步为孩子设置更高的标杆。

启迪与交流：

父母对孩子期望过高的根本原因大致有两个方面：

一是国家实施计划生育国策所带来的负面影响。既然是国策，那肯定是有利于国家的长治久安和可持续发展的；但是，这一国策给每一家庭和每一对父母的家庭教育带来极其严峻的现实。因为一个孩子，加上孩子成长和发展的不可逆性，可能导致这样的家庭教育成果：一旦成功，是100%的成功；如果失败，也是100%的失败。所以作为家庭和父母来讲，对孩子成长和发展有较高的期望是完全可以理解的。

二是父母缺乏"家长"职业基本的职业知识和技能。既然是国策，我们无法改变；但是，我们可以改变父母自身。面对我国特殊的家庭教育形势——多为独生子女家庭，父母应学习和掌握新形势下做父母的基本知识和技能。这是根本。

面临新的家庭教育形势，父母应尽力做到：

"内紧外松"：父母自己对孩子的教育感到紧迫，但在孩子面前好像若无其事；

寓教于乐：教者有心，学者无意；

教学相长：教者幸福，学者愉快。

要实现以上的家庭教育目标，不仅需要父母掌握"家长"职业的基本知识和基本技能，更要把新形势下的孩子作为研究对象，汲取古今中外家庭教育的优秀传统和经验，为我所用，创造性地开展有针对性的家庭教育。

三 家长过度期望对儿童发展的影响

父母过高期望背后的心理，会给孩子带来什么心理上的危害呢？

1. 压力过大挤压了孩子的成就需要

成就需要是指争取成功、追求优越感，希望做得最好的需要，是促进儿童充分发展潜能的重要动力之一。如果没有这种需要，他们的潜能就难以被充分发展，他们本人也就难以成为具有健康人格的人。影响成就需要的因素有很多，其中关键因素是个人的兴趣和专长。如果孩子感受到来自父母的外在压力过大，就会降低对学习活动的胜任感，进而影响其对成功的体验。当然，孩子就不能把成就需要当成自己的心理需要。一个没有成就需要、成就动机的孩子，就不会有内驱力来保持对学习的兴趣。这恐怕是厌学的根源之一。

2. 期望过高引发孩子的成就焦虑

有成就焦虑的孩子常常担心自己不能超越他人或被别人超越，因而情绪经常处于紧张不安、不愉快的状态。成就焦虑者多发生在成绩较好的孩子身上，为了满足自身超越别人的需要，他必须通过超越别人、获取成就才会感到安全和快乐。然而世上没有常胜将军，一旦没达到内设的对比标准，对成绩的自我良好感就差，对自我的评价也就低，就不满意自己，无法原谅自己，从而引发成就焦虑：患得患失，焦虑不安，烦躁易怒，甚至引起生理上的疲劳、失眠、做噩梦等。而家长加给孩子的过高期望，对引发孩子的成就焦虑起到了推波助澜的作用。

3. 力所不及带来孩子自信心的丧失

在孩子尚小的时候，对自己的评价基本上来源于成人的评价与期望。成人的评价与期望，犹如一个标杆，让孩子对自己的行为与成就做出衡量。当孩子跳一跳就能摘到"果子"时，就会自觉地朝这一目标努力，并体验成就感；反之，如果父母不顾实际地把标杆设置过高，孩子觉得自己难以达到标杆上那"诱人的"刻度，一次次奋力跳起来也跨越不了，经历一次次的失败，体验不到成功的愉悦，那么就会使孩子陷入习得性无助的境地。这种习得性无助会摧毁孩子的自信，认为自己怎么努力也做不好，孩子会变得孤独、无助、沮丧、自卑、消沉，从此选择逃避，一蹶不振，最后连尝试的勇气都消失殆尽，甘愿自暴自弃。而往往期望值太高的父母都是不容孩子失败，不满孩子的作为，通常是用批评、打骂、唠叨、施压等行为来回应孩子的失败，从而使孩子变得更加无助、悲伤、抑郁，体验着长久的消极情绪，难以自拔，进而产生心理障碍。

4. 无法满足父母的愿望，产生内疚与自责感

有一类孩子听话懂事、温顺乖巧，习惯于服从成人的命令，会把父母（外在）的期望和要求内化为自己（内在）的期望和要求，把父母设定的标准自觉地当作自己行动的准则，按父母的标准来行事，希望成为父母和老师心中的好孩子。这本来也是好事，但是如果父母对孩子的要求过严，期望太高，处处不容出错，追求完美，那就会导致孩子过于苛求自己，自我设置一些不切实际的目标，向自己施压，一旦孩子努力了也达不到自己定的目标时，就会产生因为成不了大人心中的好孩子的内疚感和自责心理，甚至形成强迫型人格障碍。据调查，当前中小学生中有51.4%的孩子认为母亲对孩子的学习成绩总是不满意；40%的孩子都说自己处于一直努力但达不到目标的状态，有强烈的内疚感、焦虑感；46.1%的孩子"常常感到对不起父母"；另有34.5%的孩子觉得自己"似乎很令母亲失望"；22.8%的孩子"感到活得很累"。由此可见，这种负面情感体验过多，会对孩子的身心健康不利。

5. 不满父母的过高期望，产生对抗心理

另一类孩子，特别是到了青春期的孩子，对于父母的过高期望的反应是采取抵触和对抗的态度。如果说，孩子还小的时候由于自身的弱小而对父母的要求和命令不能做出选择或抗拒，那么到了自我意识明显比以往增强的青春期，就会主动选择接受与否了。面对父母的过高期望，过多压制，过严管教，被逼到"墙角"的孩子，会拿起反抗的武器与家长对着干。面对父母的要求，或者是阳奉阴违，消极抵抗，或者是忤逆和对抗父母，甚至用过激的言行刺激父母，从而引发了严重的亲子冲突，恶化了亲子之间的感情。有资料表明，要求管教过严，子女的认识水平提高就慢，顺应性减弱，反社会行为增多。由此可能造成孩子离家出走、加入社会团伙，甚至犯罪等不良结果。

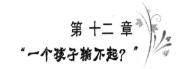

启迪与交流:

与简单粗暴、溺爱成性、放任不管等不良家庭教育方式相比，父母对孩子期望过高这一不良教育方式，更容易被人们忽视和淡化，其引起的不良教育结果也通常被归因在孩子的身上，所以这种不良教育方式带来的弊端和后果，有时也是极其严重和具有危害性的。所以，改进起来有时更加具有复杂性和艰巨性。对此，广大家长应谨记以下两点：

（1）一定不要以"我的出发点是好的"、"一切的一切都是为了你好"等为借口，违背教育规律和孩子的成长规律，把父母个人的价值和期望等强加在孩子身上，而不管是否符合他们个人的实际，也不管孩子在当时是否感兴趣。在"出发点好"的前提下，违背规律，同样会受到规律的惩罚。

（2）面对孩子成长中特殊的复杂的教育困惑和问题时，如青春期中的相关生理和心理问题，日常生活中人际交往问题，成长中的思想困惑和价值观问题，成长中的各种心理问题等，如果父母没有较大把握取得好的教育效果，倒不如采取顺其自然、等待、关注等教育方式和方法，这样至少不会导致发生教育上的"亲子冲突"，给孩子成长造成新的不必要的麻烦和伤害。

四 家长过度期望的调适策略

由上可见，父母的过高期望会给孩子带来身心方面的危害，影响人格的健康发展，扭曲了孩子的成长，而我们也知道了父母的过高期望又源于上面分析的几种心理。那么，我们该如何来调整自己的心理和教育方式以适合孩子的健康成长呢？

1. 父母要善于分析自己的心理

家庭是孩子成长的摇篮，以父母为核心的家庭成员的人格特质、人生信仰、价值观念、心理特征等诸多因素，深刻地影响着孩子的人格构建。尤其是父母的各种心理特征，通过投射机制不自觉地投射给了孩子。比如，补偿心理是把个人欠缺和失落投射给孩子，要面子是把竞争和压力投射给孩子，追求完美是家长个性和童年经验的投射，担忧是恐惧和焦虑的投射，无我是精神寄托的投射等等。家长要善于分析自己的心理，如果意识到是自己的心理在孩子身上的投射造成了孩子成长的危害，理解了是自己的主观愿望和意志强加于孩子身上造成孩子成长的扭曲时，就会有意识地避免这种不利于孩子成长的因素在孩子身上起副作用，从而减少对孩子的伤害。

2. 树立孩子不是私有财产的观念

父母总是把孩子当作自己的附属品，从"你是我生的"推论出你"所有（包括身体和精神）的一切都是我的"。从而对孩子进行掌控、主宰和管制，把自己凌驾于孩子的精神和人格之上。于是可以随意拔高期望值，可以根据自己的意愿来塑造孩子，可以由孩子来实现自己想要的一切，可以把自己的内心需要投射给孩子，从自己的价值体系出发规划孩子的生活和学习。所以，只有改变这种落后的教育观念，调整期望值，给孩子减压，做孩子的心灵辅导师，孩子才能减轻焦虑，重建信心，正常而健康地成长。

3. 要与孩子划清界限，分清责任

中国的传统文化习惯把家庭当成一个整体，一家人之间应该互相融合，亲密无间。父母和孩子之间也是这样你我不分，没有界限。不该做的帮孩子做了——包办一切，替代成长；不该加在孩子身上的加上了——自己的期望、意志、梦想、目标等。由于分不清界限，才会有与孩子结成"共生"的依赖心理——你就是我，我就是你。我的需要就是你的需要，我的期望就是你的期望。这种亲子一体化的紧密联结关

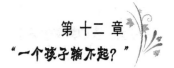

系，扼杀了孩子的独立性，阻碍了孩子的自我构建，抑制了孩子的自我成长。同时也不利于培养孩子的生活和学习的责任感。所以，家长要和孩子划清界限，不要越界把自己的一切尤其是主观愿望加在孩子身上。

4. 淡化期望情结，降低期望值

过高的期望带来孩子的无望（卢勤）。无望的孩子自然心理问题多。所以父母要调整好自己的期望值，不能随意拔高。孩子之间有个体差异之别，孩子自身也有不同智力差异之分，每个孩子都有他的闪光点，有他的优势，要客观地认识孩子，正确地评估孩子，了解孩子的个性特点、学习方式、生活习惯，从实际情况出发，客观而不是主观、理性而不是感性地去制订可行性的家庭教育的目标，提出切合孩子实际的合理要求，向孩子的最近发展区靠近，以便让孩子经过自己一定的努力就能达到成功。

父母越是关注过细，教育过度，期望过头，就越没有平常心态，自身也容易引起诸如焦虑、担忧、恐慌一类的心理问题。付出越多不见得收获越多，甚至是希望越大失望也越大。真的要为孩子好，就要淡化期望情绪，降低期望值，摒弃学习至上的学习观，树立正确全面的人才观，还自己一个平常心，还孩子一个快乐而轻松的心境。

5. 用正面的教育手段，为孩子建立信心

当"完美"父母最累，当"完美"孩子最可怜。从某种程度上说，完美与挑剔、苛求是同义词，在批评、打骂、数落、抱怨等的负面教育中，孩子不是趋向完美而是走向残缺——因为孩子的心理出现了问题。所以要摒弃自己头脑中的完美主义思想，检查自己是不是太过于追求完美了，有没有给孩子带来心理压力和负面情绪。比如，是不是抓住缺点不放，喋喋不休；会不会经常翻老账，新账、旧账一起算；有没有经常拿别人孩子的优点和自己孩子攀比，最终认为孩子这也不行，那也不是；会不会不分青红皂白动辄批评、惩罚孩子，把孩子说得一无是处等。这些负面的教育方式不利于孩子自信心的建立，直接影响孩子的学习兴趣。而自信是成功的基石，是战胜困难的勇气。

所以，要多用诸如赏识、表扬、夸奖、激励等正面的教育手段，向孩子传递正面的、积极的信息，使孩子处于积极、乐观、愉悦、激昂、轻松的心理状态之中，在这样的心理状态下，孩子才能进入良好的学习状态，才能积极地面对生活，做一个阳光的、健康的孩子。

6. 找到自我，为自己找生活

有了孩子就没了自己，迷失了自我，一切以孩子为轴心，把孩子紧紧裹在自己规划好的圈子里，这是父母过高期望在家庭教育中的体现，也是依赖心理的表现。依赖是有理由的，因为我为了你放弃了我的一切，这一头的放弃是另一头的付出，付出是有条件的，那就是要你用优秀回报我。那么一旦孩子不能长成参天大树，父母的心灵大厦坍塌了，感到老无所依，万念俱灰。从近几年空巢父母接受不了孩子"展翅高飞"、离家上大学的事实来看，正好可以窥见父母内心的失落、无助以及强烈的依赖心理。孩子终要离开父母长大成人，父母在十几年为孩子而活的信念中，迷失了自我。所以，把孩子当成自己的替代品是很危险的，牺牲孩子的幸福来为自己找精神寄托是自私的，通过孩子来体现父母的自我价值是可悲的。

没有自我的父母会让孩子看不起。所以父母不能为了孩子放弃一切，失去自我。要有自己的生活，尤其是要充实和丰富自己的精神生活，培养和发展业余爱好，不要把所有的精力都投在孩子身上。同时树立终身学习的观念，与时俱进，不断学习，与孩子携手共同成长。这才是高质量的学习型家庭，和谐的健康家庭。只有这样的父母才能活出自信，活出精彩，活出乐观，而自信、独立的父母无疑是给孩子提供了最好的成长的范本，无形中引导孩子走向积极乐观、健康向上的人生之旅。

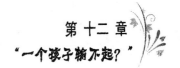
启迪与指导：

把握好家长过度期望的调适策略，要解决好"一个主要矛盾"，处理好"两个关系"：

"一个主要矛盾"：从教育原理来讲，教育过程中的主要矛盾是教育者与受教育者之间的矛盾，其中矛盾的主要方面是教育者。所以，采取何种教育方式、达到怎样的教育目标等，主动权在教育者，即父母手里。

"两个关系"：取得教育成功的前提是要处理好"两个关系"，即"家长关系"和"伙伴、朋友关系"。从"家长关系"来讲，父母和子女存在着等级关系，父母必须树立自己的教育权威；从"伙伴、朋友关系"来讲，家长和孩子又是伙伴和朋友关系，因为，只有你成为孩子的伙伴或朋友时，孩子才会向你吐露心声，你才会了解到孩子真实的思想和动态，才会有针对性地进行引导和交流，教育才有可能奏效。

第十三章

"只生一个好?"
——独生子女的家庭教育问题

摘要：主要介绍由于"独生"给孩子成长和家庭教育带来的利与弊及应对策略。

故事与资料：

独生之错，还是教育之过

独生子女作为一个特殊的社会群体，不但在今天，而且在未来的社会生活中都有着举足轻重的作用，他们必然成为国家的未来，民族的希望，因而独生子女的教育问题成了我们大家关注的话题，也带来了一些值得探讨的新问题。

独生子女处在一个特殊环境中，他们在智力和才能方面具有一定的优势。

湖南省在8个城市的738.4万小学生中抽样调查了1156名在校学生，调查结果表明，独生子女在学习、生活、兴趣爱好方面比非独生子女有明显的优势，独生子女在家庭收入、居住条件、学习环境等方面都比非独生子女好一些。调查资料还表明，独生子女在学习、家境、身体以外的其他若干方面存在着不同程度的弱点，其弱点不是"独生"本身所产生的，而是特定的家庭环境作用的结果。主要表现在：

一　独生子女没有同胞兄弟姐妹共同的生活经验，无论吃的、玩的、用的，都是自己独占，连父母的宠爱也是自己一人享有，这就造成了"自我为中心"的心理倾向，很少有与别人分享幸福的乐趣，而缺少了那种善于团结、勇于拼搏、助人为乐、尊重他人的优良品质和行为。

二　家长过分的保护，使孩子养成依赖性，缺乏独立性。孩子的生活过程，事无巨细，家长都包了，根本不用孩子自己去做什么事，结果养成了孩子四体不勤，怕苦怕累，意志薄弱的不良习惯。许多孩子上了小学还不会叠被子、洗衣服，孩子好玩、好动，家长怕孩子不安全，不让孩子单独出行，不让骑单车，上学接送，甚至封闭在家中加以控制和保护，这样造成孩子孤僻，胆小不合群的性格特点，由于缺乏待人处事的经验，致使孩子缺乏那种处事的灵活与智慧，适应社会的能力差。

三　独生子女生活在大人当中，他们需要在同伴们的交往中，在天真烂漫的儿童世界中互相学习，互相促进，而他们在实际生活中往往缺乏这种交往的机会，致使他们的生活单调，许多应在儿童世界中学会的东西没有学会，如怎样与别人相处，遇到矛盾时，怎样化解矛盾。体验不到别人与自己同样有自己独立的思想和个性，看到别的小朋友会玩，做事能力比自己强时，会产生嫉妒心理，久而久之，形成一种不健康的心态。

四　因为独生，一些家长"望子成龙"心切，认为"独苗"无退路，有一种背水一战的心态，只能成功，不能失败，必须教育好，对孩子寄于过高的希望，甚至有拔苗助长之势，孩子除正常的学习上课之外，家长们今天送孩子学书法，明天送孩子学乐器、英语等，孩子的业余时间全被家长所谓的"前途教育"占满了，孩子们顶着高压、扛着重负，沿着父母设计的道路行走，失去了天真、活泼、纯真的笑脸，承受着大人难以想象的精神压力，有的孩子甚至产生逆反心理，与家长产生对立情绪。

解析：

从以上分析可以看出，在孩子身上反映出来的问题，并非"独生"导致的必然结果，其实质都是教育不当造成的。所以，所谓独生子女的问题，本质上就是教育问题，尤其是家庭教育方式。家庭教育是指在家庭中由家长自觉地有意识地按一定社会对培养人才的要求，通过自己的言传身教和家庭生活实践对子女进行的教育。家庭教育在一个人一生中所受教育活动中占有很重要的地位，它同学校教育和社会教育构成了一个国家教育的有机整体。家庭教育具有学校教育和社会教育所不能代替的作用，要使孩子少出现，甚至不出现上面所述的那些问题，利用有利的条件，克服不利的因素，根据独生子女"独"的特点，从实际出发，按照儿童的心理特征进行正确的教育，独生子女同样能够得到健康快乐地成长。

一 独生子女家庭教育存在的主要问题

自我国推行计划生育政策以来，独生子女的数量与日俱增。据统计，目前我国城市独生子女家庭已达 95% 以上。① 俗话说"望子成龙，盼女成凤"，这是天下父母共有的夙愿。但在当今独生子女家庭中，父

---

① 李艳超：《浅谈城市独生子女家庭教育的问题及对策》，《淮海工学院学报》（人文社会科学版）2012 年第 14 期。

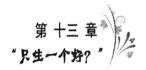

母对其独苗的成长倾注了太多热情和心血，抱有太高的期望，盲目地引导、教育子女，使家庭教育出现了许多严重的问题。主要表现在以下几个方面：[①]

1. 缺乏理性的教育观念

孩子是父母的未来、家庭的未来。在独生子女家庭中，许多独生子女享受着全家人的宠爱，同时也肩负着全家人的期望。一方面拥有十分优越的物质条件，集万千宠爱于一身，像个家中的小皇帝；另一方面，他们也同时背负着父母甚至几代人的期望，有着沉重的精神负担，更像一个奴隶。许多家长为了孩子将来能出人头地，不惜花费大量的时间、精力、钱财，将全部心血都投入在孩子身上。从孩子一出生就为他们设计好了成长轨道，希望孩子能一步步按照自己所设计的发展道路来成长成才，而忽略了孩子的智力、兴趣、爱好、性格、家庭环境及学校教育等实际情况。

不仅如此，在一些独生子女家庭中，教育观念还缺乏民主化，很多家长很少考虑孩子真正的内在需求，也很少考虑如何满足孩子成长的精神需要。他们更多地希望孩子在学习上能拿高分，在特长爱好方面能什么都会。这样，孩子除了完成学校的学习和作业，还得参加各种各样的培训班。一旦孩子表现得稍不如意，家长就会一味地斥责，甚至加以殴打体罚。

2. 缺乏合理的教育内容

家庭教育的内容十分广泛。既有智力因素方面的，如注意力、记忆力、想象力等的培养；也有非智力因素方面的，如爱国主义情感、责任心与义务感的教育，勤劳节俭的好习惯、生活能力的培养等等。由于家长教育观的偏颇，导致家庭教育的内容有失均衡。独生子女家庭教育中的这种失衡主要表现为以下几个方面：

---

① 李艳超：《浅谈城市独生子女家庭教育的问题及对策》，《淮海工学院学报》（人文社会科学版）2012 年第 14 期。

一是重视孩子的营养，忽视孩子的身体锻炼。目前，绝大部分独生子女家长都很重视孩子的饮食结构、营养搭配，却忽视引导并监督孩子参加一些必要的体育锻炼，结果造成营养"双峰"现象突出。

二是重视物质生活，忽视精神生活。不少独生子女的家长一味满足孩子的物质需求，毫无节制地让孩子吃好的、穿好的、用好的；而过重的课业负担、频繁的考试、强制性的学习等，给孩子造成了沉重的精神压力，限制和压抑了他们个性的发展，导致孩子人格塑造的畸形化和心智发展的狭隘化。

三是重视智力开发、文化学习，忽视思想品德、个性心理品质的培养。许多家长认为，孩子只要成绩好，考上好大学，将来就万事大吉。对孩子的一些不良的道德意识与行为，听之任之，致使一些孩子道德观念模糊，是非、美丑、善恶不分，由此带来不少心理健康问题。

四是过分关注孩子，忽视对孩子自主意识、自立能力，特别是抗挫折心理承受能力的培养。许多家庭过分娇宠溺爱孩子，从里到外，从吃到穿，甚至连孩子力所能及的家务活都由家长包办代劳，使孩子越养越娇、依赖性强、意志薄弱、情感脆弱，不利于孩子身心的健康发展。

3. 缺乏科学教育方式

家庭教育要想取得实效，还要讲求科学的教育方式。目前，很多独生子女家庭的教育方式是不科学的，这也是孩子不良心理品格形成的重要原因。独生子女本身有其特殊性，但这并不是被称为"问题儿童"的根本原因。究其根源，是父母不当的教育方式造成的。这些不当的教育方式大致有五类：

（1）娇惯溺爱型

这种教育方式的特点是对孩子有求必应、一味迁就、只惯不管，长期如此会使孩子养成以自我为中心、自私、奢侈、骄纵等品性。具备这种品行的孩子，往往不能很好地与他人相处，并缺乏承受挫折的能力和吃苦的精神。

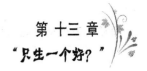

（2）关注保护型

这种教育方式的特点是对孩子时时处处"无微不至"，将孩子"保护"在自己的"羽翼"下，而使其免受外界不良刺激影响的教育方式。长此以往，会影响孩子的人际交往能力、表达能力等的发展，在这种环境下成长的独生子女容易形成懦弱、孤僻、自闭等性格。

（3）过分期盼型

这种教育方式的特点是对孩子要求过多，限制过多。成人化的教育方式压抑了孩子个性的发展，违背了孩子自然发展的规律，易使孩子形成扭曲的人格，甚至做出危及社会或他人的极端行为。

（4）自由放纵型

这种教育方式的特点是对孩子放任不管，任其自由发展。如此一来，孩子容易养成懒惰、任性、散漫、放肆等不良的品行，很难遵守社会道德规范和社会行为规范，做到较好的社会适应。

（5）严厉惩罚型

这种教育方式的特点是奉行"棍棒出孝子"的信条，对孩子蛮横粗暴。如此，有的孩子会产生与父母对立、抵触的心理，有的孩子会自暴自弃、忍气吞声，有的孩子甚至破罐子破摔、离家出走。以上行为都会造成严重的后果。

综上所述，在当前独生子女家庭教育中，以上这些具有普遍性的、令人担忧的家庭教育方式，其危害性已经很明显，急需采取科学有效的手段来加以切实改进。

启迪与交流：

从中国几千年的悠久历史来看，人们常把"人丁兴旺"看作是家族兴旺、种族繁荣、国家昌盛的标志之一。从20世纪70年代开始的我国的计划生育国策，在中国乃至世界历史上都是新生事物。面对这一新生事物，国家、社会、学校、独生子女父母和独生子女本人等方方面面都猝不及防，无以应对，导致出现以上独生子女家庭教育中所谓的"问题"。以上出现的诸多问题其实并不是独生子女家庭所特有的，其根本原因大致包括以下几个方面：

（1）从国家层面看，整个国家没有为计划生育国策做好配套政策和措施，其中包括如何开展对独生子女家长的培训和教育。

（2）从社会教育和学校教育层面看，忽视了对独生子女、独生子女家庭、独生子女家长的研究和分析，对于如何发挥独生子女家长在孩子成长中的作用认识不清、重视不够，没有发挥好应有的作用。

（3）作为独生子女家长来讲，也没有深入认识独生子女、独生子女家庭的特殊性，习惯用固化的多子女家庭的教育方式对待独生子女，怎能取得教育好的效果？

（4）作为每一个成长中的独生子女，也很少有人告诫他们生活在独生子女家庭，这种家庭对其成长利弊如何，启发他们如何加强自我教育。

综上，独生子女家庭教育出现的诸多问题，其实本身不是独生子女的过错，而是我们各级各类的教育者没有很好地研究"独生"——这种特殊的受教育者的成长规律而导致的。虽然，我们国家现在调整了计划生育政策，实施"全面二孩"政策，但是，独生子女、独生子女家庭仍在相当时间内存在着。对此，整个国家、社会、学校、家长必须仍然要给予足够的重视。

二 独生子女家庭教育环境的特点

独生子女的独特之处在于其"独生"性，由于是独生，他（她）没有兄弟姐妹，这使他（她）在家庭教育中，既有消极的、不利的因

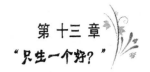

素，又有积极的、有利的因素。①

（一）独生子女家庭教育环境的消极因素

1. 缺乏伙伴关系，不利于社会性品德的养成

对于儿童来说，伙伴关系是其社会性发展的一个不可缺少的因素。因为儿童是在与别的儿童的交往中开始从"自我中心"的壳中解脱出来，了解自我与他人的区别，了解集体中每个成员的权利和义务，培养起尊重自己、尊重别人、理解行为规范、协作精神、服务精神等良好品德。

独生子女在家庭中没有兄弟姐妹，无法建立兄弟姐妹间的伙伴关系，他们独占家庭内的一切。这种独占状况，使他们不懂得同自己以外的人友好地分享东西，如果不及时地予以引导，就会形成其自私、利己、独占一切的不良品性，这不利于培养他们的社会性品德和集体主义精神。同时，由于独生子女在家庭中缺乏儿童伙伴关系，得不到伙伴间平等的社交生活的锻炼，不懂得谦让、宽容等共同生活所必需的品性，如果父母不注意在家庭外为孩子创造与小朋友交往的机会，就会使孩子缺乏社交能力，这容易造成孩子孤僻、胆怯、不愿与人交往的不良心理特点。当孩子走入社会时，就会缺乏应付复杂生活的能力，面对挫折或意外打击，会惶惶不安、束手无策。

2. 与成人交往过多，容易导致"早熟"

独生子女在家庭中只能与成人交往，这容易导致他们"早熟"，不利于其身心健康发展。独生子女在家里与家人朝夕相处，模仿的唯一对象是成人。表面看来，他们可以得到父母的悉心照顾和关怀，学到更多的"知识"，懂得更多的"事理"。其实，在独生子女身上，往往有许多"早熟"的明显特征：他们了解和掌握的社会性知识往往比普通孩

---

① 杜林致：《独生子女家庭教育的特点》，《兰州学刊》1991 年第 3 期。

子多得多；善于察言观色，洞察他人的心思；善于辞令，表现出许多"少年老成"的言行举止；善于表现，往往以"社会人"的标准和形象表现自己等。许多人以为这是孩子聪明的表现，其实不然，这是孩子长期与成年家人在一起，受到的填鸭式灌输的暂时效应。其实，孩子所说的某些知识并非是他真切的知识，因为缺乏亲身的体验，一碰到实际情形便一筹莫展。这种"早熟"对孩子的发展有不良的影响，它剥夺了孩子应有的天真烂漫，无异于减少了童年时代的欢乐。

3. 家庭地位独特，易形成"娇""骄"二气等不良品性

由于独生子女在家庭中的独特地位，往往容易形成其任性、"娇""骄"二气等不良品性。独生子女是家庭中唯一的后代，父母往往将一切的爱和希望都倾注在孩子身上。孩子成为家庭的"太阳"，全家人围着孩子团团转，千方百计地关心他、疼爱他。如果父母进而无原则地迁就、满足孩子的一切要求，对孩子百依百顺，就易使孩子在幼小的心灵里滋长优越感和特殊感，产生"以我为中心"的心理，从而使他们养成生活上挑吃挑穿、好激动、好发脾气、懒惰、欲望得不到满足就打人骂人甚至以睡地打滚要挟等不良品行。家长对子女的过于保护，不让孩子做任何事，对孩子的一切事都包办代替，这一方面养成孩子的依赖心理，另一方面也造成孩子的无能。

4. 教育影响不一致，易导致"双面"人格

独生子女在家庭中易受到不一致的家庭教育，导致孩子说谎，言行不一等不良品行，易形成"双面"人格。独生子女作为家族事业的唯一继承人，其生命已不仅仅属于自己，而是属于整个家族。所以，他（她）在祖父母、外祖父母心目中的地位远高于在父母心目中的地位，祖父母、外祖父母对他们会更关心、疼爱，更娇惯、庇护，由此出现家庭教育中的不一致现象："爸爸严，妈妈宽，爷爷奶奶打圆场。"

宁夏教育科学研究所有一研究，在274名独生子女家长中，父母与

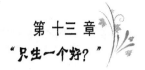

老人（祖父母或外祖父母）对孩子教育一致的有 91 人，占 33.21％；
而老人宽，父母严的 116 人，占 42.32％。父母和老人对孩子教育得不
一致，常常导致两个方面的结果：一是使孩子感觉有了"后台"依仗，
更加有恃无恐，形成任性等不良行为习惯；二是孩子面对大人各执一词
的争吵，弄不清自己有没有错，错在哪里，更不知如何改正，从而易养
成说谎、投机取巧等不良品行，易形成"双面"人格。

　　上述这些消极因素，有的是客观条件的限制使然，有的则是由于父
母主观教养态度所引发的，但它们都不是必然产生的，也不是不可消
除的。

（二）独生子女家庭教育环境的积极因素

1. 独生子女能够具备较为优越的经济条件

　　一个家庭只生一个孩子，大大地减轻了家庭经济负担，父母能够较
充分地满足孩子身体发育和智力发展的需要，为他们提供良好的身心健
康发展的饮食、卫生保健条件和良好的学习、文化生活等方面的受教育
条件。上海市幼儿教育研究室的调查表明，独生幼儿在营养品、图书、
玩具、学习用品等方面均较非独生幼儿为优。另据安徽省合肥市某区举
办的一次小学生乐器竞赛统计，有近 300 名学生家长为他们的"掌上
明珠"买了钢琴、电子琴、手风琴、小提琴等乐器。

2. 独生子女能够接受到充分爱的需要

　　儿童心理学研究认为，对儿童的发展来说，除了有生理上的需要
外，还有更重要的心理上的需要：每个儿童都希望得到别人的关怀和爱
抚。对于独生子女来说，因为是独生，没有其他孩子来分散父母的注意
力，因而他们与父母的精神接触较多，爱的需要能够得到充分满足，而
爱和信任是一种伟大而神奇的力量，它将扬起儿童智力、情感、个性顺
利发展的风帆。因而，这容易使独生子女智力发展、情绪愉快、性格活
泼，易于形成积极向上的心理品质。

3. 独生子女更具有接受早期教育的可能性

由于只有一个孩子，父母能有较多的时间和精力来关怀孩子的成长，对他们实施早期教育。这对培养他们在智力、情绪、意志等方面的优良品质无疑是极其有利的。以智力为例，有研究认为，促进儿童聪明的一个条件是加强个人抚育，因此儿童智力发展程度与家长如何对每个孩子分配智力激励有关。一般说来，第一个孩子获得的智力激励最多，以后的孩子便逐渐减少，因为后面的孩子必须与前面的孩子分享这种激励。根据这一理论，独生子女较多子女家庭的孩子，在接受早期教育、发展智力方面的条件要优越得多，因而多数独生子女知识面较广，观察、记忆、思维、想象和创造能力都较强。

启迪与交流：

唯物辩证法告诉我们：任何事物都是一分为二的。独生子女和独生子女家庭也不例外。作为国家、社会、学校、家庭等应积极开展对独生子女和独生子女家庭的研究，辨清其积极因素和消极因素。在家庭教育实践，从国家、社会、学校、家庭等多个层面积极开展工作，趋利避害，扬长避短，最大限度地发挥好独生子女家庭教育的积极因素，将其弊端和消极作用降到最低。

三　独生子女家庭教育的基本原则与策略

从上述的分析可以看出，独生子女家庭教育中由于"独"带来的各种特点，既可能产生积极的作用，也可能产生消极的作用，关键在于独生子女家长是否具有正确的教养态度和方法。根据独生子女"独"的特点和由此带来的影响，在家庭教育中特别要注意这样几条教育

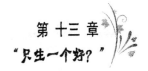

原则：

（一）独生子女家庭教育的基本原则

1. "尊重儿童伙伴社交生活"的原则

正如前文所述，儿童只有在与儿童伙伴的共同社交生活中，才可能真正理解各种集体生活的规则，培养起集体主义的品德。儿童到了三四岁时有强烈的结交儿童伙伴的愿望，独生子女也不例外。因此为了保证独生子女的健康成长，必须为其创造良好的儿童集体环境，克服其家庭中无兄弟姐妹造成的缺陷。第一，父母应采取多种形式，创造各种条件，帮助孩子选择一些年龄相仿、性格相近的小伙伴，使他们彼此交往。要鼓励孩子把自己的玩具、图书等拿出来和小伙伴一起玩，以培养他们大方合群、团结友爱、互相关心、热爱集体等良好心理品质；第二，把孩子送进幼儿园。在托儿所、幼儿园里，有各种各样的儿童，可提供充分的社交生活训练，使他们积累起丰富的社会接触经验，适应社会生活。

2. "尊重儿童独立性"的原则

儿童是在自我积极主动的活动中不断地积累经验而成长起来的。儿童对一件事物要有所认识，就必须接触它，观察它，亲自操作它，才会有思考、有理解。可以说儿童是"用手思维"的。儿童从 3 岁开始就表现出独立行动的倾向，他总喜欢说："我会……""我自己……"，而厌烦成人的管束和干预。所以父母对孩子在保持必要指导的前提下，应给予孩子充分的自由，让孩子尽情地、精力充沛地活动；要敢于让子女去担风险，而不必事事插手甚至包办孩子的事。孩子只有自己在跌爬滚打中才能学会独立生活的能力。

3. "热爱与严格相结合"的原则

我们强调尊重儿童的独立性，绝不是说对儿童的要求有求必应，也绝非意味着对儿童放任自流。父母对子女的爱应该有节制、有分寸，而不应一味盲目地抚爱，对孩子百般娇宠，造成孩子的"娇""骄"二气。心理学家建议，独生子女父母必须注意两点：一是要有坚定不移的原则，二是要扎扎实实地给予训练。这里的训练，亦即教养，它的一个重要方面就是让儿童认识一定行为的限度，使之掌握在这种限度内行动。训练的另一个重要方面就是对儿童的行为限度必须是一贯的，而不应随着家长的喜怒哀乐而忽冷忽热。

4. "教育与影响相一致"的原则

在家庭中，父母、祖父母及外祖父母都是独生子女最亲近的人，如果他们之间对儿童的教育要求不一致，就会使彼此间的教育影响互相抵消，正确的要求不能贯彻巩固，家长的威信受到损害，孩子也会感到无所适从，甚至给儿童提出某些不合理要求的可乘之机，因为他们觉得反正有人护短，便觉得有恃无恐。心理学研究表明，独生子女的许多不良习惯的养成与这种现象有直接联系。因此家长对儿童的教育要做到要求一致、态度一致、方法一致。这样儿童就会感到成人的正确意见是坚决的、有力的、非服从不可的，良好的行为习惯就会得到正强化，而不良的行为习惯就会得到负强化。

同理，家长对孩子的教育与自身的行为也应保持一致。模仿是孩子学习的重要手段，也是影响孩子的重要力量。独生子女在家里唯一模仿的对象是父母，所以父母必须十分注意自己的言行，凡是要求孩子做到的，自己必须首先做到。这是首要的和最基本的教育方法。

总之，只要我们明确地认识到独生子女家庭教育的特点，注意抑制和消除其中的不利因素，而充分利用和发挥其中的有利因素，就可以促进独生子女的健康成长。

（二）独生子女家庭教育策略

根据以上基本原则，从以下三个方面介绍在实际教子过程中的一些

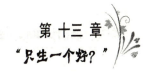

策略和办法,以供独生子女家长参考使用。

1. 更新观念,树立正确的独生子女育人观和成才观

家庭是孩子成长的摇篮,父母是孩子的启蒙老师。在全面推进素质教育的今天,家长必须摒弃一些传统落后的、守旧的错误观念,树立与时代相符合的、科学的教育观。

(1) 家长应树立平等、民主、和谐的独生子女育人观

家长要把孩子看成具有自觉的主观意识和独立人格的主体,树立民主、平等的意识。凡事都要和孩子沟通、商量,多听取孩子的意见,不要把个人意志强加于孩子;尊重孩子的选择,鼓励孩子多给家长提意见和建议等等,使其个性得到和谐的发展。这样既有利于促进良好的亲子关系,又有利于独生子女平等民主意识的形成。

(2) 家长应树立合理的独生子女成才观

并非只有上大学、读名校才能成才,也不是只有在大城市、大单位才能成才。当今的社会,需要千千万万各行各业的人才。独生子女家长应根据孩子的特点,从孩子实际出发,考虑其兴趣、爱好、智力等因素,确立孩子正确的发展方向,促使孩子健康成长。

2. 重视非智力因素培养,促进孩子全面成长

心理学研究证明,一个人是否能成功,并非主要取决于智力因素,而在于兴趣、意志、自信心、进取心等非智力因素。所谓非智力因素,一般是指人的智力因素以外的心理因素,包括兴趣、品德、情绪、性格、意志,还包括自信心、独立性、忍耐性等等。在培育孩子的非智力因素时,家长应重视以下几个方面:

(1) 注重孩子道德品质的发展

俗话说"上行下效"。家长应注重言传身教,要在言谈举止、行为准则、待人处世等方面做子女的表率,通过自己的品德修养给孩子以潜移默化的影响。

（2）培养孩子健康的体魄

家长应带领孩子积极参加各种体育锻炼，这样不仅能增强孩子的体质，还能培养孩子吃苦、勇敢、冷静的意志品质。

（3）不要对孩子过度照顾和保护

家长要放手让孩子做一些力所能及的家务活，使孩子懂得劳动的重要性和培养孩子的自理能力。

（4）关注孩子的精神生活

家长应尊重孩子的童年生活和情感体验，根据孩子的兴趣、爱好来因势利导，让他们健康快乐地成长。

（5）重视孩子心理素质的培养

家长要重视孩子心理素质的培养，尤其是抗挫折能力的培养。独生子女家长要认识到，孩子长大后，必定要自己去面对人生、面对社会、面对生活。因此，应该有意识地让孩子受点儿苦和累，受点儿挫折，让孩子敢于直面挫折、应对挫折，从而锻炼孩子吃苦耐劳、坚韧不拔的意志品质。

3. 使用科学有效的教育方法

教育孩子，先要懂得科学的教育方法，才能把孩子教育好。笔者查阅大量的相关文献资料，将独生子女家庭教子方法简要归纳为"一保护、二激励、三为主、四避免、五培养。"

"一保护"：即保护好孩子的自尊心和独特个性。

"二激励"：指要激发孩子"我要读书"、"学海探秘"的学习兴趣；激发孩子全面发展的内在动力。

"三为主"：就是平时教育孩子要以养成教育、正面引导为主；以言传身教、情感投入为主；以顺其自然、略加疏导为主。

"四避免"：是指在家庭教育过程中要切实避免以下四种不良现象发生，一是漠不关心、放任自流；二是突然发难、武力惩罚；三是父母态度不一、皮鞭加蜜糖；四是溺爱过分、娇纵无度。

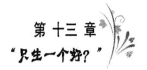

"五培养"：是指家长应在培养孩子的五种能力上下功夫，一是培养孩子会学习、好动脑、独立思考的能力；二是培养孩子会做人、会处世、立足社会的能力；三是培养孩子会生存、会发展、奉献社会的能力；四是培养孩子不畏艰险、自强不息的能力；五是培养孩子挑战自我、勇于创新的能力。

启迪与交流：

独生子女家庭和独生子女的教育最关键的问题是要解决好"独生"的问题。换句话说，就是解决好孩子在家庭中的地位问题。在多子女家庭，多个孩子在父母面前"争宠"，他们之间存在着一定的"竞争机制"——谁表现好，可能会得到父母更多的喜爱和关怀。所以，多子女家庭，虽然孩子多，父母会利用他们之间的这种"竞争机制"很好地引导孩子，逐渐学会监督和管理别人；同时，也逐步调动了孩子自我教育和自我管理的积极性。所以虽然孩子多，但管理教育起来，并没有感到多么的复杂和麻烦。

但独生子女家庭则不同，是多个成年人在孩子面前自觉不自觉地"争宠"，孩子成为家庭的"中心"，成为所谓的"皇帝""公主"，父母等成人则成了家里的"奴仆"。在历史上，哪有"奴仆"对"皇帝"和"公主"进行教育和管理的？这样的教育能奏效吗？

所以，解决独生子女家庭教育的关键问题是解决好孩子在家庭中的地位问题。如果这一问题解决得好，其他问题都会迎刃而解。

主要参考文献

[1] 赵忠心：《家庭教育学——教育子女的科学与艺术》，人民教育出版社 2001 年版。

[2] 丁文：《家庭教育学》，山东人民出版社 1997 年版。

[3] 邓佐君编：《家庭教育学》，福建教育出版社 1995 年版。

[4] 陈鹤琴：《家庭教育》，华东师范大学出版社 2006 年版。

[5] 单宝忠：《当代家庭教育——为孩子呐喊》，中国大百科全书出版社 1993 年版。

[6] 黄河清：《家庭教育学》，华东师范大学出版社 2014 年版。

[7] 刘开朝、赵淑敏：《网络时代的家庭教育——与教育专家的对话》，中央编译出版社 2006 年版。

[8] 史朝：《现代家庭教育指南》，宇航出版社 1998 年版。

[9] 关颖：《社会学视野中的家庭教育》，天津社会科学出版社 2000 年版。

[10] 黄河清：《家庭教育金点子》，上海人民出版社 2004 年版。

[11] 全国妇联儿童工作部：《全国家庭教育调查报告》，社会科学文献出版社 2011 年版。

[12] 赵忠心：《大师的阶梯——100 位中国名人成功之路》，中国文联出版社 2002 年版

[13] 赛妮亚：《家教智慧》，甘肃人民美术出版社 2006 年版。

［14］刘治：《中外名人的家教故事》，西南财经大学出版社2001年版。

［15］王金战、郭铭：《中国英才家庭造》，长江文艺出版社2008年版。

［16］杨旭：《世界家教智慧全集》，京华出版社2007年版。

［17］蒙台梭利教育教研组：《如何让孩子喜欢读书和学习》，兰州大学出版社2002年版。

［18］王东华：《杰出父母——5位杰出父母的成功经验》，中国妇女出版社2002年版。

［19］任之：《孩子智慧潜能的开发与培养》，内蒙古科学技术出版社2002年版。

［20］黄全愈：《培养智慧的孩子——天赋教育在美国》，湖南少年儿童出版社、中山大学出版社2006年版。

［21］晨曦：《教子经典——家教的10大法则》，中国三峡出版社2001版。

［22］黄河清：《名人家庭教育故事》，上海人民出版社2004年版。

［23］卢勤：《告诉孩子，你真棒》，长江文艺出版社2005年版。

［24］曾知寒：《世界名人家教智慧》，新世界出版社2005年版。

［25］汪传华：《困难是我们的恩人》，湖北教育出版社2005年版。

［26］林捷：《拿什么给孩子》，海潮出版社2002年版。

［27］刘首英：《哈佛天才》，海潮出版社2001年版。

［28］李慧生、李红：《我的第一本家教书》，海豚出版社2005年版。

［29］杨薇：《国学中的家教》，哈尔滨出版社2011年版。

［30］陈建翔：《他们影响了一亿家庭》，北京出版社2005年版。

［31］王金战、刘媛媛：《究竟什么样的孩子适合留学》，北京大学出版社2011年版。

［32］肖光畔：《中国教育问题调查——问题父母》，大众文艺出版社2005年版。

［33］陶宏开：《孩子都有向上的心》，湖南人民出版社2005年版。

[34] 王峰：《父母应知的经典教子故事》，中国华侨出版社 2005 年版。

[35] 韩白衣：《最爱我的人是我》，天地出版社 2005 年版。

[35] 王东华：《我们是这样教育孩子的》，中国妇女出版社 2002 年版。

[36] 贾黛翙：《世界最伟大的教育法则》，海豚出版社 2005 年版。

[37] 新世纪学生必读书库：《塑造男孩勇敢品质的故事全集》，吉林美术出版社 2009 年版。

[38] 王东华：《我们只这样教育孩子的》，中国妇女出版社 2001 年版。

[39] 朱萍、舒丹枫：《教子成才的 10 大关键》，中国商业出版社 2005 年版。

[40] [美] 盖瑞·查普曼：《爱的五种语言》，王云良译，中国轻工业出版社 2006 年版。

[41] [德] 卡尔·威特：《卡尔·威特的教育》，刘恒新译，京华出版社 2004 年版。

[42] [美] 戴尔·布斯、鹿永建：《家庭决定未来》，中国轻工业出版社 2008 年版。

[43] [德] 卡尔·威特：《孩子是管出来的》，独狼译，中国轻工业出版社 2005 年版。

[44] 国家基础教育实验中心：《中国家庭子女教育——独生子女家长读本》，中国法制出版社 2000 年版。

[45] 国家基础教育实验中心：《中国家庭子女教育——3—6 岁儿童家长读本》，中国法制出版社 2000 年版。

[46] 成功父母必读丛书：《中学生家教宝典》，湖南少年儿童出版社 2002 年版。

[47] 成功父母必读丛书：《小学生家教宝典》，湖南少年儿童出版社 2002 年版。

[48] 刘秉谦、贾岩：《快乐教子宝典》，中国盲文出版社 2000 年版。

[49] 家长学校系列用书：《初中生家庭教育》，明天出版社 1999 年版。

[50] 家长学校系列用书：《小学生家庭教育》，明天出版社1999年版。

[51] 陈丽红、刘晓辉：《幼儿益智启蒙》，内蒙古科学技术出版社2000年版。

[52] 朱家雄：《21世纪幼儿家庭教育指南》，福建少年儿童出版社1997年版。

[53] 青苹果讲堂丛书：《牵手两代——家长课程》（1—10册），北京教育出版社2006年版。

[54] 家庭教育丛书：《亲子共成长》（1—5册），泰山出版社2006年版。

[55] 李生兰：《学前儿童家庭教育》，华东师范大学出版社2006年版。

[56] 肖前主编：《马克思主义哲学原理》（上册），中国人民大学出版社1998年版。

[57] 陈志尚主编：《人学原理》，北京出版社2005年版。

[58] 徐崇温：《全球问题和"人类困境"》，辽宁人民出版社1996年版。

[59] 傅治平：《和谐社会导论》，人民出版社2005年版。

[60] 任平：《走向交往实践的唯物主义》，人民出版社2003年版。

[61] 马和民：《从"仁"到"人"：社会化危机及其出路》，北京师范大学出版社2006年版。

[62] 胡绳：《中国共产党的七十年》，中共党史出版社1991年版。

[63] 王建均：《市场经济与人权：社会主义市场经济条件下的人权问题》，社会科学文献出版社2006年版。

[64] 陈波：《逻辑哲学》，北京大学出版社2005年版。

[65] 张建军：《逻辑悖论研究引论》，南京大学出版社2002年版。

[66] 汝信、陆学艺等：《2006年：中国社会形势分析与预测》，社会科学文献出版社2005年版。

[67] 王建成：《中国生活质量报告》，上海文汇出版社2005年版。

[68] 谈新敏：《公民科学文化素质研究》，郑州大学出版社2005年版。

[69] 钟志贤、范才生：《素质教育：中国基础教育的使命》，福建教育出版社2000年版。

[70] 北京师范大学经济与资源管理研究所：《2005中国市场经济发展报告》，中国商务出版社2005年版。

[71] 郑永廷：《人的现代化理论与实践》，人民出版社2006年版。

[72] 李云峰：《马克思学说中人的概念》，人民出版社2007年版。

[73] 俞可平、李慎明、王伟光主编：《人的基本理论研究》，中央编译出版社2007年版。

[74] 武天林：《马克思主义人学导论》，中国社会科学出版社2006年版。

[75] 钟明华、李萍等：《马克思主义人学视域中的现代人生问题》，人民出版社2006年版。

[76] 雷红霞：《西方哲学中人学思想研究》，湖北人民出版社2005年版。

[77] 张治库：《人的存在与发展》，中央编译出版社2005年版。

[78] 薛德震：《人的哲学论纲》，人民出版社2005年版。

[79] 袁振国主编：《当代教育学》，教育科学出版社2004年版。

[80] 靳玉乐主编：《现代教育学》，四川教育出版社2008年版。

[81] 林崇德主编：《发展心理学》，人民教育出版社2006年版。

[82] 徐玉东主编：《人体解剖生理学》，人民卫生出版社2007年版。

[83] 刘清黎主编：《体育教育学》，高等教育出版社2007年版。

[84] 王文章：《中国先进文化论》，文化艺术出版社2004年版。

[85] 童潇：《走向学习型社会》，上海三联书店2004年版。

[86] 秋石：《全面准确地理解以人为本的科学涵义》（陶德麟执笔），《求是》2005年第7期。

[87] ［苏］D. A. 罗西：《人和自然的关系》，《哲学问题》1982年第

5 期。

[88] 邓伟志：《不和谐是建设和谐社会的起跳板》，《北京日报》2005
年 1 月 10 日。

[89] 李国华：《诚信与契约——经济全球化时代的发展的必要条件》，
《北京行政学院学报》2004 年第 6 期。

[90] 任雪萍、刘小峰：《论社会发展与人的发展的相对统一性》，《学
术界》2004 年第 6 期。

[91] 黄克剑：《"个人自主活动"与马克思历史观》，《中国社会科学》
1988 年第 5 期。

[92] 张文喜：《对人的全面发展的思考》，《浙江社会科学》1996 年第
2 期。

[93] 许小丹：《新世纪：中国欲将"人"字大写》，《半月谈》（内部
版）2005 年第 3 期。

[94] 刘云山：《建设和谐文化，巩固社会和谐的思想道德基础》，《中
国城市经济》2007 年第 1 期。

后　记

　　《今天，我们如何做父母》一书终于成形，即将出版。说实话，从 2012 年项目立项开展研究，到最后的定稿，写这部书整整用了近 4 年的时间。

　　就是在开展研究和整理、编写、修改书稿的过程中，我和同事曲振国教授获得了巨大的收获。一是对新开辟的专业方向——家庭教育学理论和实践等研究成果进行了全面的梳理、归纳和总结；二是在对孩子的情感与认识上也实现了由欣喜→可爱→可气→可恨，再到欣喜→可爱→可贺→甚至自豪的良性循环，形成了良好的亲子关系方面，家庭经营取得了的突破性成果。我们都从一名懵懵懂懂的年轻父亲进入了合格父亲的行列，这是一生中最值得骄傲的事情。这也是每一位父亲必须面对和履行好的第一责任和义务。

　　通过不断学习和思考，对许多家庭教育诸多理论和实践问题从以前的"雾里看花"、"一头雾水"逐渐到今天的"豁然开朗"、"如释重负"。如，家庭教育的优势与局限性、家庭教育的地位与作用、影响家庭教育的因素、家庭教育的目的任务等一系列理论问题，还有物质财富极大丰富条件下的家庭教育、信息化对家庭教育的影响、家庭的结构对孩子成长等实践问题。同时，也看到了我国家庭教育理论之薄弱，家庭教育实践之诸多误区。我们一直认为，任何事物的发展都遵循这样的规律：理论清，方向明，干劲大，收获丰。因此，更加清醒地认识到作为一个父亲、一名教师责任之艰巨、任务之重大、使命之光荣。所以，为我国家庭教育事业的发展尽绵薄之力，成为写成本书最根本的原因和动力。为此，本书试图体现以下三个方面的特点：

第一，突出理论科学性。目前家庭教育理论的研究，多以家庭教育史的研究为主，对整个家庭教育学的理论体系建构和论述是远远不够的。本书在总论部分，力图从家庭、家庭教育等基本概念，家庭教育的优势与局限性，家庭教育的地位与作用，影响家庭教育的因素以及家庭教育的目的、任务与方法等方面，进行理论分析与论证归纳，以期为家庭教育的实践提供科学的理论指导。

第二，突出实践应用性。理论只有和实践相结合才会迸发出无限的生命力。本书在系统阐述家庭教育基本理论的同时，密切联系我国家庭教育的实际，对新时期我国家庭教育出现的新问题、新情况进行分析和讨论，并提出实施建议，以更好地指导家庭教育的实践。如：新"财富观"、信息化、家长期望过高、家庭结构和稳定程度降低对孩子成长的影响等等，

第三，突出通俗可读性。本书属于科普读物，在语言表述、体例编排等方面体现通俗可读性。在语言表述上，力图通过朴素和通俗的语言阐述抽象难懂的理论问题；在体例安排上，通过呈现案例、背景等感性材料，并加以分析与讨论，从而自然导引出相关理论问题，在对理论问题进行阐释后，提出启迪、交流及意见和建议。

该书是山东省社科联社科普及项目"今天，我们如何做父母"（项目编号：12 - KPZZ - 08）的结题成果。在本书出版之际，谨向山东省社科联、潍坊学院科研处诸位领导、专家以及课题组成员和诸位同事，对课题研究的大力支持和帮助表示衷心的感谢。中国社会科学出版的孔继萍老师，一如既往地对该书的出版费尽心思，给予了极大的支持和指导，更增加了我们继续前行的信心和力量。特别要感谢魏天泽和曲文两位同学，是他们的成长促使我们不断长大，他们的长大促使我们走向成

熟，真的是亲子共成长！

在编写本书的过程中，我们借鉴和引用了不少专家学者精彩的观点和新颖的理念，在此一并表示感谢。同时，在编写过程中，由于研究时间较短，个人的理解和能力所限，对诸多问题的看法难免有不当之处，敬请同行与学者不吝赐教！

魏晨明

2016 年 4 月